高等职业教育新形态一体化教材

U0828628

高职生创新创业指导教程

主 编 柏 挺 孙保强 林秀丽

副主编 晏 毅 杨 辉 龚 剑

参 编 （以姓氏笔划为序）

任龙静 刘圆圆 许 愿

陈秋雨 范俊友 欧雯萍

练翠滢 赵雅欣 徐 静

黄 宇 曹仰慧 程舒阳

合肥工業大學出版社

HEFEI UNIVERSITY OF TECHNOLOGY PRESS

图书在版编目(CIP)数据

高职生创新创业指导教程 / 柏挺，孙保强，林秀丽主编.—合肥：合肥工业大学出版社，2024.1
ISBN 978-7-5650-6634-4

Ⅰ.①高… Ⅱ.①柏… ②孙… ③林… Ⅲ.①职业选择—高等职业教育—教材
Ⅳ.①G717.38

中国国家版本馆CIP数据核字(2024)第002483号

高职生创新创业指导教程

柏　挺　孙保强　林秀丽　主编

责任编辑　孙南洋
出版发行　合肥工业大学出版社
地　　址　(230009)合肥市屯溪路193号
网　　址　press.hfut.edu.cn
电　　话　人文社科出版中心：0551-62903200
　　　　　营销与储运管理中心：0551-62903198
规　　格　787毫米×1092毫米　1/16
印　　张　14.25
字　　数　346千字
版　　次　2024年1月第1版
印　　次　2024年1月第1次印刷
印　　刷　三河市海新印务有限公司
书　　号　ISBN 978-7-5650-6634-4
定　　价　39.80元

前言

创新是国家和民族发展进步的不竭动力，是推动人类社会进步的重要力量。当今世界正经历百年未有之大变局，新一轮科技革命和产业变革深入发展，创新创业已成为世界主要国家发展的重要战略。党的二十大报告指出：“教育、科技、人才是全面建设社会主义现代化国家的基础性、战略性支撑。必须坚持科技是第一生产力、人才是第一资源、创新是第一动力，深入实施科教兴国战略、人才强国战略、创新驱动发展战略，开辟发展新领域新赛道，不断塑造发展新动能新优势。”在深入实施创新驱动发展战略，全面建成社会主义现代化强国的伟大事业中，迫切需要一大批创新型高素质技术技能人才作为支撑。职业教育是国民教育体系和人力资源开发的重要组成部分，是培养多样化人才、传承技术技能、促进就业创业的重要途径，可以为全面建设社会主义现代化国家提供强有力人才支撑。作为一种面向未来的教育，创新创业教育对于高职院校培养更高质量的新兴技术技能型人才、为行业产业注入新的活力有着重要作用。

广西建设职业技术学院招生就业处牵头组建了一支由长期从事高职大学生创新创业课程教学与创新创业大赛指导的教师团队、广西高校毕业生公共就业创业指导导师团队和企业创业导师团队组成的多元化、专业化教材编写团队。本书的编写聚焦立德树人根本任务，根据国家和地方新修订及实施的创新创业政策和制度，基于职业教育类型特征，融合了大量本校高职大学生创新创业指导实践案例。

本书内容分为走进创新创业时代、创新思维与方法训练、创新创业团队创建、创意与创业机会识别、创新创业资源整合、商业模式设计、市场调研与营销、财务预测管理与融资、创新创业项目路演与呈现、开启创业之旅十个项目，各项目配有项目导图、学习目标、思考与实践；每个项目内的各个任务还配有案例引入、应用练习等小组件。全书内容循序渐进、理实结合，并有机融入了思政元素，使专业知识、技能、素养相互融合，同向同行。

本书在编写过程中，借鉴了许多文献资料，在此谨向相关作者致以诚挚的谢意！因受限于时间和编者水平，书中难免有错漏之处，敬请广大专家、读者批评指正。

编　者

目录

项目一

走进创新创业时代

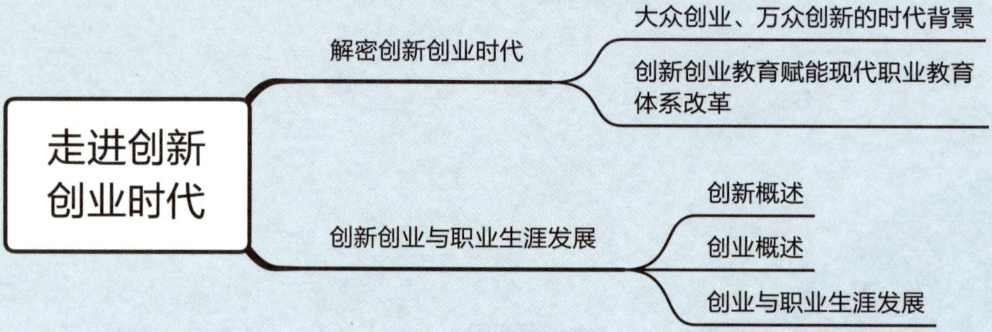
走进创新创业时代
解密创新创业时代
大众创业、万众创新的时代背景
创新创业教育赋能现代职业教育体系改革
创新创业与职业生涯发展
创新概述
创业概述
创业与职业生涯发展

学习目标

思政小课堂

知识目标

1. 了解创新创业的时代背景。
2. 了解创新创业与职业教育的关系。
3. 了解创新、创业的内涵。
4. 了解大学生创业与职业生涯发展的关系。

能力目标

1. 能抓住创新创业的时代机遇，挖掘自己职业发展的新潜能。
2. 能结合创业与职业生涯发展的关系，提升自己职业发展的能力。

价值目标

1. 树立正确的创新创业观，将个人创新创业与国家、社会经济发展需要相结合。
2. 树立正确的成才观，在创新创业时代坚守匠人之心。

任务定位

任务一 解密创新创业时代

案例引入

在大湾区闯出一片新天地

每次来到深圳前海石公园，香港青年陈升都会站在石边，极目远眺。回想起2018年习近平总书记在广东考察时的情景，陈升总是心潮澎湃。

2018年10月24日，习近平总书记来到中国(广东)自由贸易试验区深圳前海蛇口片区，实地察看前海开发情况，并发表重要讲话，香港社会各界十分重视。“我们牢记总书记嘱托，不负时代，努力在粤港澳大湾区建设大潮中闯出一片新天地。”陈升说。

梦工场是圆梦的地方

在距离前海石公园不远处，紧挨着深圳地铁 9 号线“梦海站”，有 8 栋造型独特的建筑。从空中俯瞰，这 8 栋建筑好似一个繁体的“梦”字，这就是前海深港青年梦工场，被许多香港青年称为“梦想开始的地方”。

2015 年，前海深港青年梦工场启用。作为第一批入驻团队，陈升和他的同事们拿到了免费办公室的钥匙。陈升创立的前海学学科技有限公司，主营业务是海外供应链管理及匹配，创业不到 1 年，就获得了首轮 5 000 万元融资，并于 3 年后成功孵化出区。

为了让香港青年在创业时享受到更多便利，园区内的 18 家服务平台机构为创业团队提供了投融资、法律等一站式服务。

“这里是十分适合香港青年梦想落地发芽的地方”，陈升时常回想起自己最初来梦工场创业的日子，“这里是我圆梦的地方”。

许许多多和陈升一样的创业者从这里出发，实现了自己的创业梦。截至 2022 年年底，梦工场已累计孵化创业团队 737 家，其中港澳团队 451 家。

前海的模式是可行的

2012 年 12 月，习近平总书记首次视察前海时，就要求前海“依托香港、服务内地、面向世界”。“我就是看到这句话，才想到来前海。”陈升清晰记得，他刚到前海时，周边还是一片大工地，只有两条路，交通十分不便。

昔日泥泞滩涂，如今已是高楼林立，满眼都是繁华都市。陈升见证了前海日新月异的变化，“前海真是一年一个样”。有关调查数据显示：前海的经济总量迈上千亿量级并持续提升；累计注册港资企业超过 1.1 万家；累计推出制度创新成果 645 项，在全国复制推广 65 项……前海，这个“因深港合作而生、因深港携手而兴”的合作区阔步前行，逐渐成为香港青年创新创业的热土。

“那天在前海石前，习近平总书记和我们进行了亲切交流。总书记语重心长，既讲了改革开放和前海发展的历史背景，还讲了深港合作的重大意义。总书记对我们说，前海的模式是可行的，要研究出一批可复制可推广的经验，向全国推广。”

“对我们香港青年来说，这就是一堂生动的国情课，总书记关心我们香港青年，为我们指明发展的方向，让我们在创业之路上走得更加坚定。”陈升说。

2018 年，陈升到香港科技大学攻读硕士学位。他一边在香港科技大学深造，了解科创领域的最新进展，一边深入了解香港青年的新需求，希望能够把在前海积累的创业经验分享给更多人。

青年是国家的未来

“总书记说，青年是国家的未来。我要把这份责任和使命传递给更多人。”习近平总书记的话一次又一次地坚定了陈升服务香港创业青年的决心。

“深港青年同读一本书”，这是陈升策划的一个活动。阅读是学习的重要一环，也是香港青年了解祖国、融入大湾区建设的好方法。两地青年在共同阅读中找到共鸣，碰撞出思想的火花，促进互学互鉴、共同成长。

陈升还有一个更大的心愿，“我希望能够沿着深圳河，将罗湖、福田、前海、南山等地的香港青年创业基地联动起来，形成一个创业链，让香港青年有更多机会和选择”。如今，陈升已参与建设多个青年创业基地，辅导了超过300个创业团队，“香港青年同是湾区人，大湾区能够承载香港青年的宏大梦想”。

资料来源：程龙，程远州.在大湾区闯出一片新天地（总书记和我握过手）[N].人民日报，2022-02-10（1）.有删改

总结：当前，全球新一轮科技革命和产业变革蓄势待发，我国经济进入速度变化、结构转型和动力转换的关键时期。面对新的形势，我们必须深入推进大众创业、万众创新，着力营造有利于杰出科学家、发明家、技术专家和企业家不断涌现，大众创业、万众创新蔚然成风的社会环境和文化氛围，让每一个充满梦想并愿意为之努力的人获得成功，实现经济平稳持续增长、国家强盛、人民富裕和社会公平正义。

一、大众创业、万众创新的时代背景

党的十八大明确提出实施创新驱动发展战略，将其作为关系国民经济全局的紧迫而重大的战略任务。党的十八届五中全会进一步指出，坚持创新发展，必须把创新摆在国家发展全局的核心位置，不断推进理论创新、制度创新、科技创新、文化创新等各方面创新，让创新贯穿党和国家一切工作，让创新在全社会蔚然成风。

2015年，国务院颁布了《关于大力推进大众创业万众创新若干政策措施的意见》并明确指出，推进大众创业、万众创新，是培育和催生经济社会发展新动力的必然选择，是扩大就业、实现富民之道的根本举措，是激发全社会创新潜能和创业活力的有效途径。

（一）坚持创新发展、实施创新驱动发展战略

实施创新驱动发展战略，要坚持把科技创新摆在国家发展全局的核心位置，既发挥好科技创新的引领作用和科技人员的骨干中坚作用，又最大限度地激发群众的智慧和力量，形成大众创业、万众创新的局面。这就要求我们在全社会大力弘扬创新创业精神，使创业企业不断涌现和发展壮大，包括新创办企业和现有企业的创业创新，不断为企业这台创新发动机注入新生力量和活力，汇聚形成经济发展的新动力。

第一，要大力推进现有企业特别是大型企业的创业创新。现有企业特别是大型企业更需要弘扬创业精神，这样才能赢得更多的利润，使企业获得长久的发展。大型企业由于具备人才、技术、品牌、市场等方面优势，是创新发展的“野战军”，在推进大众创业、万众创新中占有举足轻重的地位，这不仅表现为大型企业可以通过收购中小型企业促使创新产品快速实现商业化，还表现为大型企业本身可以培育、孵化出许多小型企业。从我国看，目前许多大型企业也正在积极推进创业创新，在大众创业、万众创新中发挥着重要作用。有些企业围绕全产业链需求，有针对性地创办孵化器，孵化培育了大量科技型创业企业并形成集聚效应；有些企业提出

要把企业员工由原来的雇佣者和执行者，变成创业者与合伙人，大力推进企业内部“自创业”，实现企业由出产品到出创客的转变。

第二，要大力推动初创企业不断涌现和规模化发展。大量研究表明，初创企业是创新的源泉，历史上许多重大技术和发明的商业化最初都是由初创企业完成的。同时，初创企业也是推动就业增加的引擎。创业者不断创造出新的产品和服务，深刻改变了我们的生产和生活方式，创造了大量就业机会。当前，也正是那些处于清洁能源、生物医药、先进制造、信息技术等尖端领域的创业者，推动着新能源、生物、新一代信息技术等新兴产业发展，帮助解决我们面临的全球资源、环境、健康等重大问题。

（二）供给侧结构性改革引领新常态

供给侧结构性改革，主要是指对要素投入侧和生产侧的重大改革、关键性改革，其核心是通过推进金融、土地等要素改革和生产端的改革，提升企业效益和竞争力，焕发企业家精神，创造出能够激发消费者产生新需求的优质产品和服务，进而满足新需求，开拓新市场，推动新技术、新产业、新业态蓬勃发展，加快实现发展动力的转换。供给侧结构性改革最重要的是通过政府体制改革，让更多社会资本参与投资，充分激发微观经济主体活力。因此，推进供给侧结构性改革，是当前我国经济发展的重大任务。

大众创业、万众创新，既可以大幅增加有效供给，增强微观经济活力，加速新兴产业发展，又可以扩大就业、增加居民收入，还有利于促进社会纵向流动和公平正义，是经济发展的重要引擎。在当前形势下，要紧紧围绕打造大众创业、万众创新这一中国经济增长的新引擎、新动力，大力推进政府监管、投融资、科技体制等关键环节和生物医药与健康、新能源、节能环保、通用航空、文化旅游等重点领域的改革。比如，围绕培育小微企业和促进大型企业创新，大力推进投融资和资本市场的改革，着力解决企业融资难、融资贵的问题；大力推进能源电力、物流等体制机制改革，着力于降低创业创新成本；要“放水养鱼”，推动财税体制结构性改革，降低小微企业的税负水平。在生产侧方面，要放开服务业市场准入，扩大开放，使更多新企业公平进入，增强服务业发展动力作用；深入推进传统产业创业创新，鼓励大型企业职工积极利用互联网+、大数据等新技术，推进工艺创新和设备更新改造，广泛开展技术革新，加快传统制造业向中高端迈进；适应当前新技术、新产品、新业态迅猛发展趋势，完善政府管理体制，加强人才、技术、金融等要素支撑，着力营造有利于新兴企业不断涌现和发展壮大，有利于新技术、新产品、新业态快速商业化的良好生态。

（三）创新创业理论的科学内涵和本质要求

在经济学界，创新和创业在某种程度上具有互补和替代的关系，二者既联系紧密又有所区别。创新是创业的基础和灵魂，而创业在本质上是一种创新活动。创业和创新的区别在于，从现有的经济理论和研究看，创新更加强调其与经济增长的关系，比较著名的是经济学家索罗对经济增长中技术进步贡献的定量测算；而创业的内涵更丰富，不仅有创新的内容，还涉及就业、社会发展及公平正义。

影响创新创业的因素包括国民素质、基础研究水平、科研基础设施条件、体制政策环境等，其中，人作为核心因素，有效促进了创新型企业的发展壮大。从某种程度上讲，推动创新发展，就是要坚持以人为本推进创新，提高国民的教育水平，充分调动和激发人的创业创新基因；就是要坚持以企业为主体推进创新，大力推动创业企业发展，强化企业作为创新发动机的作用。

大众创业、万众创新要求的提出，把创业、创新与人、企业这几个关键要素紧密结合在一起，不仅突出要打造经济增长的引擎，而且突出要打造就业和社会发展的引擎；不仅突出精英创业，而且突出草根创业、实用性创新；体现了创业、创新、人和企业“四位一体”的创新发展总要求，揭示了创新创业理论的科学内涵和本质要求，为创新创业理论和实践研究开辟了崭新的天地。

（四）人类创新发展历史和经济发展的一般规律

人类社会的发展历史实际上就是一部大众创业、万众创新的发展史。比如，工业革命中许多重大技术都是由技工发明的。又如，20 世纪 80 年代初我国以家庭联产承包责任制为核心的农村经济体制改革，极大地激发了农民的创业热情，一大批乡镇企业异军突起，成就了今天以万向集团为代表的一批创业企业。此后，随着城市经济体制和科技体制改革，无数科研人员和国有企业职工“下海创业”，一大批民营企业异军突起，成就了今天以华为等为代表的一批创业企业。

总而言之，推进创新创业必须改变以往“选运动员”的方式，应在全社会弘扬创新精神和企业家精神，营造公平竞争的市场环境，推动广大人民群众参与创新创业的大潮，使大量优秀人才在创新创业的伟大实践中脱颖而出。

案例分享

顺应时代发展，实现创业梦想

吕良，“茶颜悦色”的创始人，这个年轻人以普通人的身份，在“喜茶”“奈雪”两座大山中，打了一场翻身仗。“茶颜悦色”创立于2013年，经营到现在，主打中国古风的品牌风格，它以自身独特的商标形象——红色为底色，上面画着一个手持扇子的古装女子，获得了消费者的无数好评。

做策划出身的吕良，曾尝试创业做餐饮。他开过鸡爪店，也加盟过奶茶店，都没有成功。但这些经历让他觉得，这个行业仍有一些差异化的空间有待开发，只不过他之前用了“错误的方式、错误的理解”。

吕良最终决定创立一家独创的饮品店。那时风靡大街小巷的饮品店，风格都类似“COCO”：可爱、卡通。“我不想跟他们一样，而且我知道我跟他们一样，一定死，因为做不过他们。”

吕良一开始就确定了要走“中国风”，没想到“做了几年以后，走着走着，发现原来（中国风和茶饮结合）这是个风口”。

“茶颜悦色”注重年轻人对文化的理解并用年轻人更容易接受的方式：中国风文创结合+接地气的互动传播传统文化，不断寻找能够与消费者产生共鸣的产品或场景。

“本身中国风就是一个很好的话题。而且我们的发展，正好赶上了弘扬中国传统文化的大势，”吕良说，“这不是我能猜中的，还是有运气成分。”

资料来源：编者根据相关资料整理

二、创新创业教育赋能现代职业教育体系改革

党的二十大召开后，中共中央办公厅、国务院办公厅印发职业教育改革工作的首个指导性文件——《关于深化现代职业教育体系建设改革的意见》，提出职业教育在办学主体、功能定位、改革重心、服务场域、发展路径方面的“五个转向”，而创新创业教育在“五个转向”中发挥着重要作用，有力赋能现代职业教育体系深化改革。另外，党的二十大也明确了“教育、科技、人才是全面建设社会主义现代化国家的基础性、战略性支撑”，并为职业教育更好地融入科教兴国、人才强国和创新驱动发展战略指明了方向。

（一）创新创业教育赋能职业教育“多元”办学主体

深化职业教育体系建设改革是一项集成工程，其核心措施是建立政府、行业、企业、学校协同合作的发展机制，核心目标是完成由政府举办为主向政府统筹管理、社会多元参与办学格局的转变。创新创业教育在培养创新型人才的过程中，坚持以“企业、社会、个人”发展需求为导向，通过多主体协同推进，集聚政府、行业、企业、园区、高校、协会、科研院所等多方力量的创新创业教育要素与资源，构建创新创业生态体系，形成多主体资源共享、事业共创、成长共荣的良好局面，是现代职业教育体系“多元”办学改革上的先行先试、率先突破的一个典型。

（二）创新创业教育赋能职业教育“人本”功能新定位

深化现代职业教育体系改革，进一步丰富职业教育的功能定位，既要强调促进就业的重要功能，又要服务人的全面发展，并通过建立健全多形式衔接、多通道成长、可持续发展的梯度职业教育和培训体系，推动职普协调发展、相互融通，让不同禀赋和需要的学生能够多次选择、多样化成才。创新创业教育坚持育人为本，面向全体、分类施教、结合专业、强化实践，促进了学生全面发展，高度契合职业教育“人本”功能新定位。

（三）创新创业教育赋能职业教育“产教”改革重心

产教融合是现代职业教育的基本特征。针对产教融合中的堵点，国家以建设市域产教联合体和行业产教融合共同体的制度设计来系统突破，将职业教育与行业进步、产业转型、区域发展捆绑在一起，充分发挥各自优势，创新良性互动机制，破解人才培养供给侧与产业需求侧匹配度不高等问题。创新创业教育坚持以产业发展需求为导向，以企业真实项目为载体，引导学生结合专业进行技术创新、方法创新、工艺创新、应用创新等，形成并转化创新成果为企业所用，发挥其社会效益，促进教育链、人才链与产业链、创新链有机衔接。

（四）创新创业教育赋能职业教育“全局”服务场域

现代职业教育必须立足新发展格局，在国内、国际两个场域谋划部署职业教育发展。必须从立足区域优势、发展战略、支柱产业和人才需求出发，建立健全职业教育国际合作机制，使我国职业教育从“单向引进借鉴”走向“双向共建共享”，逐步形成具有中国特色的职业教育国际化发展模式。

创新创业教育融合国内国际创新创业理论和大学生创新创业的实践经验，是面向大学生的开放式教育。例如，由教育部主办的中国国际“互联网+”大学生创新创业大赛，深化创新创业教育国际交流合作，汇聚全球知名高校、企业和创业者，服务以国内大循环为主体、国内国际双循环相互促进的新发展格局，搭建全球性创新创业竞赛平台，进而提升中国教育的影响力。

（五）创新创业教育赋能职业教育“协同”发展路径

现代职业教育体系改革，必须在巩固职业教育类型特色、提升职业学校关键办学能力的基础上，统筹职业教育、高等教育、继续教育协同创新，从“不同”走向“协同”，各种教育类型优势互补、交叉融合，为“办好人民满意的教育”这一共同目标服务，为全面建设社会主义现代化国家、全面推进中华民族伟大复兴这一共同伟大事业服务。

创新创业教育主张“校校联合”“校企联合”“园校联合”。例如，中国国际“互联网+”大学生创新创业大赛鼓励各学段学生积极参赛，形成创新创业教育在普通高等教育、职业教育、基础教育、留学生教育等各类各学段的全覆盖，打通创新创业人才培养各环节，提升高等教育新时代引领力。

案例分享

让“创客梦”融入“中国梦”

2017 年 8 月 15 日下午，一封来自习近平总书记给“青年红色筑梦之旅”活动的回信令写信的发起人和主笔，来自西安电子科技大学“小满良仓”项目的“创客”张旺与伙伴们兴奋不已。

不久前，作为即将拉开大幕的第三届“互联网+”大赛全国总决赛的同期实践活动，大赛承办方——西安电子科技大学在革命圣地延安启动了“青年红色筑梦之旅”实践活动。

继首批实践团奔赴延安后，来自全国31个省份、港澳台地区、“一带一路”国家的近百个大赛项目代表、高校创新创业师生代表及“互联网+”行业青年创新创业领军人物再度会师宝塔山下。

活动期间，青年“创客”们寻访梁家河、重走长征路、参观纪念馆、走访敬老院，实地了解革命先辈伟大而艰辛的创业史。同时，大学生“创客”们还深入延安老区基层进行了对接考察，精准帮扶老区建设，与延安当地中小学、各区县青年驿站签订了10余个长期支教帮扶和电商服务培训协议。

“在西安电子科技大学的组织下，我们参观了总书记当年上山下乡插队生活了7个年头的梁家河，与总书记的入党介绍人进行了座谈交流。”作为实践团给习近平总书记写信的发起人，张旺难掩兴奋，“那天晚上，来自全国各地的创业青年，住在窑洞里，睡在大通铺上，大家你一言我一语，聊着聊着就发现，总书记在梁家河的经历，和大家做创业项目的经历很相似，当年总书记为梁家河引入沼气池，通过科学技术服务帮助农民；带领村民种植蔬菜，提升生活水平；开设代销店，方便大家进行商品交易——总书记就和今天的我们一样，为了理想，不断进行着创新实践。因此，我们萌生了向总书记汇报参加这次活动的心得的念头。活动组织方西安电子科技大学十分支持我们的想法，就组织大家一起撰写了给总书记的信”。

“总书记的回信让我们倍受鼓舞，更坚定了我们青年‘创客’创新创业的梦想！”张旺说，“我们将结合自身实际，以第三届‘互联网+’大赛为契机，将延安精神融入自己的创业实践，用知识、技能服务老区人民，通过我们项目的落地，让‘互联网+电商’服务现代农业，为老区‘三农’增收，让农民回到土地，让青年深入农村，让土地和汗水更有价值，以实际行动和实际成果为实现‘中国梦’作出自己的贡献！”

资料来源：张毅.让“创客梦”融入“中国梦”[N].经济日报，2017-08-18(2).有删改

应用练习

我是政策解读小达人

·实践目标

了解党和国家对大学生创新创业做出的优待政策，并学会在具体创新创业实践中用好政策。

·实践内容

以小组为单位，搜索《国务院办公厅关于进一步支持大学生创新创业的指导意见》文件，尝试从政策出台的背景、具体政策内容等方面进行政策解读，并进行分享。

· 实践时长

10~15 分钟。

· 实践步骤

1. 按 5~7 人分组，借助网络资源搜索《国务院办公厅关于进一步支持大学生创新创业的指导意见》文件。

2. 在教师引导下完成相关主题的信息搜集，并进行分类汇总：

(1) 政策出台的背景；

(2) 文件针对大学生创业初期融资难提出的对策；

(3) 文件针对大学生创业失败的情况提出的扶持政策。

3. 思考如何在具体创新创业实践中用好这些优待政策，各小组选出一名代表进行分享。

4. 教师总结。

任务二 创新创业与职业生涯发展

案例引入

胡润发布 36 岁以下创业领袖榜单：喜茶、乐乐茶创始人上榜

2023 年 11 月 3 日，胡润研究院发布《2023 胡润 U35 中国创业先锋》报告，旨在寻找中国 36 岁以下的创业先锋。

要进入该榜单，年龄只作为评价标准之一。更重要的评价标准是，该创业先锋还需要创办一个有社会影响力及价值 5 000 万美金以上的企业；如果是企业的接班人，其管理的销售额或投资资产在 1 亿美金以上。

报告显示，共有来自 241 家企业的 251 位中国 U35 创业先锋荣登榜单，他们平均年龄 33 岁，男女分别占比 88% 和 12%，软件与服务、医疗健康和工业设备是他们的前三大财富来源。

需要指出的是，和以往的榜单相比，近年来中国的财富创造结构发生很大变化，今年百富榜上有 80% 的企业家十年前都未曾上榜。另外，这些上榜的 U35 创业先锋所从事的行业应该是未来较有发展前途的一些行业，包括软件服务特别是 AI，大健康特别是生物科技，也包括食品饮料、消费品等。其中，仅食品饮料行业，就有可可满分创始人方乃锃、乐乐茶联合创始人郭楠、喜茶创始人聂云宸等 13 位创业先锋入选；消

费品方面，蕉下董事长马龙、影目科技CEO杨龙昇、云鲸智能创始人张峻彬等12位创业先锋入选。

值得一提的是，还有2位白手起家上榜U35并位列今年胡润百富榜的创业先锋，其中之一就是喜茶创始人——32岁的聂云宸。

资料来源：解红娟.胡润发布36岁以下创业领袖榜单，喜茶、乐乐茶创始人上榜[EB/OL].(2023-11-03)[2023-11-17].有删改

总结：创业是一个创造的过程，需要创业者做好职业生涯规划，并付出诸多努力。以聂云宸为代表的青年创业先锋，抢抓国家创新创业政策，用创新创业跑出职业生涯新赛道。

一、创新概述

（一）创新的内涵

创新是人类特有的认识能力和实践能力，是人类主观能动性的高级表现，是推动民族进步和社会发展的不竭动力。一个民族要想走在时代前列，就一刻也不能没有创新思维，一刻也不能停止各种创新。人类社会从低级到高级、从简单到复杂、从原始到现代的进化历程，就是一个不断创新的过程。不同民族发展的速度有快有慢、发展的阶段有先有后、发展的水平有高有低，究其原因，创新能力的大小是一个主要因素。因此，正确地理解与把握创新的概念及本质是有效提升创新能力的前提和关键。

（二）创新的类型

1. 产品创新

产品创新指提出一种能够满足顾客需要或解决顾客问题的新产品。产品创新可以分为全新产品创新和改进产品创新。全新产品创新是指产品用途及其原理有显著的变化，改进产品创新是指在技术原理没有重大变化的情况下，基于市场需要对现有产品所做的功能上的扩展和技术上的改进。全新产品创新的动力机制既有技术推进型，也有需求拉引型，改进产品创新的动力机制一般是需求拉引型。

在产品创新的具体实现中，主要有自主创新、合作创新两种方式。自主创新是指企业不是对外有技术被动依赖与购买，而是通过自身的努力和探索产生技术突破，攻克技术难关，达到预期的目标。合作创新是指企业之间，或企业、科研机构、高等学院之间的联合创新行为。如今全球性的技术竞争不断加剧，企业技术创新活动中面对的技术问题越来越复杂，技术的综合性和集群性越来越强，即使是技术实力雄厚的大型企业也会面临技术资源短缺的问题，单个企业依靠自身能力取得技术进展越来越困难。合作创新通过外部资源内部化，实现资源共享和优

势互补，有助于攻克技术难关，缩短创新时间，提高企业的竞争能力。企业可以根据自身的经济实力、技术实力选择合适的产品创新方式。

2. 工艺创新

工艺创新是指企业采取某种方式对新产品及新服务进行生产、传输，是对产品的加工过程、工艺路线及设备所进行的创新，包括新工艺、新设备及新的管理和组织方法。例如，新型洗衣机或抗癌新药的生产过程中生产工艺及生产设备的调整，银行数据信息处理系统的相关使用程序及处理程序的升级更新等。工艺创新和产品创新都是为了提高企业的社会经济效益，但二者途径不同，方式也不一样。产品创新侧重于活动的结果，而工艺创新侧重于活动的过程；产品创新的成果主要体现在物质形态的产品上，而工艺创新的成果既可以渗透于劳动者、劳动资料和劳动对象之中，还可以渗透在各种生产力要素的结合方式上；产品创新的生产者主要是为用户提供新产品，而工艺创新的生产者同时也是创新的使用者。当然，上述两种区分并不是绝对的，有时两者之间的边界不甚清晰。例如，一台新型的太阳能轿车既是产品创新，也是工艺创新的结果。尤其值得注意的是，在服务领域中，产品创新和工艺创新通常是交织在一起的。

在新的市场竞争中，企业面临着不断提高效率、质量和灵活性的要求。企业如果能够生产出其他企业生产不出的产品，或者企业能够以一种更为经济有效的方式组织生产，则同样能够建立竞争优势。企业利用外部技术和快速进入新产品市场的巨大优势，来源于企业注重对新产品和新服务进行生产和传输的能力，即企业进行工艺创新的能力。创新型企业必须在其所涉及的领域内持续不断地寻求新的突破，从而降低成本、提高质量、增强灵活性，最终将价格、质量和性能等各方面突出的产品提供给市场。

3. 服务创新

服务创新就是使潜在用户感受到不同于从前的崭新服务内容。服务创新为用户提供以前没有实现的新颖服务，这种服务在以前由于技术等限制因素不能提供，现在因突破了各种限制而能实现提供。

服务创新是企业为了提高服务质量和创造新的市场价值而发生的服务要素变化，对服务系统进行有目的、有组织的改变的动态过程。服务创新理论研究来源于技术创新，两者之间有着紧密的联系。但是由于服务业的独特性，服务业的创新与制造业的技术创新有所区别，并拥有它独特的创新战略。

4. 商业模式创新

商业模式创新是指对目前行业内通用的为顾客创造价值的方式提出挑战，力求满足顾客不断变化的要求，为顾客提供更多的价值，为企业开拓新的市场，吸引新的客户群。举一个简单的例子：传统的书店决定利用互联网来销售书籍，即开通网上书店。与传统书店相比，亚马逊平台和当当网就是一种商业模式创新。

5. 渐进性创新

渐进性创新是指在原有的技术轨迹下，对产品或工艺流程等进行的程度较小的改进和提升。

一般认为，渐进性创新对现有产品的改变相对较小，能充分发挥已有技术的潜能，并经常能强化现有的成熟型公司的优势，特别是强化已有企业的组织能力，对公司的技术能力、规模等要求较低。

6. 突破性创新

突破性创新是指致使产品性能的主要指标发生巨大跃迁，对市场规则、竞争态势、产品版图具有决定性影响，甚至会致使产业重新洗牌的一类创新。

突破性创新需要全新的概念与重大的技术突破，往往需要优秀的科学家或工程师花费大量的资金，历时 8~10 年或更长的时间来实现。这些创新常伴有一系列的产品创新与工艺创新，以及企业组织创新，甚至会导致产业结构的变革。企业无法以增加多少收入来衡量突破性创新的大小，因为这还取决于公司的规模和耗费的成本。通过流程改进显著降低成本或显著提高产量，这样的流程改进也可以说是一种突破。

二、创业概述

（一）创业的内涵

“创业”在《新华字典》中被定义为开创事业。“创”，篆文从刀，仓声，是形声字；“业”，篆文像古代乐器架子横木上的大板，上面刻有锯齿，以便悬挂钟、鼓等乐器，后引申为所从事的学业、事业、职业、行业、就业、产业、创业等。由此可见，创业是创字当头，业为基础，这就意味着任何一项事业都是一个从无到有、从小到大、由简到繁、由旧到新的创造过程。

创业被学者们从不同的方面进行定义，具体如下。

第一，创业是新颖的、创新的、灵活的、有活力的、有创造性的，以及能承担风险的过程，许多学者说，发现并把握机遇是创业的一个重要部分。

第二，创业是包括创造价值、创建并经营一家新的营利性企业的过程，通过个人或一个群体投资组建公司，提供新产品或服务，以及有意识地创造价值的过程。

第三，创业是创造不同价值的过程，这种价值的创造需要投入必要的时间和付出一定的努力，承担相应的金融、心理和社会风险，并能在金钱和个人成就感方面得到回报。

国际管理科学学会的教授协会对创业也有广义上的定义：创业是对新企业、小型企业和家庭企业的创建和经营。

综合来讲，创业是指承担风险的创业者通过寻找和把握创业机会，投入已有的技能知识，配置相关资源，创建新企业，为消费者提供产品和服务、为个人和社会创造价值和财富的过程。

从创业的性质来看，创业可以是学业、事业、专业、产业等；从类别来看，创业包括各行各业、各种职业和岗位；从范围来看，创业有个人的“小业”，集体的“中业”，国家、社会的“大业”；从动机层次来看，创业可以是自发创业、自主创业、自觉创业等；从过程来看，创业会经过起始阶段、中间阶段和成就阶段。

（二）创业的类型

按照不同的标准，可以将创业分成不同的类型。了解创业类型是为了在创业决策中做比较，从而能选择最适合自己条件的创业类型。我们可以从动机、渠道、主体、项目、风险、周期和创业者数量 7 个不同的方面进行分类。

1. 按照创业动机分类

按照创业动机，创业可以分为机会型创业和就业型创业。

（1）机会型创业。机会型创业的出发点并非谋生，而是为了抓住、利用市场机遇。它以新市场、大市场为目标，因此能创造出新的需要，或满足潜在的需求。机会型创业会带动新的产业发展，而不是加剧市场竞争。

（2）就业型创业。就业型创业的目的在于谋生，为了谋生而自觉地或被迫地走上创业之路。这类创业大多属于尾随型和模仿型，规模较小，项目多集中在服务业，并没有创造新需求，而是在现有的市场上寻找创业机会。由于创业动机仅仅是为了谋生，往往小富即安，极难做大做强。

就业型创业和机会型创业与主观选择相关，但并非完全由主观决定。创业者所处的环境及其所具备的能力对于创业动机类型有决定性作用，因此创造良好的创业环境，通过教育和培训来提高人的创业能力，就会增加机会型创业的数量，不断开拓新的市场，促进经济发展和生活改善，减少企业之间的低水平竞争。

2. 按照新企业建立的渠道分类

按照新企业建立的渠道，创业可以分为自主型创业和企业内创业。

（1）自主型创业。自主型创业是指创业者个人或团队白手起家进行创业。自主型创业充满挑战和刺激，其优点有：个人的想象力、创造力可以得到最大限度的发挥；有一个新的舞台可供表现和实现自我；可多方面接触社会、各种类型的人和事，丰富自己的阅历和经验；可以在短时间内积累财富，奠定人生的物质基础，为攀登新的人生巅峰做准备。

（2）企业内创业。企业内创业是进入成熟期的企业为了获得持续的增长和长久的竞争优势，为了倡导创新并使其研发成果商品化，通过授权和资源保障等支持的企业内创业。每一种产品都有生命周期，一个企业在不断变化的环境中，只有不断创新，不断将创新的成果推向市场，不断推出新的产品和服务，才能跳出产品生命周期的约束，不断延伸产品的生命周期。成熟型企业的增长同样需要创业的理念、文化，需要企业内部的创业者利用和整合企业内部资源进行创业。而企业内创业是动态的，正是通过二次创业、三次创业乃至连续不断地创业，企业的生命周期才能不断地在循环中得到延伸。

3. 按照创业主体分类

按照创业主体，创业可以分为大学生创业、失业者创业和兼职者创业。

（1）大学生创业。大学生毕业后的自主创业，可以是独立创业，也可以是合伙创业；可以是与所学专业一致的创业，也可以是非所学专业的创业，这在今天已经是普遍现象。大学生自主创业的目的是实现自我人生价值。

（2）失业者创业。不少失业者也通过自身努力，成了创业的佼佼者。这类创业大多是选择服务行业，投资少、回报快、风险低。比如，由失业工人开创的月嫂服务机构，市场非常巨大，十分适合有生活经验的中年妇女就业。

（3）兼职者创业。比如，大学教授中有一部分就是兼职创业者，通过自己建立公司，对外招揽项目，也有一些研究生在读期间就由导师指导做创业项目。

4. 按照创业项目分类

按照创业项目，创业可以分为传统技能型创业、高新技术型创业和知识服务型创业。

（1）传统技能型创业。传统技能型创业一般具有持久的生命力，因为使用传统技术、工艺的创业项目，其独特的技艺或配方都会拥有相应的市场优势，尤其是酿酒业、饮料制造业、中药业、工艺美术品业、食品加工业、修理业等与人们日常生活紧密相关的行业中，独特的传统技能型创业会表现出经久不衰的竞争力，许多现代技术都无法与之竞争。

（2）高新技术型创业。高新技术型创业项目包括知识经济项目、高科技项目等，知识密集度高，带有技术前沿性、研究开发性的特质。2006 年 9 月，科技部、财政部、国家税务总局发布《中国高新技术产品目录 2006》，共涉及电子信息，软件，航空航天，光机电一体化，生物、医药和医疗器械，新材料，新能源与高效节能，环境保护，地球、空间和海洋，核应用技术，现代农业等 11 个领域，这些都是高新技术型创业可以大展身手的领域。

（3）知识服务型创业。当今社会，随着信息量越来越大，知识更新越来越快。为了满足人们节省精力、提高效率的需求，各类知识型咨询服务机构分类不断细化、数量不断增加，如律师事务所、会计师事务所、管理咨询公司、广告公司等服务机构。知识服务型项目是一种投资少、见效快的创业选择。

5. 按照创业风险分类

按照创业风险，创业可以分为依附型创业、尾随型创业、独创型创业和对抗型创业。

（1）依附型创业。依附型创业可以分为两种情况：一是依附于大型企业或产业链生存。即在产业链中确定自己的角色，为大型企业提供配套服务，如专门为某个或某类企业生产零配件，或生产、印刷包装材料等。二是特许经营权的使用。如麦当劳、肯德基，利用品牌效应和成熟的经营管理模式，以降低经营风险。

（2）尾随型创业。尾随型创业，即模仿他人创业，所开办的企业和经营项目均无新意，行业内已经有许多同类企业，新创企业尾随他人之后，“学着别人做”。尾随型创业的第一个特点，是短期内不求超过他人，只求能维持企业运营；随着学习不断成熟，再逐步进入强者行列。尾随型创业的第二个特点，是在市场上拾遗补阙，不求独家承揽全部业务，只求在市场上分得一杯羹。

（3）独创型创业。独创型创业的表现主要在两个层面：一是填补市场需求内容的空白，二是填补市场需求形式的空白。前者是指经营项目具有独创性，独此一家、别无分店。大到商品独创性，小到商品的某种技术的独创性。比如，一家企业生产的洗衣粉比市场上卖的一般洗衣粉环保性好且去污力强，这就属于商品的某种技术的独创性。独创性也可以表现为一种服务，比如，改革开放后，搬家服务逐渐形成市场，谁先成立搬家公司，谁的创业就具备独创性。当然，独创型创业有一定的风险性，因为消费者对新事物有一个接受的过程。独创型创业也可以是旧内容新形式，比如，产品销售中的送货上门服务，经营的商品并无变化，但扩大了服务方式，从而更具竞争力。

（4）对抗型创业。对抗型创业是指进入其他企业已经形成垄断地位的某个市场进行创业，与之对抗较量。这类创业必须在知己知彼、科学决策的前提下，决心大、速度快，把自己的优势发挥得淋漓尽致，把自己的劣势尽量填平补齐，抓住市场机遇，乘势而上，减少风险损失，这样才能取得创业的成功。比如，新希望集团就是对抗型创业的成功典型。20 世纪 90 年代初，面对外国饲料厂商进入中国市场，大量倾销合成饲料，新希望集团建立西南最大的饲料研究所，起步之初就将自身定位为与外国饲料竞争市场，经过不懈努力，最终企业发展成为世界 500 强企业。

6. 按照创业周期分类

按照创业周期，创业可以分为初始创业、二次创业和连续创业。

（1）初始创业。初始创业是一个从无到有的过程。创业者经过市场调查，分析自己的优势与劣势、外部环境的机遇与风险，权衡利弊，确定自己的创业类型，履行必要的法律手续，招聘员工，建立组织，设计管理模式，投入资本，营销产品或服务，不断扩大市场，最终实现盈利的过程就是初始创业。同时，初始创业也是一个学习过程，创业者往往边干边学。在初始创业阶段，企业的失败率较高，风险来自多方面，有时甚至会出现“停止就会失败，扛下去才可能有生路”的状况，总之要承受更大的心理压力和经济压力。所以，初始创业要尽量缩短学习过程，百折不挠，坚持到底。

（2）二次创业。传统的观念认为，新建企业为创业，老企业只存在守业问题，不存在创业问题。实际上，在当代社会，特别是进入知识经济时代，“业”是守不住的。创业是个动态的过程，伴随着企业全部的生命周期。企业的生命周期分为投入期、成长期、成熟期和衰退期 4 个阶段。创业者表现最明显的是在投入期和成熟期：没有投入期，就没有创业；如果成熟期不再次创业，企业就会衰退。成熟期再创业，即二次创业，它对企业的生存和发展往往有着举足轻重的作用。比如，海尔在创始人张瑞敏的率领下成功地进行了二次创业，成立了海尔集团，成为中国电子信息百强企业之首。

二次创业的目的是使企业不要进入衰退期，恒久地保持成长期和成熟期的良好状态，彰显出长久的竞争优势。企业进行二次创业主要依靠新技术、新产品和新服务。在企业成长期结束、成熟期开始时，就要进行二次创业，就要投入新产品（包括新技术和新服务）。只有老产品处于成熟期，新产品处于投入期；老产品进入衰退期，新产品进入成长期，这样才能保证企业生命不衰，青春常驻。没有二次创业，企业必会昙花一现。

（3）连续创业。创业其实是沿着一条哲学法则运行的。创业体现的是从无到有，而根据企业生命周期的 4 个阶段来看，企业自身的发展是由生到死的过程。如何使其不死？唯一的办法是嫁接生命，把企业生命由原来所系的产品（或服务、技术）嫁接到另一种新产品（或新服务、新技术）上，但这也是有限的，接着就需要三次创业、三次嫁接。进入第三次创业的企业往往有了较大的实力和规模，抗风险能力比较强，而且经过三次创业的企业，不少已走向了分权化、集团化，企业在市场形成稳固地位。

7. 按照创业者数量分类

按照创业者数量，创业可以分为独立创业与合伙创业。

（1）独立创业。独立创业是指创业者独立创办自己的企业，其特点在于产权归创业者个人独有，企业由创业者自由掌控，决策迅速。但是，创业者要独自承担风险，创业资源整合比较困难，并且受个人才能的限制。

（2）合伙创业。合伙创业是指创业者与他人共同创办企业，其优劣势正好与独立创业相反。

案例分享

大学生创新创业孵化器

大学生创新创业孵化器是一个为大学生提供创新创业支持和资源的平台。它不仅为大学生提供了一个实践和交流的机会，还能帮助他们将创意转化为商业机会，推动创业项目的发展。有关大学生创新创业孵化器的背景、作用和运作方式的简介如下。

一、背景

随着社会发展和经济需求的变化，创新创业教育已经成为现代大学教育的重要组成部分。为了培养大学生的创新创业能力，学校和政府纷纷建立了创新创业孵化器。大学生创新创业孵化器的设立旨在为大学生提供一个创新创业的平台，帮助他们通过学习和实践获得创新创业的技能和知识。

二、作用

1. 提供资源支持

大学生创新创业孵化器为创业学生提供了办公场所、设备设施和基础服务，满足他们开展创新创业活动的需求。同时，孵化器还为大学生提供了资金支持和法律咨询等专业服务，帮助他们在创新创业的过程中解决遇到的各种问题。

2. 提供学习机会

孵化器不仅提供了创新创业的实践机会，还通过各种培训和讲座活动，帮助学生学习创新创业的理论知识和实践经验。这有助于拓宽他们的视野，提高他们的创新能力和创业意识。

3. 联系资源和市场

孵化器通常与企业、投资者和政府等相关机构建立了合作关系，为大学生提供市场推广和项目投资的渠道。通过与各方资源的对接，孵化器可以帮助大学生更好地将创意转化为商业机会，并推动创业项目的发展。

三、运作方式

1. 招募优秀创业团队

孵化器通过招募优秀的创业团队来开展创新创业活动。大学生可以组建自己的团队，提出创意和商业计划书，通过评审后获得入驻资格。

2. 提供创业辅导

入驻孵化器的大学生将获得专业导师的指导和辅导，以帮助他们完善商业计划书，解决创业过程中的问题，并提供相关创业知识和技能培训。

3. 提供资源支持

孵化器提供办公场所、工作设施和基础服务，满足大学生创业的需求。同时，还可以通过与相关机构合作，为大学生提供资金支持和法律咨询等专业服务。

4. 组织创新创业活动

孵化器定期组织创新创业比赛、论坛和展览等活动，为大学生提供展示自己创新创业成果的机会，同时也促进创业学生之间的交流和合作。

在大学生创新创业孵化器的支持下，越来越多的大学生有了实现创业梦想的机会。他们可以利用孵化器提供的资源和平台，将自己的创意和创业项目转化为现实，并获得商业成功。大学生创新创业孵化器不仅为个人的创新创业提供了支持，也为社会的经济发展注入了新的活力。

资料来源：编者根据相关资料整理

三、创业与职业生涯发展

（一）创业能力具有普遍性与时代适应性

创业能力是一种综合能力，与创业的成败直接相关。在知识经济时代，要适应时代的发展、跟上时代的节奏，大学生的创业能力就要着力从以下 4 个方面培养。

1. 提高开拓创新能力

开拓创新能力是成功创业者最重要的能力之一。开拓创新是创业的灵魂和赢得竞争优势的关键。一个优秀的创业者，必须敢于创新、长于创新、乐于创新。

2. 提高人际协调能力

要想创业成功，大学生还需要培养自己的人际协调能力，因为包括创业在内的任何活动都离不开人与人之间的交往和协作。因此，大学生在校期间有意识地培养与他人的协作能力是获得他人和社会支持的重要前提条件，对大学生创业者创业成功具有重要的作用。

3. 提高组织管理能力

在市场经济条件下，市场充满了竞争和风险，创业者要使自己的创业实践活动获得成功，必须重视经营管理。组织经营管理能力是创业者在管理上能力的体现，其管理活动贯穿组织运行过程的每一个环节，不仅是组织正常运行的前提，也是组织生存与发展的基本条件。

4. 提高诚信力和守时意识

成功的创业者，不仅要有良好的企业运营机制，还要明确自己的社会责任，以德为本，诚信创业，才能谋求企业长远的发展和生存。诚信是企业立业之本，人无信不立，没有诚信就没有一切。而守信是从守时开始的，无论是在工作、学习还是日常生活中，守时都是构建和谐社会的基石。守时不仅是一种个人修养，更是一种社会进步和国家繁荣的标志。培养良好的守时意识，能够凝聚起整个社会的力量，从而构建一个文明、和谐、有序的社会。

（二）创业能力对个人职业生涯发展的意义和作用

职业生涯规划是指个人和组织相结合，在对一个人职业生涯的主客观条件进行测定、分析、总结的基础上，对自己的兴趣、爱好、能力、特长、经历及不足等各方面进行综合分析与权衡，结合时代特点，根据自己的职业倾向，确定最佳的职业奋斗目标，并为实现这一目标做出行之有效的安排。

创业成功是可以规划的，创业能力对个人职业生涯发展有着重要意义，并且起着积极作用。

1. 创业能力对个人职业生涯发展的意义

大学生就业创业能力提升是当今社会关注的热点。职业生涯规划是大学生就业创业的顶层设计，做好职业生涯规划是大学生提升就业创业能力的基础和前提。全面提升大学生的就业创业能力，就要充分发挥职业生涯规划的作用，做好高校的职业生涯教育工作。

另外，大学生创业是人生和职业生涯的双重飞跃。在“大众创业、万众创新”的社会大背景下，能够选择创业是现在许多在校大学生热衷之事。首先有国家的政策支持，主管部门有竞赛可供检验，学校还有创业工厂和孵化器，可谓条件得天独厚。如果选择了创业，将是人生和职业生涯的双重飞跃。通过创业，大学生可以迅速了解团队协作、公司运营、产品开发、社会服务等诸多现代市场经济概念，切实改变已有的知识框架和人生观念。同时，通过创业，大学生对求职、职业发展和职业生涯规划会有新的认知。人生不仅在于眼前的生活，更在于为社会创造价值，为国家奉献自己的力量。

2. 创业能力对个人职业生涯发展的作用

创业的内涵不仅仅是开办一家企业，因此，不论是就业还是创业，都需要创业者自身具有创业能力。

（1）创业能力的体现之一就是具有执行力。无论拥有怎样的梦想，只有行动才能拉近现实和目标的距离。再好的计划，如果没有行动来执行，也将是一纸空谈，正如周恩来总理所说：“坐着谈，何如起来行。”

（2）创业能力的体现之二是具有决策力。大学生在职业生涯发展的过程中经常会面临各种选择，需要做出正确的决策。结合主客观条件来确定职业的方向、目标、战略及实施，都需要决策力。

任何一个职场上的成功人士，在成功之前都是普通人，但与普通人不同的是，他们拥有创业能力。创业能力是可以在实践中提升和培养的，而提升创业能力的途径就是学习和实践。

应用练习

寻找我身边的创业人物

· 实践目标

了解创业与个人职业生涯的关系。

· 实践内容

以小组为单位，搜寻本学院的创业校友信息，对其进行分类汇总，选择 1 位创业校友进行访谈，了解创业对其职业生涯发展的影响。

· 实践时长

课后完成。

· 实践步骤

1. 按 5~7 人分组，借助辅导员、学院就业工作负责人员等力量，搜集本学院的创业校友信息。

2. 对搜集到的创业校友信息进行分类整理。
3. 小组选择一位创业校友进行访谈，了解创业对其职业生涯发展的影响。
4. 小组选出一位代表进行分享。
5. 教师总结。

思考与实践

1. 新经济的产生与发展、经济发展方式的转变，给创业者带来哪些新的机会和挑战？
2. 如何理解创业与职业生涯发展的关系？

项目二

创新思维与方法训练

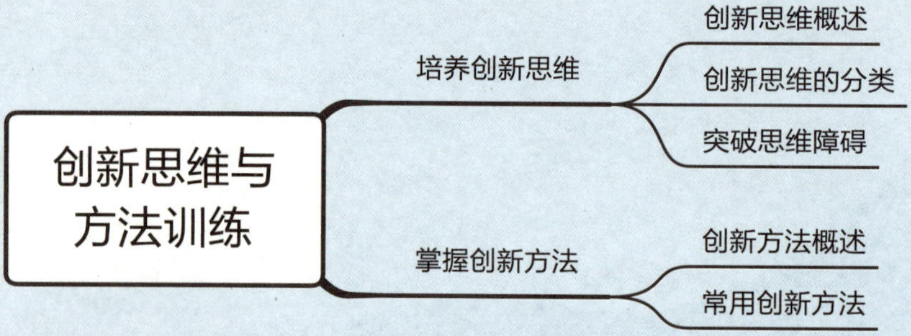

创新思维与方法训练
培养创新思维
创新思维概述
创新思维的分类
突破思维障碍
掌握创新方法
创新方法概述
常用创新方法

学习目标

思政小课堂

知识目标

1. 正确理解创新思维的概念及其作用。
2. 掌握创新思维的方法及其工具运用。

能力目标

1. 能运用创新思维进行自我评估。
2. 能把激发创新思维与日常学习生活相结合。
3. 能使用创新思维方法及工具。

价值目标

激发创新思维，将创新方法及工具运用到实际学习和生活当中，做到“知行合一，笃行致远”。

任务定位

任务一 培养创新思维

案例引入

开锁这件小事，怎么就做成了高科技

1990 年出生的小黄来自广西南宁，曾就读于广西某高校通信管理专业，毕业后就职于一家很不错的通信运营公司。2016 年春节后，小黄突然对家里人宣布：“我要创业！”说干就干，小黄收拾行囊来到南宁市租了房子，找了几个同学组成了创业团队。但是，选择哪个行业创业，成为摆在小黄面前的难题。

一次偶然的机会，小黄和他的团队联系上了南宁市锁业协会。在与锁业协会的交流中，他了解到锁业目前存在两个痛点：一是缺乏一个能整合南宁市开锁资源的互联

网平台；二是混乱的开锁市场给非法开锁企业和锁匠提供了生存的土壤，严重地影响正规开锁企业和锁匠的合法权益，扰乱了正常的开锁服务经营市场秩序，也给公共安全和人民群众的生命财产安全带来了重大隐患。

了解到锁业协会的需求，小黄和团队马上着手做市场调研，寻找技术支持商，一遍又一遍地尝试开发全新的开锁系统……不久后，一个开锁服务系统平台就做好了，他们给这个开锁服务系统平台取名叫“肥猫帮帮”。2016 年 4 月底，他们开发建设的开锁服务系统，整合接入南宁市公安局原有服务平台端口，这只“肥猫”正式为南宁市市民提供服务。

资料来源：编者根据相关资料整理

总结：我们在对事情做决策的时候，会存在两种选择：一是循规蹈矩，沿着前人的思维方法走下去；二是根据自己的已有经验，走创新创业之路。如今我们处于一个全民创新创业的时代，应敢于追求创新创业这一时代的流行色，并以“创造者”的身份立足于世界的舞台。

一、创新思维概述

（一）创新思维的概念

通常意义上的思维，涉及所有的认知或智力活动。它探索与发现事物的内部本质联系和规律性，是认识过程的高级阶段。

创新思维是指以新颖独创的方法解决问题的思维过程。这种思维能突破常规思维的局限，以超常规甚至反常规的方法、视角去思考问题，提出与众不同的解决方案，从而产生新颖的、独到的、有社会意义的思维成果。创新思维的本质在于将创新意识的感性愿望提升到理性探索上，实现创新活动由感性认识到理性认识的飞跃。

案例分享

画　骆　驼

古时候，有一位画师为了考察几个学生的天分，他发给每个学生一张相同大小的白纸，要求按题作画，题目是用最少的笔墨在纸上表现出最多的骆驼。第一位学生想，把骆驼画得越小，数目就越多，于是便用很细的笔在纸上密密麻麻地画满了一匹匹骆驼；第二个学生想，每只骆驼只需画一个脑袋便可以表示，于是他在同样大小的纸上画满了骆驼的脑袋；第三个学生则又把骆驼的脑袋缩小为一个外形相似的小点，这样画出的骆驼自然比前面两位多出不少；第四位学生则与前三位完全不同，他先画了一匹骆驼在山谷口往外走，然后又画了一匹从山谷口只露出一个脑袋和半截脖子的骆驼。结果第四位学生的画获得了好评。

资料来源：编者根据相关资料整理

（二）创新思维的特征

1. 独立性

独立性是指与众人、前人不同，独具卓识。这是因为创新思维所要解决的问题是没有现成答案的，不能照搬常规，也不能用传统方法来处理，需要有新颖独特的思维。独立性体现在对“司空见惯”“完美无缺”的质疑：力破陈规、锐意进取，勇于挑战旧的传统习惯。

2. 联动性

这里的联动性是指由此及彼性，有创新想象的参与。想象是创造之母，它让人能结合以往的知识与经验，在头脑中形成创造性新形象，把观念的东西形象化，从而使创造活动顺利展开。其形式有：纵向联动，即发现一种现象后能顺其深入研究，刨根究底；逆向联动，即由一种现象联想到其反面；横向联动，即由一种现象联想到与之相似、相关的事物。

3. 多向性

多向性是指善于从不同的角度想问题。追求目标要执着，但我们不赞成思维的执着。多向性思维依赖如下几个机制：发散机制，即对同一问题可提出多种设想答案，也就是发散思维能力；换元机制，即能灵活地变换影响事物质和量的众因素中的某一个，从而产生新的思路；转向机制，即思维在一个方向受阻后能马上转向另一个方向；创优机制，即寻找最优答案。

4. 综合性

创新是一种探索性的活动，从问题的发现、提出到创造成功，整个过程势必包含许多曲折、反复，因而也一定有多种思维方式的参与：既有知觉的洞察和灵感的闪现，又有想象的驰骋和类比的启迪，更不乏演绎与归纳、发散与集中、假想与试探。只有突破刻板思维的约束，灵活地综合运用多种创造性思维方法，才会有非同寻常的创造。

二、创新思维的分类

（一）发散思维

发散思维也叫多向思维、辐射思维或扩散思维，是指在对某一问题或事物的思考过程中，不拘泥于一点或一条线索，而是从现有的信息中尽可能向多方向扩展，不受已经确定的方式、方法、规则和范围等的约束，并且从这种扩散的思考中求得常规的和非常规的多种设想的思考。

发散思维的常用操作方式有：材料发散，即以某种材料为基点，设想它的多种用途，并对材料的各种专用特性进行研究、改进，来达到目标要求；功能扩散，以某种事物的功能为扩散中心，设想这种功能的其他用途；形态扩散，以某种事物形态（颜色、形状、声音、气味等）为扩散中心，设想出能被利用的各种可能性。发散思维与综合思维不同，综合思维由多点集中到一点，而发散思维则由一点扩散到多点。

案例分享

水池里有多少桶水

从前，有个国王在大臣们的陪同下来到花园散步。国王瞧着面前的水池，忽然心血来潮，问身边的大臣："这水池里共有几桶水？"众臣一听面面相觑，全答不上来。国王下旨："给你们三天时间考虑，回答上来重赏，回答不上来重罚！"眨眼三天期限到了，大臣们仍一筹莫展。就在此时，一个小孩走进宫殿，声称自己知道池塘里有多少桶水。国王命那些战战兢兢的大臣带小孩去看池塘。小孩笑道："不用看了，这个问题太容易了！"国王乐了："哦？那你就说说吧。"小孩眨了眨眼说："这要看那是怎样的桶。如果桶和水池一般大，那水池里就有一桶水；如果桶只有水池的一半大，那水池里就有两桶水；如果桶只有水池的三分之一大，那水池里就有三桶水；如果……""行了，完全正确！"国王重赏了这个小孩。

大臣们为什么解不开国王的问题呢？就在于他们全掉进了常规思维的陷阱，被思维定式所困，越思考陷得越深，越不能自拔。而那个小孩并没有受到常规思维的限制，撇开了水池里水的多少，而从桶的大小的角度来思考问题，问题一下子就迎刃而解。这说明，跳出思维陷阱进行非常规思维，有时只需换一种思维方式或换一个思维角度。

资料来源：编者根据相关资料整理

（二）逆向思维

逆向思维是指与通常的思考方法相反，是从反方向思考问题，也叫作反向思维。客观世界上许多事物之间甲能产生乙，从逆向角度思考乙也能产生甲。例如，化学能能产生电能，据此意大利科学家伏特于 1800 年发明了伏特电池；反过来电能也能产生化学能，通过电解，英国化学家戴维于 1807—1808 年发现了钾、纳、钙、镁、锶、钡、硼 7 种元素。

再如，说话声音高低能引起金属片相应的振动；相反，金属片的振动也可以引起声音高低的变化。据此，美国发明家爱迪生在对电话的改进中，发明了世界上第一台留声机。

又如，在"司马光砸缸"的故事中，小孩落水会淹死，要救出落入水缸的小孩，常规思维是把人拉出水；司马光利用反向思维，不考虑"人离水能活"，而是反过来想"水离人，人也能活"，结果砸破水缸救出小孩。

在商业营销运作中，也常有逆向思维的应用。如做钟表生意的厂商都喜欢说自己的表准，而有一个表厂却说他们的表不够准，每天会有1秒的误差，结果不但没有失去顾客，反而赢得认可，顾客踊跃购买。

（三）侧向思维

侧向思维是指从与问题相距很大的事物中受到启示，从而找到解决问题的方法的思维方式。19世纪末，法国园艺学家莫尼埃从植物的盘根错节想到水泥加固的方法，就是一种侧向思维的运用。

当一个人为某一问题苦苦思索时，大脑里会形成一种优势灶，一旦受到其他事物的启发，这个优势灶会很容易与之产生相联系的反应，从而解决问题。

侧向思维与逆向思维一样，都是相对常规思维活动而言的。它们的区别在于：逆向思维在许多场合表现为与他人的思维方向相反，但轨迹一致；而侧向思维不仅在方向上有异，而且在轨迹上也有所不同，偏重另辟蹊径。

（四）求异思维

善于标新立异是发明家的共同之处，这就需要我们有一种求异思维，在常人习以为常的工具、用具、方法中标新立异，创造出新产品。求异思维的关键在于不受任何框架、任何模式的约束，能够突破、跳出传统观念和习惯势力的禁锢，从新的角度认识问题，以新的思路、新的方法创造人类前所未有的更好、更美的东西。日常所说的“出奇制胜”，使“圆变方，纵变横，平面变立体，飞机入水，船上天”就是求异思维。

（五）类比思维

英国哲学家培根有句名言：“类比联想支配发明。”类比思维是一种创新思维方式，人们通过类比已有事物开启创造未知事物的发明思路。它是一种把已有的事物与一些表面看来与之毫不相干的事物联系起来，寻找创新的目标和解决的方法。例如，由鸟的飞行运动制造飞机，仿生工程的大发展就是类比思维的结果。

（六）综合思维

综合思维是指从某一事物出发，以此为发散点，尽可能多地与另一（或一些）事物连接成具有新价值（或附加价值）的新事物的思维方式。在发明创造中，可以把几个不同的想法融合起来，取其长处、相互补充、组合起来，用以解决一道难题或完成一件作品，这就是综合思维，又称集中思维。

综合思维可以综合多种方法，对原理、设计、结构等进行合理改进、互补、综合，进而达到理想目标。近年来普遍使用的“头脑风暴法”（也称为“脑力激荡法”）和“诸葛亮会议”，以及“三个臭皮匠，赛过诸葛亮”等俗语就是这种思维的具体应用。

例如，英国物理学家牛顿组合了开普勒天体运行三定律和伽利略的物体垂直运动与水平运动定律，从而创造了经典力学；英国物理学家麦克斯韦组合了法拉第的电磁感应理论和拉格朗日、哈密尔顿的数学方法，创造了更加完备的电磁理论；英国物理学家狄拉克组合了爱因斯坦的相对论和薛定谔方程，创造了描述相对论量子力学的狄拉克方程。可见，合理运用综合思维，能事半功倍，产生 1+1>2 的效果。

三、突破思维障碍

针对思维障碍，人们必须采取切实有效的措施突破这些障碍，才能更好地发挥创新思维的功能，激发创新潜能，提升创新能力。

（一）突破思维定式

突破思维定式是指人们在思考有待创新的问题时，要有意识地改变思考这些问题时的习惯（如过往的思维模式），警惕和排除这些习惯对新设想可能产生的束缚作用；要敢于怀疑，敢于打破条条框框，敢于打开新思路，努力寻求创新。

（二）拓宽思维视角

拓宽思维视角的方法有两种：一是改变思路。绝大部分人对问题的思考，都是按照常规、常理去思考，或者按照事物发生的时间、空间顺序去想，这就是所谓的“万事顺着想”思维。要想进行创新，就必须有意识地改变“万事顺着想”的思路。二是换位思考。换位思考就是站在他人的角度考虑问题。例如，产品创新就要站在顾客的角度去考虑问题。

（三）突破知识障碍

创新思维必须建立在一定知识积累的基础上，否则就只是空想。但是，如果死抱着知识，或者抱残守缺，则会对创新思维形成障碍。突破知识障碍的有效途径就是不断地进行知识探索和更新。在探索和更新的过程中，对知识进行实践检验，以此提升自身的创新思维能力，这样才能为以后的创新之路打下坚实的基础。

应用练习

头脑风暴与美食有关的职业

·实践目标

提高创新发散思维能力。

·实践内容

运用所学的创新思维知识，进行头脑风暴，创造出与美食有关的职业，形成思维导图，进行小组展示。

· 实践时长

10~15 分钟。

· 实践步骤

1. 按 5~7 人分组，以小组为单位，运用发散思维、逆向思维、侧向思维、求异思维、类比思维、综合思维进行头脑风暴，分析与美食有关的职业。

2. 小组将讨论结果以思维导图呈现，写得越多越好。

3. 小组选出一位代表进行分享。

4. 教师总结。

任务二 掌握创新方法

案例引入

垃圾桶的故事

许多年前，荷兰的一座城市出现了乱扔垃圾的问题，原本干净整洁的地方由于人们不再使用垃圾桶而变得有碍观瞻，大街上到处都是随地乱扔的烟头、啤酒瓶、巧克力糖纸、报纸等各种废弃物。

卫生部门对此很苦恼，他们开始寻找清洁城市的办法。一种办法是把随地乱扔废弃物的罚款从 25 荷兰盾（2002 年加入欧元区前荷兰的货币单位，约 13 欧元）提高到 50 荷兰盾，他们尝试了这个办法，但收效甚微。另一种办法是增加在这一地区街头巡逻的督察员人数，这也可以算是另一种“惩罚随地乱扔”的办法。但同样，这也无助于问题的解决。

后来，有人提出：假如人们在把垃圾倒进垃圾桶的时候，垃圾桶能付钱给他们，会怎么样？我们可以给每一个垃圾桶装一个电子感应装置和一个硬币返还系统。每当有人把垃圾倒进垃圾桶，垃圾桶就会付给他 10 荷兰盾。

这种想法的提出仿佛猛敲了一下人们的大脑。“假如……会怎样”这个问题把“惩罚随地乱扔”变成了“奖励遵纪守法”。不过，这个想法存在着显而易见的缺陷，因为如果真的实施这种想法，这座城市将会破产。

幸运的是，倾听这个想法的人并没有以是否切实可行来衡量它，而是把它作为跳板，进而问自己：“还有其他办法可以对那些把垃圾倒入垃圾桶的人进行奖励吗？”后来卫生部门研制了一种电子垃圾桶，它的上部装有一个感应装置，当探测到有垃圾倒入时，就会激活录音机，同时播放已经录制好的笑话合集中的一段笑话。换句话说，这是一种会讲笑话的垃圾桶。不同的垃圾桶讲不同的笑话，此举很快就有了成效。笑话每两周更换一次，人们为此都特意地把垃圾倒入垃圾桶里，于是城市又恢复了原有的整洁。

资料来源：编者根据相关资料整理

总结：在以上案例中，人们经历了多种方案的探讨及实施，才最终找到合适的方案。从本质上说，创新是一场变革，我们有必要了解创新的多种方法，以及每种方法所具有的特点与优势。

一、创新方法概述

创新方法是指建立在认知规律基础上的创新思维方法的技巧和手段，是实现创新的中介，是社会快速推出新技术、新产品的一种可用资源。

德国哲学家黑格尔说：“方法是任何事物所不能抗拒的、最高的、无限的力量。”自从意识到创新的重要作用后，人们在生活、学习、工作中不断地探索创新方法，积累创新经验，进行创新活动。创新方法也是一个企业能长期生存的重要依据，是企业长盛不衰的精髓，对企业的生存与发展起着至关重要的作用。

二、常用创新方法

（一）移植法

所谓移植法，是指将某一事物或领域的原理、方法、功能、结构、材料等引用或移植到另一事物或领域中去，用以变革事物的创新方法。其实质是借用已有的创新成果进行新目标的再创新，使已有的成果在新的条件下得以进一步延续、发挥和拓展。

（二）头脑风暴法

头脑风暴法也叫智力激励法、集思广益法、BS法、畅谈会法等，是由美国创造学家亚历克斯·奥斯本于1939年首次提出、1953年正式发表的一种激发创造性思维的方法。采用头脑风暴法组织群体决策时，要集中有关专家召开专题会议，主持者以明确的方式向所有与会者阐明问题，说明会议的规则，尽力创造出融洽轻松的会议气氛。主持人一般不发表意见，以免影响会议的自由气氛，由专家们“自由”地提出尽可能多的方案。

（三）5W1H法

5W1H法又称“六何”法，是一种思考方法，也可以说是一种创造技法。它是对选定的项目、工序或操作，从原因（何因：Why）、对象（何事：What）、人员（何人：Who）、时间（何时：When）、地点（何地：Where）、方法（何法：How）6个方面提出问题并进行思考。这种看似天真的问话和思考办法，可使思考的内容深化、科学化。目前，5W1H法已被广泛应用于改进工作、改善管理、技术开发、价值分析等方面。

（四）列举法

列举法是指具体运用发散性思维来克服思维定式的一种创造技法，它可以帮助我们拓宽思路，打破思维的僵化与麻木。列举法主要有缺点列举法和希望点列举法两种。

1. 缺点列举法

"金无足赤，人无完人。"任何一件产品都不可能十全十美，如果不断发现和挖掘事物的小缺点，然后用新的技术加以改进，就会创造出许多新的产品来。缺点列举法是一种改进型的创造技法。它通过全面地寻找创造对象目前所存在的具体缺点，并从对缺点的认识中开发创新的思路，从而消除或改正这些缺点，以使产品更加完善。

2. 希望点列举法

希望点列举法是指提出种种希望，通过分类、归纳、整理以确定创新目标的创造方法。这是一种积极的、主动型的创造技法，它根据有需要、有愿望就会有创造的原理，主动去发现需要，寻找愿望，通过列举各方面的希望点来开展创造活动。

案例分享

拉 链 领 带

很多人为了参加宴会、出席会议等，领带打了半天，却依然不得要领。有位商人的儿子在看到父亲打领带不得要领而折腾半天时，顺口说了一句："领带为什么不装个拉链，省得麻烦？"这一句话让这个商人联想到领带若能一拉拉链就打好，肯定会有市场。于是他将这种想法融入领带的设计，将拉链与领带结合，终于成功研制了拉链领带。而拉链领带也受到了市场的肯定并成功地在领带市场占有一席之地。

资料来源：吕爽.创业基础[M].北京：中国铁道出版社，2016.

（五）原型启发法

原型启发法是指通过与假设的事物具有相似性的东西，来启发人们找到解决新问题的途径的方法，其中能够起启发作用的相似性的事物叫作原型。原型可以来源于生活、生产和实验。例如，中国古代的巧匠鲁班受到带齿小草伤人的原型事例启发，发明了锯子；英国发明家瓦特通过观察水蒸气掀动壶盖的原型事例，改进了蒸汽机；等等。很多原型都可能有启发作用，如自然现象、日常用品、机器、示意图、文字描述、口头描述等都是常见的原型。

（六）仿生法

仿生法就是模仿生物的“形”“色”“音”“功能”“结构”等，从而发明创造出新事物的方法。

自古以来，自然界就是人类各种科学技术原理及重大发明的源泉。自然界有着种类繁多的动植物存在，它们在漫长的进化过程中，为了求得生存与发展，逐渐具备了适应自然界变化的本领。这些动植物具备的各种各样的奇异本领，一直吸引着人类去想象和模仿，人类也坚持不懈地根据各种生物的特性研究技术原理。

仿生法建立在仿生学的基础上，其研究范围主要包括信息仿生、控制仿生、力学仿生、化学仿生、能量仿生、原理仿生等。

应用练习

创新思维练一练

·实践目标

学会用不同类型的创新思维和方法解决问题。

·实践内容

分组按照教师指令完成指定话题的头脑风暴，并进行交流分享。

·实践时长

10分钟。

·实践步骤

1. 按5~7人分组，按照教师指令完成下列话题的头脑风暴。

（1）在一个桶壁不透明的开口圆桶里，装有一定量的水，请判别桶里的水有没有超过半桶？（注意：不能用尺子测量）

（2）一位老板打扮的人到珠宝店买了一条价值为70元的珍珠项链，他付了100元纸币，因店里没有零钱给他，珠宝商到隔壁的鞋店换开零钱之后返回珠宝店找回30元。不一会，隔壁鞋店的小伙计又把那张100元纸币送回来，说是假的要退换。这时那位老板打扮的人已经拿着珍珠项链和找回的30元消失得无影无踪了。珠宝商没有办法，只好自认倒霉，退赔鞋店100元。那么珠宝商究竟损失了多少钱？（注：不是200元）

2. 小组交流分享共创结果。

3. 小组选出一位代表进行分享。

4. 教师总结。

思考与实践

1. 简述创新精神的特征，并思考大学生应如何培养创新精神。
2. 选择一种创新方法，结合自己的理解，谈谈该方法在实际创业中应如何应用。

项目三

创新创业团队创建

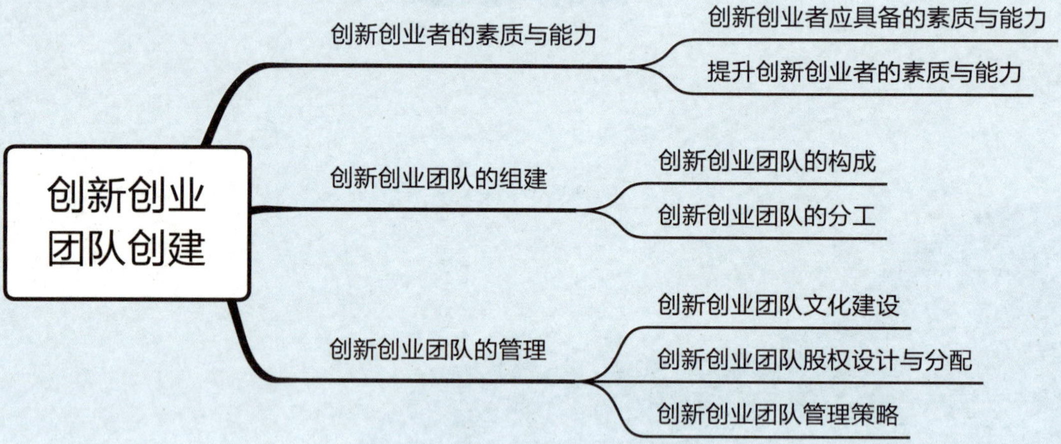
创新创业团队创建
创新创业者的素质与能力
创新创业者应具备的素质与能力
提升创新创业者的素质与能力
创新创业团队的组建
创新创业团队的构成
创新创业团队的分工
创新创业团队的管理
创新创业团队文化建设
创新创业团队股权设计与分配
创新创业团队管理策略

学习目标

思政小课堂

知识目标

1. 了解创业者、创新创业团队的概念和类型。
2. 熟悉创业者应具备的素质和能力、领导者能力。
3. 熟悉创新创业团队文化建设的内容及团队管理策略、创业团队的角色分工。
4. 理解团队股权设计和分配方法。

能力目标

1. 能运用创新创业团队组建要点，组建一支合理的创新创业团队。
2. 能基于股权知识进行团队股权分配设计。

价值目标

1. 提升创业素质、激发团队合作的意识。
2. 培养良好的团队协作精神和团队担当意识，养成团队文化建设。

任务定位

任务一 创新创业者的素质与能力

案例引入

新东方三驾马车：真实版“中国合伙人”

俞敏洪、王强 1980 年一同考进北京大学西语系英语专业，但两人风格完全不同：王强多才多艺，大学时是艺术团的团长、广播站的站长、团委书记，同时还是班长，而在俞敏洪的身上却显现不出任何领导力。但两人因为都喜欢读书而交往密切。1983 年，徐小平来到北京大学团委担任艺术团的指导老师。

1993 年，俞敏洪正式创办北京新东方学校，2000 年，新东方发展成“三驾马车”的合伙制。俞敏洪负责托福考试，徐小平负责签证咨询，王强负责英语口语。那时正好处在中国人出国的高潮时期，新东方的市场半径延伸至全国20多座城市，新东方像龙卷风一样，年收入增加到3亿元。2012年，俞敏洪被评为20世纪影响中国的25位企业家之一、《财富》2012年中国最具影响力的50位商界领袖排行榜第45位、以54亿元财富位列胡润百富榜第288位。

团队成员多样化，各有所长，这也是一条成功创业的金科玉律。

资料来源：编者根据相关资料整理

总结： 创业前，需要具备什么素质？找什么性格、能力的合伙人最有利于合作？从以上案例中，我们可以看出，团队成员素质的高低可以直接决定这个团队是否能继续生存下去。创新创业者素质是一个综合性很强的概念，其内涵深刻丰富且具有广泛的外延。

一、创新创业者应具备的素质与能力

（一）创新创业者应具备的素质

1. 远大的理想——兴奋源泉

每一个成功的创业者都是一个绝对的梦想家。美国企业家比尔·盖茨在创业之初的梦想就是让每个人都拥有一台电脑，并且都用上微软公司开发的Windows操作系统；飞机的发明源于美国发明家莱特兄弟“人类也能在天空中像鸟一样飞翔”的梦想……历史上每一个伟大的企业都是起源于创业者的一个伟大的梦想。要想创业，就一定要先确定一个具有强烈吸引力的大梦想、大目标，这个梦想一定要能让自己鼓足干劲。

2. 坚强的意志——成功保障

坚强的意志包括坚持、专注及抵制诱惑的能力。很多实例证明，创业者不断坚持的精神能够解决很多问题。只要创业者坚持的方向是符合历史发展规律的、对人类有益的，就一定会有不错的结果。拥有坚强的意志，是创业者获得成功的有力保障。

3. 积极的心态——发现机会

积极的心态是创业成功者必须具备的精神品质。毫无疑问，创业是一个机遇和挑战并存的过程，只有拥有积极的思维模式和人生态度，才能从事物的两面中取正弃负，发现更多机会。

4. 敢为的气魄——必备品质

虽然创业的过程对于很多人来说是一个充满激情与喜悦的过程，但它同样也是一个充满风险、艰辛与坎坷的过程。从风险的角度来说，创业的过程实际就是一种不断挑战风险的过程，是一种风险与收益博弈的过程。真正的创业者不是要万无一失地去行动，而是要尽量规避风险，获得高回报。所以，拥有敢为的气魄，是创业者必须具备的素质。

5. 诚信的态度——精神基石

诚信是创业者精神的基石，也是创业者的立身之本。在创业者修炼领导艺术的所有原则中，诚信是绝对不能妥协的原则。市场经济是法治经济，更是信用经济、诚信经济。没有诚信的商业社会，将充满极大的道德风险，会显著抬高交易成本，造成社会资源的巨大浪费。

6. 精诚的合作——精华所在

合作是创业者精神的精华。正如德国思想家阿尔伯特·赫希曼所言：企业家在重大决策中实行集体行为而非个人行为。尽管伟大的创业者表面上常常是一个人的表演，但真正的创业者其实是擅长合作的，而且这种合作精神需要扩展到企业的每一位员工。

7. 崇高的责任——甘于奉献

伟大的创业者不只是完全为了实现个人的财富梦想而创业的，而是为了帮助普通人实现梦想而努力的人，创业精神中也包括创业者必须承担的社会责任并且拥有甘于奉献的精神。一个创业者所做的事业，应该把实现社会价值和赚取阳光财富结合起来，成功的创业者应该是一个有社会责任感的人。

8. 超强的适应——精神力量

成功的创业者一定要有超强的适应性，不但能够适应艰苦的生活，同样也能够适应成功与富足，特别是在取得阶段性成功的时候，一定不能被胜利冲昏头脑。只有迅速适应新的环境，将自己及企业的状态调整到符合新情况的状态，才能使企业一直走在正确的道路上，这是一个成功创业者必须具备的精神力量。

案例分享

成功是怎样炼成的

1995 年，董明珠成为格力的销售经理，下属们是这样看当时的这位女上司——一个从不按牌理出牌的人，她的“牌理”只有一个：自己的原则，自己认为对的。

董明珠上任后，面对的第一个问题是在隆冬时分积压的 19 000 套空调。对此，大家通常的做法是每台降价 300 元卖出了事。董明珠却说：“不行，正常产品降价会有损形象。”她出人意料的做法是把积压空调分摊给每个经销商。销售员没想到新官上任的三把火会烧到自己身上，而且烧个没完。

生活细节上，这位铁娘子还做了这样一个规定：“上班时间不许吃东西，一经发现，第一次罚款五十元，第二次罚款一百元，第三次走人。”所有人以为这也就说说而已。一天，董明珠走进办公室，发现 8 名员工正在吃东西，仅过了 10 秒钟，下班铃就响了。董明珠毫不客气，每人收了 50 元，大家目瞪口呆。董明珠说，只要违反原则，再小的事，都是大事，都要管到底。

董明珠在事业中用她的韧性和毅力取得成功。她这种有原则、坚持不懈的精神，成为她后来取得商业成功的关键因素之一。她用自己的坚韧和执着创造了让人无不佩服的职场传奇。

资料来源：编者根据相关资料整理

（二）创新创业者应具备的能力

1. 职业能力

职业能力是指企业中与经营方向密切相关的主要岗位或岗位群所要求的能力。创业者在创办自己的第一个企业时，应该从自己熟悉的行业中选择项目。当然，创业者也可借助他人，特别是雇员的知识技能来管理自己的企业，但在创办自己的第一个企业时，如果能从自己熟知的领域入手，就能避免许多“外行领导内行”的尴尬局面，大大提高创业的成功率。

创业者通过创业实践活动，可提高以下职业能力：创办企业中主要职业岗位必备的专业技术能力；接受和理解与所办企业经营方向有关的新技术、新知识的能力；把相关知识、法律和法规运用于本企业实际的能力。这三种能力，对于接受以职业资格为导向的高职院校的学生来说，具有一定的优势。

2. 经营管理能力

创业者通过创业实践可提高以下几种经营管理能力。

（1）信息收集和处理能力。搜集信息、加工信息、运用信息的能力是创业者不可缺少的能力。创业者不但应具备从一般媒体中搜集信息的能力，随着科技的进步和网络技术的普及，还应该具备从网络中获取信息的能力。

（2）把握机会的能力。发现机会、识别机会、把握机会、利用机会、创造机会，是成功创业者的主要特征。

（3）判断决策能力。通过市场调查，进行消费需求分析、市场定位分析、自我实力分析、竞争对手分析等过程，再根据自己的财力、社交圈、业务范围，依据“最适合自己的市场机会是最好的市场机会”的原则，做出正确决策，实现自己的创业目标。

（4）创新创造能力。从其他企业中得到启发，通过联想、迁移和创造，使自己的企业在产品、服务、管理、营销手段等方面别具特色、与众不同，并通过这种特色在同行市场中占有理想的份额。

（5）申办企业能力。创办一个企业，需要做好哪些物质准备，需要提供哪些证明材料，到哪些部门办理哪些手续、怎样办理等，均为创业者应具备的能力。

（6）确定企业布局的能力。怎样选择企业地理位置，怎样安排企业内部布局，怎样考虑企业性质等，都是创业过程中不可回避的问题。

（7）发现和使用人才的能力。一个成功的创业者，必须会用人，他不但能对雇员进行选择、使用和优化组合，而且能运用群体目标建立群体规范和价值观，形成群体的内聚力。

（8）创业融资、理财能力。创业融资、理财能力不仅包括创业实践中的资金筹措、分配、使用、流动、增值等环节，还包括采购能力、推销能力等。

（9）指挥控制和协调能力。成功的创业者，要对规划、决策、实施、管理、评估、反馈所组成的企业管理的全过程，具有控制和运筹能力。

（10）商业策划能力。创业者通过策划完整的创业计划书，解释“是什么（What）”“为什么（Why）”“怎么样（How）”，对管理企业、宣传企业、吸引投资都具有十分重要的作用。

3. 综合性能力

综合性能力是指在创业过程中所需要的行为能力，与情商的内涵有许多共同之处，是创业成功的主要保证，也是创业的核心能力。创业者通过创业实践活动，可提高以下综合性能力。

（1）交际沟通能力。创业者不但要与消费者、本企业雇员接触，还要与供货商、金融和保险机构、本行业同仁接触，更要与各种管理部门接触，因此，创业实践活动可提高人际交往能力。

（2）谈判能力。一个成功的企业，必然有繁忙的商务谈判，谈判内容可能涉及供、产、销和售后服务等多种环节，创业者必须善于抓住谈判对手的心理和实质需求，运用“双赢原则”，即自己和对方都能在谈判中取胜的技巧，使企业获利。

（3）公关能力。在激烈的市场竞争中，在公众中树立良好的企业形象，是创业成功的主要条件。创业者应善于借助各种新闻媒体和各种渠道，宣传自己的企业，从而提高企业的知名度。

（4）合作能力。创业者不但要与自己的合作者、雇员合作，也要与各种和企业发展有关的机构合作，还要与同行的竞争者合作。创业者要善于站在对方的角度，理解对方、体谅对方，要善于与他人合作共事，和睦相处。

（5）自我约束能力。创业者要善于根据本行业的行为规范，来判断、控制与评价自己与别人的行为；要善于根据自己的创业目标，约束和控制自己与目标相悖的行为和冲动。

（6）适应变化和承受挫折能力。一个企业要想在竞争激烈、变化多端的市场中立足并发展，其创业者就必须具有适应变化、利用变化、驾驭变化的能力；在经营过程中，有赔有赚、有成有败，创业者必须具有承受失败和挫折的能力，具有能忍受局部、暂时的损失，而获取全局、长期收益的战略胸怀。即使大学生现在不具备这些能力也没关系，因为大多数创业能力可以通过后天培养而习得。

二、提升创新创业者的素质与能力

许多成功的创业者在回望自己的成功之路时往往感叹：一无所有的时候往往是创业能力最

活跃的时候。随着时间的推移，创业者不仅要注意防止自身素质与能力的衰退，还要注意不断提升自己的素质与能力。

（一）更新创业技术

对大学生而言，创业技术主要来源于大学的专业背景，进入社会以后，持续学习、自我完善和提升能力的措施包括以下几点。

如果要做一名成功的创业者，持续的学习显然是必要的，而且需要拿出像科学家钻研技术一般的专注和坚持。首先，从工作中学习专业知识。实际上，大多数实用技术来自工作，不论任何人，获得专业知识的最好办法就是去工作。其次，保持不断学习。很多创业者站稳脚跟之后，还在不断地接受培训，也就是直接跟提供专业技术的机构或人来学习。最后，可以和有技术的人合伙创办企业。

其实，只要在工作过程中肯动脑子，注意并时刻把握工作经历中的各个细节，敢于将市场需求和大胆设想结合起来，这就是一个技术的更新过程，与其相伴相生的就是商机。实际上，在创业过程中遇到的各种问题，往往就是一个新机会的前奏，解决了这个问题，就会向前迈进一大步。

（二）积累创业经验

创业经验的积累主要来自 3 个方面：没有经验，有人教最好；没有人教，自己学；学不到，花钱聘请有经验的人。

投入所要从事的行业中去是学习经验极好的办法，而学习某个行业的经验的捷径就是做销售，即从业务员干起。销售包括沟通技巧、产品特性介绍、客户关系管理等行业的诸多环节。很多创业家都是销售出身就是这个道理。

另外，经验一定是积累得来的，现实商业环境也是如此，很多学历不高的人恰恰成了商业上的佼佼者。这意味着，经商是一种最艰苦、最实用的教育。对“一穷二白”的年轻人而言，经验更加重要。因为每一个创业的环节都很可能成为“短板”，限制公司发展壮大。

对于大学生而言，学校虽是教授技能和专业的地方，但教给大家的只是基础的技能知识。大学生从学校走出来，刚开始踏上真正的社会大学，此时需要学习的东西更多。只有不断学习，才能跟上社会前进的脚步，创业亦是如此。

应用练习

寻找我的创业合伙人 1.0——萌芽初心

· 实践目标

学会分析自己的创新创业素养。

· 实践内容

假如你要加入或组建一个创业团队，请分析个人在创新创业中的优势和劣势，并在课堂上分享。

· 实践时长

课后完成。

· 实践步骤

1. 通过分析自身的特长、性格等基本条件，对照创新创业者需要具备的素质与能力。

2. 进行整理和分析，提炼出关键内容和要点，分析自身在创业中的优势和劣势，并总结得出自己的创业能力。

3. 用PPT在课堂上介绍自己在创业中的优势、劣势及创业能力。

4. 教师总结。

任务二 创新创业团队的组建

案例引入

相信梦想的力量，相信伙伴的力量

1987年，雷军考上武汉大学的计算机系，在图书馆里，雷军看完《硅谷之火》后，建立了自己一生的梦想：创办一家伟大的公司。

梦想的力量极其强大，为了实现这个梦想，雷军想尽办法，把各种不可能的事情，变成了可能，也正是这个梦想，为雷军以后的人生奠定了基础。

大二期间，雷军认识了年长自己4岁的学长王全国，两人决定一起写一款商业加密软件。15天时间过后，一款名叫“BITLOK”的软件横空出世，定价2 000多元，这在八九十年代是一个不小的数目，却仍深受程序员和开发者的欢迎，在当时加密软件圈引起了不小的反响。

第一次小试牛刀，雷军就大获成功，但雷军内心很清楚：如果不是和王全国一起干，多半没戏。当时雷军大二，不到20岁，王全国已经留校当老师。所以，一个人能力再强，也是有限的；找互补的朋友合作，更容易成功。

大三时，雷军和学长一起创立了三色公司，“4个创始人，都是朋友，不好意思谈股份，于是每人平分25%”，但这让公司很快遇到一个要命的问题：谁说了算？当时公

司凡事都几个人商量，效率很低，而且意见不一致，经常扯皮。于是他们决定正式选一个董事长来决策。短短几个月，改选了好几回。结果，大家都轮流当了一遍董事长。尽管大家为了赚钱，从卖电脑到写软件，再到打字复印业务等什么业务都做，但最后反而钱越来越难挣，直至失败清算。

多年以后雷军复盘，三色的失败让他明白"光有技术是不够的，还有太多东西要学，尤其是商业方面的基本功"。

雷军回望自己过去30多年的创业之旅，就是不断追寻梦想并不断成长的过程。一个人可能走得更快，但一群人走，才能走得更远。一个人能力再强，也是有限的，找互补的朋友一起干，更容易成功！

资料来源：编者根据相关资料整理

总结：创业中，如何与合伙人磨合成炉火纯青的搭档，为公司创造最大价值是十分关键的问题。任何一个伟大的事业都不是一个人能做到的，而是需要找到志同道合的人组成团队才能实现梦想。

一、创新创业团队的构成

简单来讲，团队就是一群为达到共同目标而一起工作的成员，每个成员的心中都有相同的目标，并为之奋斗。团队的严格定义是：由一些具有共同目标和不同角色分工、技能互补的人所组成的共同体。创业团队必须具备以下5个构成要素（称为"5P"）。

（1）目标（Purpose）。创业团队应该有一个既定的共同目标，为团队成员导航，知道要向何处去。目标在创业企业的管理中以创业企业的远景、战略的形式体现。

（2）人（People）。在一个创业团队中，人力资源是所有创业资源中最活跃、最重要的资源。应充分调动创业者的资源和能力，将人力资源进一步转化为人力资本。

目标是通过人员来实现的，所以，人员的选择是创业团队中非常重要的一个部分。在一个团队中可能需要有人出主意、有人制订计划、有人实施、有人协调不同的人一起去工作，还需要有人去监督创业团队工作的进展、评价创业团队最终的计划。总之，团队需要不同的人通过分工来共同完成创业团队的目标。创业团队在人员选择方面要考虑人员的能力、经验如何，技能是否互补等。

案例分享

携程梦幻四人组

在美国接受教育并且工作多年的沈南鹏、梁建章，与接触过国外文化的民营企业家季琦、国有企业管理者范敏，构成了中国企业史上一个奇妙的组合。

1999 年，4 人合伙创立了携程网。

2002 年，4 人合伙创立了如家。

在中国的企业家中，3 年内 2 次把自己创办的企业送进美国纳斯达克股市的，他们是纪录的创造者。所以，这 4 个人堪称“第一团队”。

4 人按照各自的专长组成“梦幻组合”：梁建章任首席执行官，沈南鹏任首席财务官，季琦任总裁，范敏任执行副总裁。在“第一团队”的组合里，没有“皇帝”，也没有“大哥”；他们虽有同学之谊、朋友之情，但性格、爱好迥然不同，经历各异；他们创立的携程和如家虽然经历了多次高层人事变更，却从来没有发生过震荡，且都在纳斯达克成功上市，并且一直保持着优异的业绩；他们为中国企业树立了一个高效团队的榜样，最终获得了共赢的结局。

资料来源：孙玮霞. 大学生创新创业教程[M]. 北京：高等教育出版社，2019.

（3）创业团队的定位（Place）。创业团队的定位包含两层意思。一是团队定位，即团队在企业中处于什么位置，由谁选择和决定团队的成员，创业团队最终应对谁负责，创业团队采取什么方式激励下属。二是个体（创业者）定位，即作为成员在创业团队中扮演什么角色：是制订计划，还是具体实施或评估；是大家共同出资，委派某个人参与管理，还是大家共同出资，共同参与管理，或是共同出资，聘请第三方（职业经理人）管理。这体现在创业实体的组织形式上，既是合伙企业，也是公司制企业。

（4）权限（Power）。创业团队中领导人的权力大小与其团队的发展阶段和创业实体所在行业相关。一般来说，创业团队越成熟，领导者所拥有的权力相应越小，而在创业团队发展的初期阶段，领导权相对比较集中。

（5）计划（Plan）。计划有两层含义：一是目标最终的实现，需要一系列具体的行动方案，可以把计划理解成达到目标的具体工作程序；二是按计划进行，可以保证创业团队的顺利进展，只有在计划的指导下，创业团队才会一步一步地贴近目标，最终实现目标。

二、创新创业团队的分工

（一）为什么需要分工

1. 提高效率

在创新创业过程中，每个人都有自己的优势和弱点。合理分工，可以使每个人发挥自己最擅长的技能，提高整个团队的效率。

2. 专注于自己的任务

当每个人都知道自己应该做什么时，他们可以更专注于自己的任务，而不会被其他事情干扰。这可以减少错误和失误，并提高生产力。

3. 互相支持

分工还可以促进团队成员之间更好地协作和支持。当每个人知道自己应该做什么时，他们可以更容易地互相帮助，并确保整个团队向着共同目标前进。

（二）如何分工

1. 确定目标和职责

在开始分工之前，必须确保整个团队对目标有清晰的认识。然后，团队应该为每个人确定一个明确的职责和任务。

2. 考虑成员的技能和经验

在分工时，应考虑每个成员的技能和经验，这将确保每个人都有机会发挥自己的长处，并最大化整个团队的潜力。

3. 确定沟通渠道

当分工完成后，必须确保团队成员之间有良好的沟通渠道，这可以确保每个人都知道其他人正在做什么，并且可以随时交流意见和建议。

（三）团队分工的不同角色

1. 创意发起人

创意发起人应具有创造力和想象力，他们可以提出新颖的想法并推动整个项目向前发展。他们需要与其他团队成员密切合作，并确保整个团队朝着正确方向前进。

2. 项目管理者

项目管理者应善于组织、规划和协调各项任务。他们必须监督整个项目，并确保所有任务都按计划完成。此外，他们还需要与其他团队成员进行有效沟通，并解决任何可能出现的问题。

3. 技术专家

技术专家应拥有专业技能和知识，他们可以提供关键的技术支持和建议。他们需要保持对新技术和趋势的了解，并确保整个团队在技术方面保持领先地位。

4. 营销专家

营销专家应擅长市场营销和推广，他们可以帮助团队制订有效的营销策略并推广产品或服务。他们需要了解目标市场，并与其他团队成员密切合作，以确保整个项目的成功。

5. 财务专家

财务专家应拥有财务知识和经验，他们可以管理整个项目的财务。他们需要制订预算、监督开支，并确保整个项目在财务上可行。

应用练习

寻找我的创业合伙人 2.0——成长之路

· 实践目标

学会组建优秀的创业团队。

· 实践内容

1. 根据自己的创业策划招募合伙人。
2. 招募团队核心骨干。
3. 完善团队建制和人员。

· 实践时长

课后完成。

· 实践步骤

1. 做出创业意向，制订创业策划方案，在班级招募意向合作伙伴。
2. 进行整理和分析，提炼出创业策划的团队分工，招募团队核心骨干。
3. 以核心骨干为主，招募各自部门的团队成员，逐步完善团队建制和人员。
4. 用 PPT 介绍团队组成及论证成员合理性。
5. 教师总结。

任务三 创新创业团队的管理

案例引入

西游记取经团队成员角色分析

“团队管理”这一名词是随着工商管理的概念进入中国的，但实际上最早阐述团队理念的是中国，即我们早已熟知的名著《西游记》，这部书本身就是一个讲团队合作的深刻案例。

《西游记》中的师徒四人组成了一个团队：唐僧，团队的最高领导，是决策层，在企业里如同总经理。他运用自己的强硬管理方式和制度（紧箍咒）来管理团队，并且通过“软权力”和“硬权力”的结合来调动整个团队。从根本上来讲，几个徒弟很服从他，佩服他的学识（软权力），因为唐僧是当时著名的高僧，德高望重，作为优秀的管理者，他领导团队去西天取经，并获得了成功。

孙悟空，团队中的职业经理人，具体一点说是部门经理，他本领高强，而且社会关系和社会资源极其丰富，但性格有点“猴急”。从个人素质上讲，孙悟空是非常优秀的，总经理（唐僧）布置的任务都能高效完成，而且处处留下美名。

猪八戒作为团队中的成员之一，他本人不仅有很多优点，而且在团队许多方面起了不小的作用，比如，调解矛盾、运用公共关系的方法来协调众人之间的关系，这些都是他对团队的贡献。他本人幽默、可爱，充当着团队润滑剂的角色，所以在团队中功不可没。没有猪八戒的团队是残缺的，而且也是不完美的。用一句话来概括：八戒是公司中跨部门沟通的典范。

沙僧，他朴实无华、工作踏实，从企业的角度来讲，他是“广大劳动者”，兢兢业业，是劳动的模范。他虽然没有职业经理人的风光与协调关系者的公关本领，但是他所做的工作是最基础的。在团队中，每个人都应该向他学习，主动挑起自己的责任，努力工作。从而为团队做出自己的贡献。

在认同他们优点的同时，还要认识到他们的缺点。例如，唐僧性格优柔寡断，不明是非；孙悟空个人英雄主义严重，无视组织的纪律和制度；猪八戒悟性较差，贪吃、好色；沙僧缺乏主见，工作欠缺灵活性等。这些都是我们应该注意的，只有熟悉自己的缺点，才能将工作做好。

资料来源：编者根据相关资料整理

总结：创业后，如何处理权力关系、利益分配，帮助公司快速进入稳定发展期，可参考《西游记》，唐僧、孙悟空、沙僧、猪八戒分别扮演了不同的角色，起到了不同的作用。唐僧起着凝聚和完善的作用，孙悟空起着创新和推进的作用，猪八戒起着信息和监督的作用，沙僧起着协调和实干的作用。

一、创新创业团队文化建设

一个创业团队要想实现超越，就一定要找到可以传承的团队文化。团队成员可以新老更替，产品也可以更新换代，但都离不开团队文化的传承、发扬。一个优秀的创业团队应具备以下 3 种团队文化。

（1）勇气文化。创业过程中会遇到很多意想不到的困难，团队成员要有知难而上的勇气，敢于直面困难，敢于探索未知领域，并勇敢地面对失败。

（2）忠诚文化。团队成员只有忠诚于团队，才会为团队的发展贡献全部的才智；团队成员也只有通过团队的成功实现个人价值并获得利益后，才会更忠诚于团队。因此，大学生创业者应通过建设合理的团队文化来提高团队成员的忠诚度。

（3）学习文化。团队成员在创业过程中需要不断地学习，努力吸收一切对创业有利的知识、技能和经验。只有善于学习的团队才会发展得更好。

二、创新创业团队股权设计与分配

创业团队成立后，面临的关键问题之一就是如何制订团队成员间的股权分配方案。股权分配是对企业利益分配方式的约定，它有助于长期维持团队的稳定和企业的发展。在进行股权分配时，大学生创业者应遵循以下 3 项原则。

（1）重视契约精神。在创业之初，大学生创业者就要把股权分配方案以公司章程的形式确定下来，并以合约的形式明确创业团队成员的利益分配机制，从而保证创业团队的长期稳定。

（2）遵循贡献决定权利原则。大学生创业者可以依据出资比例来制订股权分配方案；对于没有注入资金但持有关键技术的团队成员，则可以以技术的商业价值来计算其股权份额。

（3）控制权与决策权统一。股权分配本质上是对公司控制权的分配。在创业初期，控制权和决策权的统一至关重要。新创企业持股最多的团队成员不享有公司的控制权是非常危险的，该成员可能会更关注企业的长远发展，容易就决策问题与其他成员发生冲突，进而引发团队矛盾。

三、创新创业团队管理策略

（一）定义明确的团队使命和目标

创业团队必须明确团队使命和长期目标，以引导团队成员的行动和努力。这有助于确保团队成员共享相同的愿景，并凝聚他们的力量追求共同目标。

（二）建立有效的沟通渠道

良好的沟通是创业团队成功的关键。团队成员应该可以开放地交流想法、反馈问题和建议。创业者需要建立有效的沟通渠道，如定期团队会议、在线协作工具等，以确保信息流动和团队协作顺畅。

（三）培养合适的团队文化

团队文化是指共同的价值观和行为准则。创业者需要塑造一种积极、创新和团结的团队文化。这可以通过鼓励团队成员分享成功和失败经验、增进团队合作和信任、认可和奖励优秀表现等方式来实现。

（四）明确分工和责任

创业团队中每个成员应该清楚自己的角色、职责和任务。创业者需要根据团队成员的技能和专长进行合理的分工，以确保任务的高效完成。同时，团队成员应该清楚自己的责任范围，并积极履行。

（五）激励和奖励团队成员

创业者需要激励和奖励团队成员的优秀表现，以增强团队士气和动力。这可以通过提供公平的薪酬和福利、认可和表彰出色的工作、提供晋升和成长机会等方式来实现。

（六）建立有效的决策机制

创业团队在面对各种问题和挑战时需要迅速做出决策。创业者需要建立一套有效的决策机制，如共识决策、民主决策或专家决策等，以确保决策的准确性和迅速性。

（七）提供持续的培训和发展机会

创业者需要关注团队成员的个人和职业发展，提供持续的培训和发展机会，这有助于提高团队成员的能力和素质，同时提高团队的竞争力和创新能力。

应用练习

寻找我的创业合伙人 3.0——梦想之旅

· 实践目标

学会分析创新创业的团队管理。

· 实践内容

通过分析案例，掌握创业团队管理的要义。案例内容如下。

科技赋能　乘风而起

“把环保当成毕生事业来做。”——这是广西微科环保科技有限公司创始人林炳峰的开场白，也是他和团队成员痴情于环保事业的“初心”。

2016 年 2 月 7 日，旧历大年三十。林炳峰拖着疲惫的身体回到家里，天色已黑。家人早已习惯了他在环境监测站繁忙的工作节奏，对此也从未抱怨，但林炳峰看着久候的家人和满桌的年夜饭，心里还是有些愧疚。

抱起儿子，林炳峰略带炫耀地说：“那些坏蛋企业很狡猾，趁着过年偷偷排放废水污水，他们哪知道你爸爸从不休息啊，刚好被我们逮到了，他们无话可说，你说爸爸厉害吗？”天真烂漫的孩子却把他给怼了回去：“爸爸你们太笨了，你看，我给你们做了一个环保机器人，他有火眼金睛，哪里有脏水，他一下子就能看到，而且一下子就能飞过去，呜呜呜。”看着孩子拿着变形金刚玩具在屋子里跑来跑去，林炳峰似乎一下子找到了灵感和动力。

已经从事了8年环保监察工作的林炳峰，深知环保检测市场体量的庞大。在广西，不管是环境监管部门，还是生产企业，使用的都是由外省生产的监控设备，这些“外来的和尚”不但没有念好“本地经”，还出现了“水土不服”的现象，如监控指标不明确、传输内容不及时、监控形式单一、调试修复难度大等一系列棘手的问题。“南橘北枳”的差异，使得监控效果总是差强人意。

一向理性克制、精进好学的林炳峰，感受到了前所未有的创业冲动：“认准一件事情，全力以赴做好它！”春节后上班的第一天，在家人的极力反对中，林炳峰递交了辞职报告，并着手组建团队，开始了前途未卜的创业生涯。广西微科环保科技有限公司就在这样的背景下诞生了。

资料来源：佚名.广西众创示范基地·创业故事汇第49期 | 用科技的力量，守护“青山绿水”[EB/OL].（2022-12-28）[2023-11-18].有删改

· 实践时长

课后完成。

· 实践步骤

1. 通过分析广西微科环保科技有限公司的运营项目，对照创新创业团队的文化建设、团队管理、股权分配对案例进行分析。

2. 为公司制订团队文化建设的内容。

3. 为该公司设计团队成员的职务和岗位职责，并画出组织构架图。

4. 为团队制订团队成员间的股权分配方案。

思考与实践

1. 结合你的创业构想，模拟组建自己的创业团队。

2. 模拟组建团队后，试说明你的团队的类型、特点和优势。

项目四

创意与创业机会识别

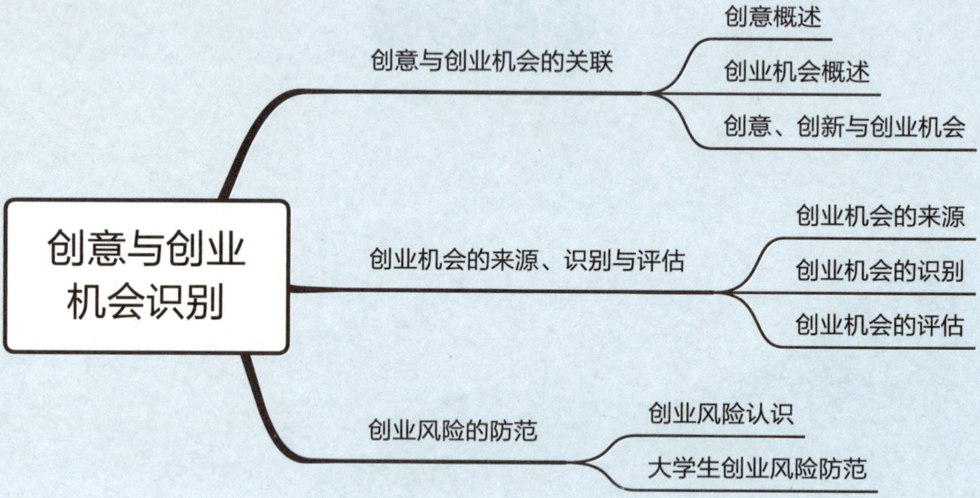
创意与创业机会识别
创意与创业机会的关联
创意概述
创业机会概述
创意、创新与创业机会
创业机会的来源、识别与评估
创业机会的来源
创业机会的识别
创业机会的评估
创业风险的防范
创业风险认识
大学生创业风险防范

学习目标

思政小课堂

知识目标

1. 了解创意与创业机会的概念及创业风险的内涵。
2. 识别创业机会和掌握防范创业风险的方法。

能力目标

1. 能运用本项目所学的知识，结合自身实际，识别生活中的一些创业机会。
2. 能初步具备创业风险防范的能力。

价值目标

科学有效识别并评估创业机会，树立风险防范意识。

任务定位

任务一 创意与创业机会的关联

案例引入

用“艾”托起致富梦

未见其人，先闻艾香。如今，河南省商丘市柘城县马集乡曹吴村的空气中到处弥漫着艾草的香味，因为柘城县益善堂艾草加工厂就坐落在该村的帮扶车间内，这里是青年创业者赵增奇梦想起飞的地方。

2023 年 9 月 6 日，记者来到曹吴村，走进赵增奇的艾草加工厂。车间内，机器轰鸣，艾草的香味浓郁，各种艾草产品琳琅满目。

赵增奇是柘城人，2020 年毕业于郑州财经学院电商学院市场销售专业。大学期间，他就经常利用课余时间打工、参加社会实践活动。大三那年，他又开始做电商，为毕业后创业打下了坚实基础。

大学毕业后，赵增奇经过多方考察，选择回到家乡从事艾草加工业。聊起为何从事艾草加工业时，赵增奇笑着说，这要从自己的爷爷奶奶说起。爷爷奶奶身体不好，经常需要住院治疗，给家庭带来沉重的经济负担。爷爷或奶奶住院时，赵增奇经常去陪护。这期间，他和其他病人交谈时了解到，好多家庭为了看病吃尽了苦头。他看在眼里、记在心上，并暗暗下定决心，自己以后要从事和健康有关的产业，尽自己最大的努力减少人们的病痛。

"2021 年，我开始创办艾草加工厂。当时父母也是很不理解我的选择，他们认为大学毕业找一份体面的工作就行了。好在当地政府非常支持，并在政策、厂房等方面给我提供了很大帮助。"赵增奇说。经过他的耐心解释，家人最终也同意了他的选择。

万事开头难，很快赵增奇的加工厂就遇到了难题：机器工作效率低，客户对产品不满意。赵增奇虽然积极向技术员讨教、找师傅切磋，可一番周折下来，问题仍然没得到解决。"办厂关键是技术，你一个刚毕业的学生，别人卖给你机器哪能把技术都给你。别再折腾了，吃一堑长一智吧。"家人也都劝他放弃。

"别人能做成的事我为啥就做不成？我偏不信这个邪！"生性倔强的他决定自己找原因。深夜，别人都已经进入梦乡，他还在图纸上写写画画、查阅资料。多少次他准备休息时，才发现天已经蒙蒙亮。

功夫不负有心人。经过赵增奇的不懈努力，技术难题终于被攻破。经他改造后的机器，省工又省电，并且加工出来的产品质量较高，得到了客户的认可。四面八方的客户纷至沓来，签协议、订合同，赵增奇忙得不可开交。除了艾草加工，赵增奇还做起了机器制造与改装，很快将业务扩展到全国各地。

赵增奇说，新冠肺炎疫情期间，艾条供不应求，有些黑心厂家以次充好，欺骗消费者。看到这种情况，他立即筹措资金，拉长产业链条，开办艾条加工车间，并且无偿捐赠给当地防疫点数万支艾条，为家乡抗疫做出了自己力所能及的贡献。

几年来，为了把艾草加工产业做大做强，赵增奇经常奔波于河南南阳、山东、江苏、山西、甘肃等地，围绕产业发展、产品销售等方面深入研究。在他的不懈努力下，目前，赵增奇已拥有 3 家加工企业，年加工量 1 000 多吨，产值 500 余万元，带领当地数 10 户村民走上致富路。赵增奇也因此被评为 2023 年商丘市"大学生创新创业之星"。

赵增奇说，艾草文化是我们中华民族中草药文化的一部分，做好艾草相关产业，也是对中医文化的传承与发展。

资料来源：宋云层. 商丘市"大学生创新创业之星"赵增奇　用"艾"托起致富梦 [N]. 商丘日报，2023-09-07. 有删改

总结：经济学意义上的创意是指通过创新思维意识，进一步挖掘和激活资源组合方式，进而提升资源价值的方法。一项能够产生价值的创意需要具备新颖性、真实性和价值性。创意是创新的基础，创新是创意的飞跃和创业的核心。厘清三者之间的关系，有助于把握创业成功的核心要素，更好发现创业机会，实现创业成功。

一、创意概述

（一）创意的概念

创意是创造意识或创新意识的简称，它是指对现实存在事物的理解及认知，进而所衍生出的一种新的抽象思维和行为潜能。

创意是一种特殊的思维活动，其特殊性表现在新颖性和独创性两个方面；而创新则是通过一系列行动将这些创意付诸实施。当然，创意要能够创造价值才值得去付诸实施。

简而言之，创意就是具有新颖性和创造性的想法，也可以理解为人们具有的与众不同的好点子，能够使人眼前一亮。创意是一种智能的拓展，是深度情感与理性的思考与实践，是一项创造性的系统工程。

案例分享

迪士尼的卡通创意

年轻的美术设计师迪士尼因为经济拮据，与太太租住在一间破陋的屋子里。无论白天黑夜，都有成群结队的老鼠在房间里上蹿下跳，疲于奔命的迪士尼夫妇也常借着老鼠的滑稽动作来慰藉心情。

一天，因付不起房租，他们被房东赶了出去。穷困潦倒的年轻夫妇只好来到公园，坐在长椅上暂度时光。太阳开始西沉，夜幕即将降临，迪士尼夫妇几乎感到穷途末路。这时，从迪士尼的行李包里忽然伸出一个小脑袋，原来，那是他平时最喜欢逗弄的一只老鼠，想不到一只小动物也有人情味，跟着他们一起离开了公寓。迪士尼望着老鼠那滑稽的面孔，脑海里忽然冒出一个前所未有的创意，他惊喜地叫了起来："世界上像我们这样的穷人一定不少，他们也得有自己的快乐，让可爱的老鼠去逗他们开心吧。"

第二天，迪士尼便开始了别出心裁的创作。不久，一个活泼可爱的"米老鼠"（mickey mouse）卡通形象来到人间，一家公司老板慧眼识珠，特邀迪士尼合作制作米老鼠卡通连环画和电影。

迪士尼靠"米老鼠"开始了自己的创业生涯。

资料来源：董青春，孙亚卿.大学生创业基础[M].2版.北京：经济管理出版社，2017.

（二）创意的特征

好的创意是指有价值的创意，有价值的创意一般具备以下特征。

1. 新颖性

创意的新颖性可以是新的技术或新的解决方案，可以是差异化的解决办法，也可以是更好的措施。新颖性往往意味着一定程度的领先性。不少创业者在选择创业机会时会关注国家政策优先支持的领域，这就是在寻找领先性的项目。不具有新颖性的想法不仅将来不会吸引投资者和消费者，对创业者本人也不会有激励作用。此外，新颖性还可以提高被模仿的难度。

2. 真实性

有价值的创意绝对不会是空想，而是有现实意义，具有实用价值。简单的判断标准是该创意有助于企业开发出可以有市场机会的产品或服务，而且市场上存在对产品或服务的真实需求，或可以找到让潜在消费者接受产品或服务的方法。

历史上富有新颖性的创意还有很多，如 1955 年发明的超豪华烟斗（一次可以抽掉 1 盒香烟）、1962 年发明的过海鞋子（后面有小旋桨，发明家已经证明这个鞋子可以漂浮），但是由于这些创意不存在真实的市场需求，无法变成创业机会。

3. 价值性

创意的根本是价值特征。好的创意需要进行市场测试，也必须给创业者带来价值，这也是创业动机产生的前提。创意与点子不同，创意具有创业指向。进行创业的人在产生创意后，很快甚至同时就会把创意发展成可以在市场上进行检验的商业概念。商业概念既体现了顾客正在经历的，也是创业者试图解决的种种问题，也体现了解决问题所带来的顾客利益和获取利益的手段。例如，帮助高尔夫球手把打丢的球找回来是一个创意，容易把球打丢是实际存在的问题。而有人试图解决这个问题，在高尔夫球内安置一个电子小标签，开发手持装置搜索被打丢的球则是解决问题的手段。

二、创业机会概述

（一）创业机会的概念与特征

创业机会是指在市场经济条件下，社会经济活动过程中形成和产生的有利于企业经营成功的因素，是一种带有偶然性并能被创业者认识和利用的契机。创业机会具有以下特征。

1. 普遍性

凡是有市场、有经营的地方，客观上就存在着创业机会。创业机会普遍存在于各种经营活动过程之中。

2. 偶然性

对一个企业来说，创业机会的发现和捕捉带有很大的不确定性，任何创业机会的产生都有意外因素。

3. 消逝性

创业机会存在于一定的时空范围之内，随着创业机会产生的客观条件的变化，创业机会就会相应地消逝和流失。

（二）创业机会的分类

1. 按创业机会的来源分

按创业机会的来源分，创业机会可分为问题型机会、趋势型机会和组合型机会。

（1）问题型机会。问题型机会是指在现实中存在的未被解决的问题所产生的创业机会。问题型机会在人们的日常生活和企业实践中大量存在。例如，从公交车站点或地铁口到目的地还有一段距离，走路有点远，打车又不值得，于是共享自行车诞生，解决了出行“最后一公里”的问题。

（2）趋势型机会。趋势型机会是指在变化中看到未来的发展方向，预测到将来的潜力和机会。这种机会一般容易产生在时代变迁或重要领域改革的时期。在这种环境下，各种新的变革不断出现。能够及早地发现并把握这种机会的人，就有可能成为未来趋势的先行者和领导。例如，人口结构老龄化，为了让老人们老有所养、老有所乐，派生出康养型养老院、送医上门、老人兴趣班等诸多创业机会。

（3）组合型机会。组合型机会是指将现有的两项以上的技术、产品、服务等因素组合起来，实现新的用途和价值而获得的创业机会。这种机会好比“嫁接”，对已经存在的多种因素进行重新组合，往往能形成与过去功能大不相同或效果倍增的局面。例如，美团外卖App利用手机下单和在线支付，为商家和消费者提供服务。

2. 按目的—手段关系的明确程度分

按目的—手段关系的明确程度分，创业机会分为识别型机会（目的—手段关系明确）、发现型机会（目的—手段关系有一方不明确）和创造型机会（目的—手段均不明确）3种。

（1）识别型机会。识别型机会是指市场中的目的—手段关系十分明确时，创业者可通过目的—手段关系的连接来辨识机会。例如，当商品供求之间出现矛盾或冲突，不能有效地满足需求时，就会出现大量的创业机会。常见的问题型机会大多属于此类型。

（2）发现型机会。发现型机会是指目的或手段有一方的状况未知，待创业者去发掘机会。例如，一项技术被开发出来，但尚未有具体的商业化产品出现，因此，需要通过不断尝试来挖掘出市场机会。

（3）创造型机会。创造型机会是指目的和手段皆不明确，因此创业者要比他人更具有先见之明，才能创造出有价值的市场机会。在目的和手段都不明确的情况下，创业者想要建立起连接关系的难度非常大。但这种机会通常可以创造出新的目的—手段关系，这将为创业者带来巨大的利润。

在商业实践中，识别型、发现型和创造型可能同时存在。一般来说，识别型机会多半处于供求尚未均衡的市场，创新程度较低，这类机会并不需要太繁杂的辨别过程，反而强调拥有较多的资源，就可以较快地进入市场获利。而把握创造型机会就非常困难，它依赖新的目的—手段关系，而创业者往往拥有的专业技术、信息、资源规模等都相当有限，更需要创业者具有创造性资源整合能力与敏锐的洞察力，同时还必须承担巨大的风险。发现型机会最为常见，也是目前大多数创业者研究的对象。

案例分享

南昌大学：瞄准新能源，跑出创新创业加速度

新能源汽车既是产业的风口，也是消费的风口。在新能源汽车中，最核心的部件是锂电池。然而，由锂电池引发的各类安全和故障问题屡见不鲜。在南昌大学，有一支无液电池项目团队，结合国家“双碳”目标要求，瞄准新能源领域，研发出纯固态电解质技术，跑出了创新创业的加速度。

在南昌大学材料工程实验室，记者见到了该项目的“主角”——固态电解质，一个直径约 1 厘米，厚度约 0.5 毫米的圆片。项目负责人彭懿霖告诉记者，经过界面优化加工后，这一个个圆片将华丽变身成超薄、柔软的薄膜，可替代现有液态锂电池中的电解质和隔膜，完全固态化。不但如此，还能完美匹配不同的正负极材料，实现锂电池高安全、长续航、高通配三大性能指标的突破。

全固态电池号称是锂电池的“终极形态”。目前主流商用的液态电解质面临难以兼容高电压正极、对锂金属不稳定、原材料成本高等难题。如何解决这些问题，成为新能源锂电池产业面临的机遇和挑战。

产业发展所需即科研创新所向。据项目团队的指导老师高飞介绍，团队近年来一直致力于固态锂电池的研究，经过几年努力，师生合力开辟出一条制备锂电池固态电解质的全新技术路线：国内首创镁钽协同掺杂石榴石型半导体固态氧化物电解质。“我们团队研发的这项技术已经成功转化，能够量产，销售供给新能源汽车一级供应商进行电池封装组装。”高飞说。

带领团队攻关关键核心技术、培养学生自主科研能力、创新创业精神，是团队总指导老师罗广圣最重视的几件事。在他的推动下，这项科研成果开始向市场进行转化。一支由材料科学、先进制造、工商管理、国际会计、新结构经济学等专业学生组成的新工科、新文科复合型学科交叉团队——无液电池项目团队组建了起来。现在，团队正在全力备战“互联网＋”大学生创新创业大赛省赛和国赛。

“顺应时代需求，把握新能源产业发展的巨大机遇是我们创新创业故事的闪光点。但光有创意还不够，我们必须拿出从创意到技术再到市场的全套方案。”在核心技术方面，他们轻车熟路，但将商业模式规范化，将生产运营方案可行化，却是团队相对陌生的领域。面对问题，大家走出校园、走向市场，大胆想大胆闯，进行市场调研，和厂商交流，与企业家面对面谈项目、谋合作。

这个由大学生组成的团队中每个人各司其职、各擅其事，把团队合作的能量发挥到最大。从 2023 年 2 月团队组建到现在，几乎没有假期，团队一直在这条创新创业的赛道上奔跑。“要确保把每一块‘好钢’用在适合的刀刃上，不浪费一丝力气。”高飞提到自己所带的团队，脸上充满了骄傲。

“鼓励学生组队参加‘互联网＋’创新创业大赛，是探索实践新工科和新文科教育新模式的生动实践。”罗广圣说，利用“互联网＋”创新创业大赛这个平台，促进产学研紧密结合，把高校的智力、技术、文化资源与企业和投资机构的金融、市场、社会资源精准对接。“在这个过程中，学生融合学习了多学科专业知识及创新创业知识，提高了自己的综合能力及高级思维能力。”罗广圣表示。

资料来源：李芳.南昌大学：瞄准新能源跑出创新创业加速度[EB/OL].江西教育，（2023-08-04）[2023-11-18].有删改

三、创意、创新与创业机会

从广义上讲，任何时候社会都存在创业机会。但对个人来讲，由于所处的环境、个人具备的条件不同，创业机会也就不同。机会对每一个人都是均等的，关键是如何识别、抓住和把握机会。

（一）创意的产生是机会识别的源头

在创意没有产生之前，机会的存在与否意义并不大。创意是具有一定创造性的想法或概念，其是否具有商业价值存在不确定性。

然而，创意不一定就是创业机会，从某种意义上说，机会是创意的一个“子集”。创意仅仅是一个创业工具，要将创意转化为良好的市场机会是一项非常艰巨的工作。因为新颖、独特的创意如果没有市场需求，即使再先进也不会有市场。也就是说，一个好的创意未必就是一个好的市场机会。尽管大多数情况下，机会源于创意，机会可以满足创意的诸多特征，如来源广泛、具有较强的创新性、未来的发展具有很大的不确定性等。但是，机会拥有大多数创意所不具备的一个重要特征，即能满足顾客的某些需求、具有市场价值。这就是创意和机会之间最重要的差别，这一特征使有价值的商业机会得以从众多创意中脱颖而出，成为创业者关注的焦点，因此，从众多创意中寻找值得关注的机会，是创业者选择创业生涯、实施创业战略的第一步。

在把创造能力和创新精神转化为创业机会的艰苦过程中，发现好的创意只是第一步。创业者还要具备甄别机会的能力，也就是说要学会分析创意是否具备对用户的价值与对创业者的价值。

创业机会是具有商业价值的创意，表现为特定的组合关系。看到机会，产生创意并发展成清晰的商业概念意味着创业者识别机会，至于发展出的商业概念是否值得投入资源开发，是否

能成为有价值的创业机会，还需要认真论证。

商业机会是指存在于某种特定的经营环境条件下，企业可以通过一定的商业活动发现、分析、选择、利用，为企业创造利润和价值的市场需求。

创业机会属于商业机会的范畴，是一种特殊的商业机会。根据价值创造流程的“目的—手段”关系，商业机会代表着“目的—手段”的任何局部或全盘变化，而创业机会则是对“目的—手段”关系的全盘甚至是颠覆性变化。创业机会和商业机会之间存在着紧密联系，创业机会能够带来超额经济利润，是孕育一般商业机会的源泉，而一般商业机会则注重改善现有的利润水平。

（二）创新与创业机会

1. 创新是创业的动力和源泉

创新是创业的动力和源泉，是创业的本质。创业通过创新拓展商业视野、获取商机、整合独特资源、推进企业成长。创新能力是最重要的创业资本，创业者在创业过程中需要具有持续旺盛的创新精神、创新意识，需要独特、活跃、科学的思维方式，这样才可能产生富有创意的想法和方案，才可能不断寻求新的思路、新的方法、新的模式、新的出路，最终获得创业成功。

2. 创新的价值常常体现于创业

创新的价值就在于将潜在的知识、技术和市场机会转化为现实生产力，实现社会财富增长，造福人类社会。通过创业实现创新成果的商品化和产业化，将创新的价值转化为具体、现实的社会财富。创业者必须具有能发现潜在商业机会并敢于冒险的特质，科技创新成果也必须由创业者推向市场，使其潜在的价值市场化，使创新成果转化为现实生产力。

应用练习

创业机会探一探

· 实践目标

提高创业机会的辨识能力。

· 实践内容

通过网络等平台，收集和整理《中共中央 国务院关于优化生育政策促进人口长期均衡发展的决定》等政策文件的背景、内容和相关信息，对“国家三孩生育政策”可能带来的创业机会进行头脑风暴，并进行分享。

· 实践时长

10~15 分钟。

· 实践步骤

1. 按5~7人分组，以小组为单位，通过网络渠道收集和整理《中共中央 国务院关于优化生育政策促进人口长期均衡发展的决定》等政策文件的背景、内容和相关信息。

2. 小组思考并讨论三孩生育政策的实施会给社会经济、学前教育、女性生活、居住环境等方面带来的变化。

3. 小组进行头脑风暴，思考这些环境变化可能带来的创业机会。

4. 小组选出一位代表进行分享。

5. 教师总结。

任务二 创业机会的来源、识别与评估

案例引入

管远航：手作“道具”十年创业路

从痴迷动漫的大学生“宅男”蜕变为年营业额800万元的青年创业者，管远航用了整整10年，饱尝了在新兴行业创业的苦涩，如今他终于看到了最初的梦想正落地生花。

一、启航：创业源自兴趣

高中时，管远航就喜欢看动漫，曾模仿着自己手工制作了几件道具，身边的动漫爱好者觉得他做得不错，这增加了管远航的信心。他开始对道具服装制作逐渐上心，想做出更精美的道具。

2012年，管远航刚上大一，尽管对手工制作道具感兴趣，也加入了学校cosplay社团，但管远航从未将这一爱好与创业联系起来。他在参与社团活动时制作了一些宝剑、铠甲道具，很受同学欢迎。辅导员赵靓得知班上有一个精通手工的学生，对这个行业前景十分看好，就劝管远航立项参加各级创新创业比赛。“创业大赛前，赵老师直接打电话给我妈，让她劝我去参赛。”至今，管远航仍十分感激赵靓当年的“逼迫”，“没有赵老师的帮助，就没有现在的我”。当时，校内喜欢动漫的大学生并不少，管远航很快结识了一群爱好相同的小伙伴，大家常聚在一起商量道具的选材和服装版型。就这样，一项立足于二次元领域的创业项目有了雏形。

2013年，管远航带着原创的“动漫与游戏道具制作工作室”项目参加了“昆山花桥杯”第八届安徽省大学生职业规划设计大赛暨大学生创业大赛，获得了安徽信息工程

学院在创新创业类赛事上的第一个省级铜奖。次年，他又在“创青春·中国联通”安徽省大学生创业大赛决赛中摘得金奖，在国家级“创青春”赛事斩获铜奖。“我们参赛时穿的衣服都是自己制作的动漫服装，在比赛现场有很高的回头率，甚至赛后就有人来咨询业务想要下单。”几次在比赛中获得佳绩，让管远航开始系统思考项目落地实践的可能性。

二、转向：被浇了一盆凉水

从想法到落地，管远航经受了创业人必经的坎坷。由于缺人缺钱缺门路，创业初期的管远航只能单干，他先成立了工作室，一个人负责生产、经营和销售。后来学校伸出援手协调，两名工商管理专业的学生参与项目管理，再加上几个室友的支持，早期创业团队就此形成。

“我观察到，那时二次元经济刚刚兴起，市场供小于求，订单不缺，缺的就是人才。”但当时多数人觉得cosplay是“不务正业”，管远航很难招聘到懂制作、会手工的设计师。2018年，管远航招来8名学徒，经过半年的学习，只剩下一个人，有的人甚至干一两个月就离开了。

“其实，类似于传统手工业，cosplay道具制作也要静下心来系统学习，仅花几个月就学好并且赚到钱是很难的。”管远航说。缺少宣传渠道和客户来源，管远航就在电商平台上销售。网店开业不久，接到的第一笔订单是批量制作某知名网游中的一把宝剑，“我们租赁广告公司的雕刻机，再手工打磨、上色，这一单整整耗时一个月才交付”。管远航清楚地记得，除去租赁、人工、运输等费用后，他亏损近千元。

现实的财务数据给此前还梦想着扩大规模的管远航浇了一盆凉水。“最开始只能赚些加工费，有时候加工费都挣不回来。”由于缺少科学管理且规模尚小，管远航常常遇到结款不顺利的情况，这就导致时常亏损。从那时开始，管远航认识到，光有创业的热情和美好的展望并不够，要想生存下去，成本管控、运营管理、发展规划等问题都需要深入细致地考虑。

在这些实际问题的解决上，学校给予了管远航支持。彼时，学校提供了创业场地、设施设备和管理服务，还提供了众创空间、创业广场等场所设施和创业一站式指导服务。正是在学校的帮助下，管远航的项目频频在各项创业赛事上大放异彩，吸引了一些客户的同时，也找到一些志同道合的合作伙伴，一定程度上缓解了人才紧缺的情况。项目也就此开始有了盈利，逐步走上正轨。

生产方式和销售渠道等条件逐步稳定后，管远航于2017年成立了一家文化传媒有限公司，主营动漫游戏道具服装的设计制作。为了满足不同客户群体的需求，管远航采用了客户定制生产的经营模式。由于缺乏专业设计师，在制作过程中，管远航发现，道具选材和版型打样往往会遇到瓶颈。他以一款热门网游举例，传统布料达不到视觉效果，产品想要贴近原版的奇特造型，就要选择专业的布料。鱼鳞纹、岩石纹布料，EVA材料……管远航一次性买来几大箱材料。“但材料布料的叠加、染色的配比只能通过不断实验和试错来实现。”在选配材料的实验中，管远航常常产生奇思妙想：在透明的宝石后面加一块炫彩膜，宝石就变成了炫彩的状态；再将宝石分成几个棱镜，就能呈现出彩虹的状态；再加上一些闪粉，就能实现梦幻的视觉效果……追求完美材料提高了企业的时间和人工成本，也导致了超时误工现象的出现。

“从收到客户意向金，到选配服装道具的主副材料，再到打样板制成品，整个流程需要一到两个月的时间。”平日里，即便出现订单超时、超预算现象，管远航对待每一次选材也都保证宁缺毋滥，对客户的每一个要求都尽可能满足。这也是他从业以来一直坚持的理念。

三、远航：如何在行业中走得稳

如何管理经营公司，如何有效节约资源减少成本，如何进一步明确自己的定位与未来发展？“摇身一变”成老板的管远航开始将公司重心从销售转向管理规划。“最初接单是‘一人吃饱，全家不饿’，现在更多考虑的是怎么才能养活公司专兼职的30多位员工。”

在调整了经营策略之后，管远航不再生产销售定制化产品，转向通用化和批量化生产。区别于传统的cosplay服装道具设计行业，管远航制订了小规模、批量化的生产模式，与主营服装制造的企业合作，在批量生产的同时坚持原创设计。这使得管远航的销路快速扩张，逐渐在行业内站稳脚跟。目前，其公司已经兼并了当地两家同行的工作室，公司业务范围也扩展至电脑图文设计、制作、代理、发布广告、承办展览展示及雕塑设计制作等。2021年，其公司全年营业额超800万元。

每天工作11个小时，白天分配订单，联系裁缝和打样工人及快递员，晚上还要抽时间自己打样参与原创设计，这是管远航近段时间每天的工作状态。“即便现在订单量稳定，但创新产品产出较慢，我们需要更多有创意、懂管理的青年人才加入，这也是整个行业的痛点。”管远航说。近年来，我国喜爱动漫、游戏的年轻人增多，立足于二次元文化的cosplay道具制作产业应运而生，该产业将手工业与雕塑、绘画、动画、服装等专业结合，专注于服装、装备等制作和生产。

《2020年中国动漫产业研究报告》显示，2021年我国泛二次元用户规模达到4.2亿人。日渐壮大的市场吸引了越来越多年轻创业者的关注。

此外，安徽芜湖市重视动漫产业，连续举办多次中国国际动漫创意产业交易会，建立了一批文化创意产业园。动漫产业赋予了这座城市更多活力，也为管远航等年轻创业者提供了逐梦和展示自我的舞台。

资料来源：王海涵，王磊，汪儆.手作“道具”十年创业路：从痴迷动漫到实现梦想[N].中国青年报，2023-05-30.有删改

总结：作为创业者，管远航难能可贵的地方就在于他能发现其他人所看不到的机会，并迅速采取行动来把握创业机会和实现创业机会的价值。掌握有关识别创业机会的知识，虽然不能保证每个人都能够发现创业机会，但确实能给人们的行动提供思路和指导。

一、创业机会的来源

（一）创业机会类型

变化是创业机会的重要来源，没有变化，就没有创业机会。创业机会的类型大体上可以分为以下3类。

（1）问题型机会，指的是由现实中存在的未被解决的问题所产生的一类机会。

（2）趋势型机会，即在变化中看到未来的发展方向，预测到将来的潜力和机会。

（3）组合型机会，即将现有的两项以上的技术、产品、服务等因素组合起来，以实现新的用途和价值而获得的创业机会。

（二）创业机会来源

1. 技术变革方面

（1）新技术替代旧技术（数码摄影、摄像、数字手机）。

（2）实现新功能、创造新产品的新技术出现（互联网）。

（3）新技术带来的新问题：新技术有利有弊，研究如何消除弊端，并使之商业化；针对互联网不良信息传播，研发网络信息过滤软件等；针对手机、电脑辐射伤害，研发防辐射衣服等相关产品。

2. 政府政策变化方面

（1）对某些行业进入限制条件的放宽、监管放松的政策，如民用航空、资源开采、民办教育、保险、金融等。

（2）政策导向的变化，如价格双轨制、国有企业改制、节能减排、计划生育（育儿培训）、住房制度改革、资格证书制度（培训市场）。

3. 社会和人口因素变化方面

（1）女性活动：家政、洗衣、美容、健身。

（2）老年健康：养老中心、老年人用品市场。

（3）饮食文化：素食产品产业、有机动植物培育产业、健康养生产品等。

（4）社会发展的新要求：定制高端产品、留学热、私人订制等。

4. 市场需求条件方面

（1）市场出现与经济发展阶段相关的新需求，如农村经济发展带来了家电、农用机械的畅销；居民可支配收入的增长使得少儿特长教育、留学服务机构、旅游成为热门消费项目。

（2）当前市场供给缺陷产生的新的商业机会，如供不应求的小市场机会。

（3）先进国家、地区产业转移带来的市场机会，如先进国家、地区的环保、劳动力成本高，竞争压力大，可把先进国家和地区的产业引入落后的国家、地区。

（4）从中外差距中寻找隐含的商机，如人寿保险、驾校、汽车美容、税务代理、管理咨询、个人理财顾问。

二、创业机会的识别

（一）发现创业机会

投资创业要善于抓住好的机会，把握住了每个稍纵即逝的投资创业机会，就等于成功了一半。发现创业机会的方法，具体表现在以下几个方面。

1. 变化就是机会

环境的变化，会给各行各业带来良机，人们透过这些变化，就会发现新的前景。变化可以包括：产业结构的变化，科技进步，通信革新，政府放松管制，经济信息化、服务化，价值观与生活形态变化，人口结构变化。

2. 从“低科技”中把握机会

随着科技的发展，开发高新科技领域是时下热门的课题，但公司机会并不只属于高新科技领域。运输、金融、保健、饮食、流通这些低科技领域中也有机会，关键在于开发。

3. 集中盯住顾客的需要就会有机会

每个人的需求都是有差异的，如果时常关注某些顾客的日常生活和工作，就会从中发现某些机会。因此，在寻找机会时，应习惯把顾客分类，认真研究各类人员的需求特点，寻找机会。

4. 追求“负面”就会找到机会

追求“负面”，就是着眼于那些大家“苦恼的事”和“困扰的事”。因为是苦恼，是困扰，所以人们总是迫切希望得到解决，如果能提供解决的办法，实际上就是找到了机会。

（二）把握创业机会

创业者不仅要善于发现机会，更需要正确把握并果敢行动，将机会变成现实的结果，这样才有可能在最恰当时出击，进而获得成功。

1. 着眼于问题把握机会

机会并不意味着无须代价就能获得，许多成功的企业都是从解决问题起步的。问题，就是现实与理想的差距。顾客需求在没有满足之前就是问题，而设法满足这一需求后，就抓住了市场机会。

2. 跟踪技术创新把握机会

世界产业发展的历史告诉我们，几乎每一个新兴产业的形成和发展，都是技术创新的结果。产业的变更或产品的替代，既满足了顾客需求，同时也带来了前所未有的创业机会。

3. 在市场夹缝中把握机会

创业机会存在于为顾客创造价值的产品或服务中，而顾客的需求是有差异的。创业者要善于找出顾客的特殊需要，盯住顾客的个性需要并认真研究其需求特征，这样就可能发现和把握商机。

4. 利用变化把握机会

变化中常常蕴藏着无限商机，许多创业机会产生于不断变化的市场环境。环境变化将带来产业结构的调整、消费结构的升级、思想观念的转变、政府政策的变化、居民收入水平的提高。人们通过这些变化，就会发现新的机会。

5. 捕捉政策变化把握机会

中国市场受政策影响很大，新政策出台往往会引发新商机，如果创业者善于研究和利用政策，就能抓住商机站在潮头。

6. 弥补对手缺陷把握机会

很多创业机会是缘于竞争对手的失误而“意外”获得的，如果能及时抓住竞争对手策略中的漏洞而大做文章，或者能比竞争对手更快、更可靠地提供产品或服务，也许就找到了机会。

案例分享

她靠睡觉年赚百万

王香妮出生在黑龙江省哈尔滨市的一个城镇，远走他乡到上海打拼。一次偶然的事件，让她发现了一个商机：大部分白领阶层对在舒适的房间“忙里偷闲”的需求特别强烈，也就是抢抓时间进行身心放松，养精蓄锐。但公司一般不允许员工在办公室摆放床铺，大部分白领的午休是靠折叠床或伏案小憩。王香妮因此想到开个小旅馆，来满足这一部分人的需求。于是，她辞掉工作，准备专心创业。她把小旅馆取名叫“睡吧”，最早只开了 8 个房间，每间房每小时 5 元。

然而，王香妮最初的生意状况并不好，好在父母给了她很大的支持。怎么样能把生意做好呢？王香妮不断地收集客户的反馈信息，把小旅馆的房间改造成家庭卧室的样式，有素雅的窗帘、温暖的壁灯，床头柜上放各种休闲杂志，还准备优质的耳麦可以欣赏优美音乐……

经过不断地改造升级，王香妮的生意慢慢好起来，“睡吧”的预订电话常常被打爆。于是，王香妮将小旅馆的规模扩大到 200 多平方米，并按配套设施进行高、中、低档的不同价格收费。之后，她的“睡吧”又拓展了催眠业务。如今的她，每年收入更甚从前。

资料来源：编者根据相关资料整理

三、创业机会的评估

创业者完成创业机会识别后，还需要对创业机会进行评估。对创业者而言，对市场机会的评估相当于对投资项目的评估，投资能否取得收益无疑是非常重要的。同时，评估创业机会也能帮助创业者从另一个角度分析其创意是否值得继续发展为一个创业项目。

（一）创业机会评估的内涵与准则

创业机会评估是指对创业机会的主要内容及配套条件进行分析和研究，并对创业项目的开展、运行和效益产出情况等进行预测。有 60%~70% 的创业计划还未真正投入实施就已经被否决，就是因为这些创业计划不能满足创业者的评估准则。创业机会的评估准则可以考虑市场和效益两个方面。

1. 市场评估准则

（1）市场定位。评估创业机会时，可从市场定位是否明确、顾客需求分析是否清晰、顾客接触通道是否流畅、产品能否持续衍生等来判断创业机会可能创造的市场价值，创业带给顾客的价值越高，创业成功的机会也就越大。

（2）市场结构。针对创业机会的市场结构进行六项分析，具体包括：进入障碍、供货商、顾客、经销商的谈判力量、替代性竞争产品的威胁以及市场内部竞争的激烈程度。由市场结构分析可以得知新企业未来在市场中的地位，以及可能遭遇竞争对手反击的程度。

（3）市场规模。市场规模大小与成长速度，也是影响新企业成败的重要因素。通常，市场规模大者进入障碍相对较低。成长中的市场，通常也会是一个充满商机的市场。正所谓水涨船高，进入时机正确，一般也会有获利的空间。

（4）市场渗透力。对于一个具有巨大市场潜力的创业机会，市场渗透力（市场机会实施的过程）评估是一项非常重要的影响因素。优秀的创业家知道选择在市场需求即将大幅增长之际进入市场，做好准备，等待接单。

（5）市场占有率。创业机会预期可取得的市场占有率目标，可以显示这家新创公司未来的市场竞争力。例如，成为市场的领导者，需要拥有 20% 以上的市场占有率。如果低于 5% 的市场占有率，则说明这个新企业的市场竞争力不高，这也会影响未来企业上市的价值。

（6）产品的成本结构。产品的成本结构也可以反映新企业的前景是否光明。例如，从物料与人工成本所占比重、变动成本与固定成本的比重以及经济规模产量大小，可以判断伴随企业创造附加价值的幅度及未来可能的获利空间。

2. 效益评估准则

（1）合理的税后净利。通常，具有吸引力的创业机会要能够创造15%以上的税后净利。如果创业预期的税后净利在5%以下，就说明不是一个好的投资机会。

（2）达到损益平衡所需的时间。合理的损益平衡时间应该在2年以内，如果3年还未达到，则不是一个值得投入的创业机会。不过有的创业机会确实需要经过较长的耕耘时间，以保证后期的持续获利。在这种情况下，可以将前期投入视为一种投资，这样才能容忍较长的损益平衡时间。

（3）投资回报率。考虑创业可能面临的各项风险，合理的投资回报率应该在25%以上。通常，15%以下的投资回报率是不值得考虑的创业机会。

（4）资金需求。资金需求量较低的创业机会一般比较受到投资者的欢迎。事实上，许多案例显示，资金的需求量过大其实并不利于创业成功，有时还会带来稀释投资回报率的负面效果。通常，知识越密集的创业机会，对资金的需求量越低，投资回报反而会越高。在创业开始时不要募集太多资金，最好通过盈余积累的方式来创造资金。

（5）毛利率。毛利率高的创业机会，风险相对较低，也比较容易取得损益平衡；毛利率低的创业机会，风险则较高，遇到决策失误或市场产生较大变化时，企业很容易遭受损失。通常，理想的毛利率是40%。当毛利率低于20%时，这个创业机会就不值得再予以考虑。

（6）策略性价值。能否创造新企业在市场上的策略性价值，也是一项重要的评价指标。通常，策略性价值与产业网络规模、利益机制、竞争程度密切相关，而创业机会对产业价值链所能创造的价值效果，也与它所采取的经营策略和经营模式密切相关。

（7）资本市场活力。当新企业处于一个具有高度活力的资本市场时，它的获利回收机会相对也比较多。不过资本市场的变化幅度极大，在市场高点时投入，资金成本较低，筹资相对容易；在资本市场低点时，投资新企业开发的诱因则较少，好的创业机会也相对较少。

（8）退出机制与策略。所有投资的目的都在于回收，退出机制与策略就成了一项评估创业机会的重要指标。退出的难度普遍要高于进入，因此，具有吸引力的创业机会，应该要为所有投资者考虑退出机制及退出的策略规划。

（二）创业机会的评估方法

如今，越来越多的人选择创业，希望通过自己的努力和智慧实现财富自由和事业成功。但是，创业并不是一个简单的过程，需要掌握正确的评估方法。在创业机会的评估方法中，SWOT分析法较为适合大学生，因此以下针对此方法展开论述。

SWOT分析法是一种简单易行的创业机会评估方法，是结合自身的优势（Strengths，S）、劣势（Weaknesses，W）、外在的机会（Opportunities，O）和威胁（Threats，T）进行分析判断的方法（图4-1）。

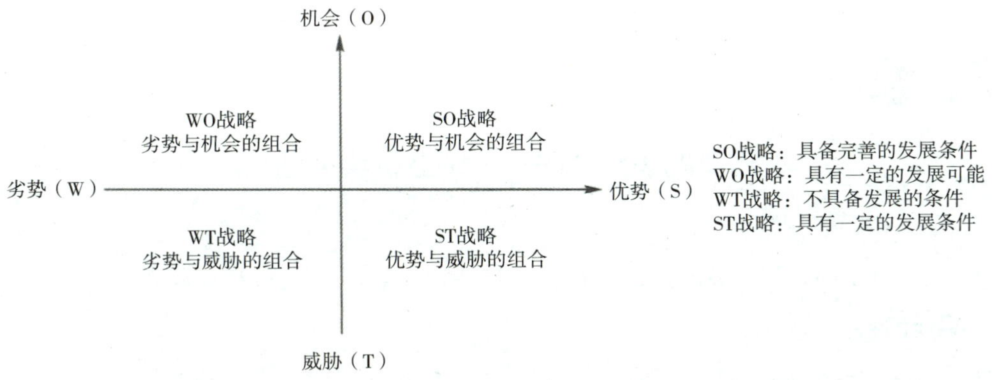

图 4-1　SWOT分析法

因其兼顾内外部因素（S、W为内部因素，O、T为外部因素）的考量，所以能够较好地分析创业机会。

1. SWOT分析法的4个维度

（1）优势（S）。优势是指对新创企业有利的因素，包括新创企业的资金充足、资源更丰富、价格比同行更低以及员工素质和技术更好等。

（2）劣势（W）。劣势是指对新创企业不利的因素，包括知名度不如竞争对手、创业者缺乏创业经历、促销方式不佳、产品类型少等。

（3）机会（O）。机会是指外部环境对新创企业有利的因素，包括行业政策扶持力度大、周边入驻了新小区、人流量增大等。

（4）威胁（T）。威胁是指外部环境对新创企业构成潜在威胁的因素，包括竞争企业数量增多、原材料价格上涨等。

2. SWOT分析法使用步骤

运用SWOT分析法可以对创业进行整体全面的分析，简单易行且有参考价值。运用SWOT分析法进行创业分析的程序主要有以下4个步骤。

（1）评估自身的优势和劣势。客观评估自身的优势和劣势是进行SWOT分析的基础，其完成度与准确度决定了分析结果的有效性。在评估优势和劣势时，创业者一定要全面而准确地列出尽可能多的优缺点。

（2）评估面临的机会和威胁。找出机会和威胁是对外部环境的考量，创业者应该将所有对创业有影响的因素都纳入考量范围，并找出有利条件与不利条件。

（3）评估创业的潜力。评估创业的潜力是指分析上面列出的各种条件，综合分析哪些劣势可以被扭转，各种威胁的应对方法，然后评估创业项目的投入、成功率、产出等具体情况，再来判断项目是否可行。

（4）制订工作计划。在评估创业机会可行的情况下，创业者需要考虑如何开展创业项目，包括组织人员、调度资源、寻求投资等，优势越大、机会越多的创业项目越容易取得成功。

应用练习

它真的适合我吗——创业机会评估

· 实践目标

学会运用SWOT分析法评估创业机会，提高创业机会的识别与分析能力。

· 实践内容

分组对本项目任务一的“应用练习”挖掘出来的创业机会进行SWOT分析。

· 实践时长

课后完成。

· 实践步骤

1. 按5~7人分组，以小组为单位，对本项目任务一的“应用练习”挖掘出来的创业机会进行SWOT分析。

2. 小组交换SWOT分析图，进行互评。

3. 小组选出一位代表进行分享。

4. 教师总结。

任务三 创业风险的防范

案例引入

新东方逐步关停中小学学科业务

双减政策使得像新东方这样在教培行业数一数二的龙头机构开始进行转型。2021年9月17日上午10时，在高管会议上，新东方教育集团创始人俞敏洪宣布，秋季课程结束后即停止小学和初中学科业务的线下招生，各个城市逐步关闭教学点。

双减政策影响了许多人，包括学校、家长、学生、教培机构及教培老师，其中承担了最大的风险和直接后果的，就是各种教培机构。对于教培机构的创业者来说，失业后的他们，应该何去何从，人生的规划应该做出什么打算，这是最大的问题。

俞敏洪从1993年创办北京新东方学校开始，近30年的时间和精力都在新东方上。

他也分享了后续的几个打算：

第一个打算，希望通过对自己和周围朋友的观察，对过去进行总结，形成一些对于年轻人的人生发展有意义的故事和指导。

第二个打算，希望通过对于中国和世界的文化、历史的视频性讲述，包括现在正在做的事情——在全国各地有计划地进行历史文化的考察，并且形成文字、图片和视频，来给年轻人介绍祖国的文化和大好河山，这些都是针对中国的年轻人的。

第三个打算，要每年通过自己的阅读和朋友的推荐，为一代又一代的年轻人推荐值得他们阅读的书籍。希望年轻人通过阅读来改变未来。

资料来源：编者根据相关资料整理

总结：政策风险是指国家宏观政策发生变化，给企业带来的风险。创业者要对国家政策有高度的敏感性，要及时发现市场变化，规避政策风险。

一、创业风险认知

（一）创业风险的含义

创业风险是指企业在创业过程中存在的各种风险。创业环境的不确定性，创业机会与创业企业的复杂性，创业者、创业团队与创业投资者的能力和实力的有限性而导致创业活动结果的不确定性等，都可能带来创业风险。

（二）创业风险的类型

1. 按创业风险产生的原因划分

（1）主观创业风险。主观创业风险是指在创业阶段，创业者的身体和心理素质等主观方面的因素导致创业失败的可能性。主观创业风险包括意识风险、财务风险、技术风险、管理风险，这些风险与创业者本身的素质和能力息息相关。

（2）客观创业风险。客观创业风险是指在创业期间，创业者自身因素以外的客观因素导致创业失败的可能性，如宏观经济的变化、法规政策的变化、市场的变动、竞争对手的出现等。

2. 按创业风险产生的内容划分

（1）技术风险。技术风险是指企业在技术层面或一切跟技术有关的风险，其主要类型是技术不足风险、技术开发风险、技术保护风险、技术使用风险、技术取得和转让风险等。例如，企业在技术创新过程中所需要的相关技术不配套、不成熟，技术创新所需要的相应设施、设备不够完善。这些因素的存在，影响到创新技术的适用性、先进性、完整性、可行性和可靠性，从而产生技术性风险。

（2）生产风险。生产风险是指企业在原材料、设备、技术人员、生产工艺及生产组织等方面存在的难以预料的障碍。例如，在产品生产过程中，由于原材料不能持续、稳定获得供给，就会产生一定风险；如果生产工艺采用不当，可能使产品的次品率升高，产品质量下降；技术人员的技术水平如果不能达到产品生产的要求，将影响生产的顺利进行。

（3）管理风险。管理风险是指管理运作过程中信息不对称、管理不善、判断失误等给管理成效带来的影响。这种风险具体体现在构成管理体系的每个细节上，可以分为4个部分：管理者的素质、组织结构、企业文化、管理过程。若管理出现问题，将会给企业与管理者自身造成无法挽回的损失。例如，管理者在年龄、知识、能力的结构搭配上不合理，组织机构不完善，管理层不能起到主导作用等，都将对管理效果和效率产生直接影响。

（4）竞争风险。竞争风险指竞争对手的行为给企业带来的危机。竞争主要表现在知识技术的竞争、人才的竞争、信息占有与处理能力的竞争、企业预测与决策能力的竞争、应对危机能力的竞争等方面。例如，知识、技术的传播速度极快，时效性越来越明显，垄断的时段也越来越短，企业在知识、技术占有上的优势持续时间越来越短，竞争优势与劣势的转化极快。正是由于知识、技术被个别企业、组织和个人垄断占有和使用的时间越来越短，这些企业、组织和个人失去知识、技术竞争优势的可能性越来越大，承担着巨大的竞争压力，时刻面临着丧失竞争优势的危机。

3. 按创业的不同阶段划分

（1）机会的识别与评估风险。机会的识别与评估风险是指在机会的识别与评估过程中，各种主客观因素，如信息获取量不足、把握不准或推理偏误等使创业从一开始就面临方向错误的风险。另外，由于创业而放弃了原有的职业所面临的机会成本，也是该阶段的风险之一。

（2）准备与撰写创业计划风险。准备与撰写创业计划风险是指创业计划制订过程中，各种不确定性因素与制订者自身能力的限制，给创业活动带来风险。

（3）确定并获取资源风险。确定并获取资源风险是指由于存在资源缺口，无法获得所需的关键资源，或即使可获得，获得的成本也较高，从而给创业活动带来一定风险。

（4）新创企业管理风险。新创企业管理风险主要包括管理方式的选择与运行，企业文化的选取与创建，发展战略的制订以及组织、技术及营销等各方面的管理中存在的风险。

4. 按创业与市场和技术的关系划分

（1）改良型风险。改良型风险是指利用现有的市场、技术进行创业所存在的风险。这种创业风险最低，但经济回报有限。

（2）杠杆型风险。杠杆型风险是指利用新的市场、现有的技术进行创业存在的风险。该风险稍高，常见于挖掘未开辟的市场。

（3）跨越型风险。跨越型风险是指利用现有的市场、新的技术进行创业存在的风险。该风险主要体现在创新技术的应用方面，往往反映了技术的替代，这是一种较常见的情况，常见于企业的二次创业，领先者可获得一定的竞争优势，但模仿者很快就会跟上。

（4）激进型风险。激进型风险是指利用新的市场、新的技术进行创业存在的风险。该风险最大，如果市场很大，可能会带来巨大的机会。对于第一个行动者而言，其优势在于竞争风险较低，但是知识产权保护力度很弱，市场需求不确定，确定产品性能有很大的风险。

案例分享

昔日的胶卷霸王柯达的陨落

世界知名的摄影公司柯达（Kodak）的胶卷业务曾经被认为是暴利生意。柯达彩色胶卷一盒的销售价格是 16~22 元，而生产成本才几毛钱，分摊掉研发成本和推广成本后，利润惊人。除此之外，柯达公司每年依然有数万项技术专利规模，世界上鲜有企业可以与之相比。

但恰恰是这样一个技术发明者，它错误判断了感光胶卷向数码相机转变的速度，未及时进入数码相机领域。数年之间，人们就不再使用胶卷，一个巨大的市场几乎烟消云散，柯达公司也从天堂掉到了地狱——一年亏损达到 10 亿美元。

柯达公司总裁曾经有过一句非常有名的话："我左脚踩在创新的油门之上，右脚踩在传统的刹车之上，我一会儿踩刹车，一会儿踩油门，我也不知道我该怎么办了。"这并不是柯达总裁一人面临的风险与困惑，诺基亚帝国的倒塌也是如此。

当外部环境发生重大改变时，企业过去所谓的成功经验往往容易变成企业创新突破的包袱，如果不及时调整应对，很可能陷入万劫不复。

资料来源：编者根据相关资料整理

（三）大学生创业常见风险

当前，随着我国创新创业教育不断深化，国家持续加大力度支持大学生创业。层出不穷的新型商业模式、多元化的融资渠道、越来越多的创业优惠政策，为大学生创业带来了前所未有的机遇和有利条件。但有数据表明，大学生创业的失败率仍居高不下。大学生自主创业面临的常见风险一般有以下几种。

1. 项目选择风险

有的创业者在选择创业项目时，仅凭自身的兴趣爱好或感觉来确定方向，对市场需求缺乏了解；有的创业项目一味靠模仿，无法跟上技术发展和时代需要，故创业项目所生产的产品或提供的服务核心竞争力不强。

2. 创业技能缺乏

很多大学生创业者眼高手低，当创业计划转变为实际操作时，才发现自己根本不具备解决问题的能力，这样的创业无疑是纸上谈兵。针对这种情况，一方面，大学生可以去企业实习，积累相关管理和营销经验；另一方面，积极参加创业培训，积累创业知识，接受专业指导，提高创业成功率。

3. 资金筹措困难

创业与一般社会实践活动有很大区别，并不是仅靠一腔热血就能干好。好的创意需要资金支持才能得以实现，而资金筹措困难往往是大学生创新创业者在创业初期遇到的首要难题。目前，风险投资对于大学生创新创业者来说是比较好的一种筹资方式，国家也专门为大学生设立了创业基金。但是，能为大学生创业提供投资的渠道来源及数量毕竟有限，创业者一旦资金短缺，往往会产生融资风险。

4. 管理经验不足

创业是对创业者及创业团队综合素质的挑战。从创业计划制订到市场运作，需要长时间的管理经验积累，并加以磨合。大学生由于活动范围有限，对社会接触少，容易出现管理经验缺乏、初创企业组织架构及管理制度不健全等问题。创办公司后，经营活动繁重，财务、人事、行政等方面的制度往往需要创业者去思考、制订，还需与工商、税务等部门进行沟通协调，这些方面的经验都需要在实践中不断探索、磨砺才能获得，仅靠学校内学习的专业知识是不够的。

创业失败者，很多都是管理方面出了问题，其中包括决策随意、信息不通、理念不清、患得患失、忽视创新、急功近利、盲目跟风、意志薄弱等。特别是大学生知识单一、经验不足，资金实力和心理素质明显不足，更会增加在管理上的风险。

案例分享

管理能力要“与时俱进”

吴先生和两位朋友一起投资50万元，创办了一家电子有限公司，每人各占1/3的股份，由吴先生担任董事长兼总经理，负责市场营销、生产管理等；另外两位合伙人分别负责技术开发和原材料采购等。公司主要生产按摩靠垫和小型按摩器。虽然他们知识水平有限，但先前从事电机行业多年，积累了丰富的行业经验，分工明确，合作也很默契。因此公司创业之初销售额就达到200万元，次年销售额达到800万元。然而随着公司的发展壮大，公司内部开始出现问题。以前所有重要决策都由3个人一起决定，在早期生产规模较小时，这种决策方式能够使管理者犯错的机会降到最小，但公司进入扩张期后，几位合伙人的意见常常不一致，导致企业运作效率低下。加之同行业的竞争，企业利润不断降低。第3年，该厂不得不宣告破产，3位合伙人分得各自的利润。

资料来源：李爱卿，叶华.大学生创业基础[M].北京：清华大学出版社，2015.有删改

5. 社会资源缺乏

创业需要尽可能地利用好自己可以利用的社会资源。很多创业者尤其是就业后再创业者，选择的创业领域都和自己之前的工作密切相关，工作中积累的经验和社会资源是创业中最宝贵的财富。由于大学生年纪轻，长期生活在校园，工作经历、社会经验缺乏，能掌握的社会资源非常有限，在调动社会资源方面往往比较吃力。

6. 竞争风险

寻找蓝海是创业的良好开端，但并非所有的新创企业都能找到蓝海。更何况蓝海也只是暂时的，竞争是必然存在的。如何面对竞争是每个企业都要随时考虑的问题，包括初创企业。如果创业者选择的是一个竞争非常激烈的领域，那么在创业之初就会遭受同行的强烈排挤。一些大型企业为了把小企业吞并或压垮，常会采用低价销售的手段。对于大型企业来说，由于规模效益或实力雄厚，短时间的降价并不会对它造成致命的伤害，但是对于初创企业则可能意味着彻底毁灭。因此，考虑好如何应对来自同行的残酷竞争是创业企业生存的必要准备。

7. 团队分歧

现代企业越来越重视团队的力量。创业企业在诞生或成长过程中最主要的力量来源一般是创业团队。一个优秀的创业团队能使创业企业迅速地发展起来，但同时，风险也蕴含在其中，团队的力量越大，产生的风险也就越大。一旦创业团队的核心成员在某些问题上产生分歧不能达成统一时，极有可能会对企业造成强烈的冲击。

事实上，做好团队的协作工作并非易事，特别是与利益、股权相关联时，很多初创时很好的创业伙伴都会闹得不欢而散。

8. 核心竞争力缺乏

对于具有长远发展目标的创业者来说，他们的目标是不断地发展壮大企业，因此，企业如果没有自己的核心竞争力就是最主要的风险。一个依赖他人的产品或市场来打天下的企业是永远不会成长为优秀企业的。核心竞争力在创业之初可能不是最重要的，但要长远发展，就成为最不可忽视的问题，没有核心竞争力的企业终究会被淘汰出局。

事实上，在创业过程中，大学生碰到的风险远远不止这几点，在企业发展的过程中，随时都有灭顶之灾。因此，大学生创业者必须始终保持积极的心态，多学习、多汲取优秀经验，并且在此基础上结合自身既有的特长优势，只有这样，创业的步伐才会越走越远，越走越稳。

二、大学生创业风险防范

懂得预防、应对、转移和化解创业风险，是确保大学生创业成功的关键。对于系统性的、宏观环境带来的风险，创业者从根本上要做好知识储备、观念准备，提升眼光，做好正确决断。

（一）提升创业者自身综合素质

1. 培养实践动手能力

创业的本领并不是仅听别人说就能获得的，最好的方式是在实践中自己去感悟、去积累。大学生创业者在校期间一定要争取尽可能多的机会去参加各种社会实践活动，如利用假期到企业兼职、初步尝试创业实践等。这不仅可以大大提高自己的组织能力、沟通协调能力，积累社会经验，还可以了解企业的日常运作和管理模式。

2. 构建完备的专业知识结构

创业者知识体系的完备程度，关系到创业者分析问题、判断问题、解决问题的能力大小和将来企业的发展前途。大学生在校期间要认真学习专业技术知识，很多投资者之所以愿意对大学生的创业计划进行资助，正是因为看中大学生的专业技术，所以大学生一定要提高自身的专业技术水平，并思考如何利用自己的专业技术进行创新，从而吸引投资商。此外，还要对企业的设立、经营管理知识有一定了解。要积累相关的财务知识，包括税务、筹资、记账等方面的基本知识，学会如何做预算、如何控制财务风险，掌握一定的法律知识也是必不可少的。

3. 积累良好的人脉资源

创业需要靠团队一起来打拼，需要对各种资源进行整合优化，而好的团队、好的资源、好的客户往往需要创业者依托良好的人际关系来支撑。所以，成功的创业者都具备优秀的交际能力。他们善于围绕自己的事业去认识各种各样的人，协调各方关系，团结自己的团队。大学生身处校园，要重视与学校里的老师、同学、好友及外面的企业人员接触沟通。重视社交能力的提升，为积累未来的创业人脉资源打好基础。

（二）做好充分的创业启动准备

1. 建立良好的创业心态

创业非常艰辛，创业路上可能会遇到很多挫折，因此创业者需要拥有一颗强大的内心，不仅要做好吃苦的思想准备，还要有能够承担风险并接受失败的良好心态。

2. 充分调研，谨慎决策

创业可选择的行业、项目很多，创业者在创业之前一定要有明确的方向和目标，选准行业、项目，最忌跟风、人云亦云。在进行决策时一定要对产业环境和项目发展前景进行充分、细致的调研和评估。如果在创业之初选错了行业、项目，那么哪怕自身再努力，也可能无力回天。

一般来说，选择自己最擅长的、资源丰富的项目创业，遇到的风险相对较少。如果想跨界创业，一定要谨慎评估后方可行动，也可以先考虑进入该行业的领先企业工作，在工作过程中摸索行业知识、盈利模式、客户渠道等，积累行业工作经验与资源。

3. 准备必要的启动资金

创业是高风险的投资行为，创业者要认真做好预算，考察创业实践中所需要的资金，准备好必要的资金后再开始创业。除了备好项目启动资金，还必须备足生活储备资金，如生活费、父母抚养费、医疗费等都要考虑到位，还应该提前了解各种融资渠道，做好创业资金突发紧缺的预案。

4. 搭建高效的创业团队

创业就是搭班子干活，组建一支高效的团队能够大幅度提升创业者获利的可能性，可有效避免经营管理方面的风险。因此，从创业一开始就要物色和配置几个关键的角色，如技术、产品、营销、财务、人力和行政等，把他们纳入创业筹备工作去考虑，让团队成员各施所长。

5. 整合各种渠道资源

渠道资源包括供应商、客户、合作商 3 个方面。在创业启动之前，应该先摸清供应源头的行情，尽可能地搞清楚高效引导客户的方式，准备好合作商资源。这将使创业者在创业路上如虎添翼，有效避免渠道和营销方面的风险。

（三）了解相关的政策法规

创业必须与时代接轨，创业者在选择创业项目时要充分考虑社会环境和相关的政策，如果项目获得政府的扶持和优惠政策，则有利于成功。对于大学生创新创业者来说，当前各级政府部门在税收、贷款等方面都有不少优惠政策，合理利用这些政策有利于降低创业风险。同时，创业者需要了解工商注册、经济合同、税务等方面的法律知识，越了解政策法规，越有利于规避政策法律方面的风险。

（四）制订好风险应对预案

在对创业项目进行充分调研的基础上，还要对整个业务流程进行详细梳理，找到每一个环节可能出现的风险，一一列举，并制订相应的应对措施。

比如，针对可能出现的法律风险，企业可以采取完善法律风险防范体系、加大普法培训力度、严格法律纠纷案件的责任追究、强化合同监控等方式来进行防范；针对经济风险，企业应当多关注国家政策并随着国家政策的调整而适时调整企业战略；针对技术风险，企业应当重视相关的产业技术政策、经济技术法规、最新研究动态和科技成果信息等，并进行系统分析，发现潜在的技术风险因素，从而及时采取对策；针对市场风险，企业应善于捕捉市场信息，从营销策略上控制风险，审慎投资；针对管理风险，应当重视并加强企业标准化建设，建立规范的企业管理制度、严格的内部监督机制等。对于各种风险，要做好预案甚至演练，一旦风险局面出现才不至于慌乱无措。大学生创新创业者可以使用项目风险画布来对自己的创业项目进行分析。

应用练习

创业风险防范聊一聊

· 实践目标

增强创业风险防范意识。

· 实践内容

分组对本项目任务一的“应用练习”挖掘出来的创业机会可能的创业风险进行头脑风暴，分析可能的应对策略，并进行课堂分享。

· 实践时长

10~15 分钟。

· 实践步骤

1. 按 5~7 人分组，以小组为单位，对本项目任务一的“应用练习”挖掘出来的创业机会可能的创业风险进行分析。

2. 小组进行头脑风暴，讨论可能的应对策略。

3. 小组选出一位代表进行分享。

4. 教师总结。

思考与实践

以小组为单位，讨论确定一个创业项目，根据该项目回答以下问题：

1. 创业过程中可能会出现哪些问题？你该如何解决？

2. 在解决问题的过程中，如何寻找创意点？

项目五

创新创业资源整合

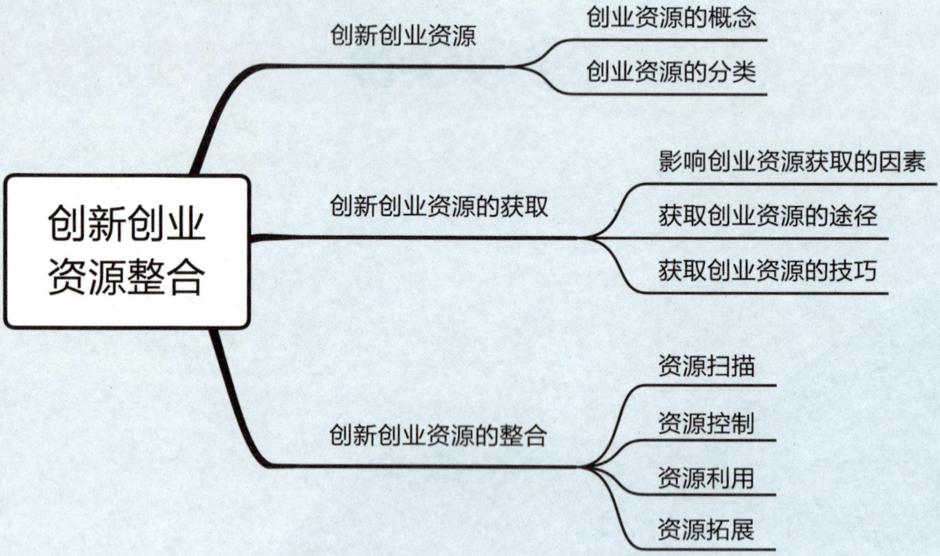
创新创业资源整合
创新创业资源
创业资源的概念
创业资源的分类
创新创业资源的获取
影响创业资源获取的因素
获取创业资源的途径
获取创业资源的技巧
创新创业资源的整合
资源扫描
资源控制
资源利用
资源拓展

学习目标

思政小课堂

知识目标

1. 了解创业资源的概念及其基本分类。
2. 熟悉创业资源的影响因素和获取途径。
3. 掌握创业资源整合开发的技巧。

能力目标

1. 能正确识别创业资源。
2. 学会寻找创业资源。
3. 能对创业资源进行整合。

价值目标

1. 培养发现问题、解决问题的能力。
2. 提高创新思维和创业精神，具备尝试新事物、面对新挑战的能力。

任务定位

任务一 创新创业资源

案例引入

大学生的创业资源就是自己：小刘同学的创业故事（一）

小刘同学是广西某高校的一名学生，2019 年走进大学校园后，竞选成为班长。他也想过在大学里有所作为，但是在学习过程中找不到方向，开始逐渐变得懒散，随波逐流，没有目标，就像在海上漂泊的小船，不知道往哪个方向行驶，非常迷茫。

因为是班长，小刘同学对班级的不积极、不上心，引起了辅导员的注意，在一次谈话中辅导员得知他想创业，在老师的鼓励下，他带着试一试的心理真正开启了自己的大学生创业之旅。

小刘从初中时期开始喜欢上球鞋，最初只是自己购买、把玩，独自探索球鞋背后的故事和设计理念，后慢慢发展到收藏。这个过程中，他从喜欢到热爱，从热爱到精通，并且结交了一群对球鞋有共同认知和热爱的朋友。最好的事业就是做自己热爱的事。小刘同学怀揣着对球鞋文化的热爱，把自己的热爱变成了自己的事业，在亲戚和朋友们的帮助下，他与几个志同道合的朋友合伙在学校周边租下了一个不足10平方米的门店，小心翼翼地做起球鞋买卖。这个小店不仅开启了这个山村少年自主创业之旅，也在不经意间圆了他隐藏在心底多年的“球鞋梦”，成功将自己对球鞋文化的追求、球鞋圈子的人际资源关系转换成了自己的球鞋创业资源。

经过3年的发展，小刘同学目前已经荣获全国第四届“闪亮的日子——青春该有的模样”大学生就业创业人物，其创业项目也被评为南宁市应届高校毕业生优质创业项目。

资料来源：编者根据曾指导的真实创业项目整理

总结：大学生的创业资源有限，优质的创业资源更加有限，因此需要善于发现创业资源。环顾自身周边资源，可从自己的兴趣爱好、学习、校园活动、科研项目、家族企业等去寻找创业资源。创业资源来源于自己，来源于学习，来源于生活。

一、创业资源的概念

创业资源是指企业创立及成长过程中所需要的各种生产要素和支撑条件，是创业企业在创造价值过程中所需要的特定资产。

对于创业者来说，只要是对其创业项目和创业企业的发展有所帮助的要素，都可以归入创业资源的范畴。创业者既要积累个人资源，也要善于创造性地整合社会资源，以创造有利于创业的良好条件。

二、创业资源的分类

（一）按性质分类

按性质分，创业资源可以分为人力资源、财务资源、物质资源、技术资源和组织资源。

1. 人力资源

人力资源不仅包括创业者及创业团队的知识、训练和经验等，也包括团队成员的专业智慧、判断力、视野和愿景，甚至创业者本身的人际关系网络。创业者是创业企业最重要的人力资源，其价值观念和信念是创业企业的基石，其所拥有的人际和社会关系网络使其能够接触到大量的外部资源，降低潜在的创业风险。鉴于企业之间的竞争主要是人才之间的竞争，高素质人才的获取和开发便成为创业企业可持续发展的关键因素。

2. 财务资源

财务资源主要指货币资源，通常是创业企业向债权人、权益投资者通过内部积累筹集的负债资金、权益资金和留存资金。一般来说，创业初期以不高于市场平均水平的资本成本及时筹集到足额的财务资源，是创业企业成功创办和顺利经营的前提条件。

3. 物质资源

物质资源是创业企业经营所需要的有形资源，如建筑物、设施、机器和办公设备、原材料等。一些自然资源（矿山、森林等）有时也会成为创业企业的物质资源。

4. 技术资源

技术资源包括关键技术、制造流程、作业系统、专用生产设备等。通常技术资源包括 3 个层次：一是根据自然科学和生产实践经验而发展成的各种工艺流程、加工方法、劳动技能和诀窍等；二是将这些流程、方法、技能和诀窍等付诸实施的相应的生产工具和其他物资设备；三是适应现代劳动分工和生产规模等要求的对生产系统中所有资源进行有效组织和管理的知识、经验和方法。技术资源大多与物质资源相结合，可以通过法律手段予以保护，部分技术资源会形成组织的无形资产。

5. 组织资源

组织资源包括企业的组织结构、作业流程、工作规范、信息沟通、决策体系、质量系统，以及正式或非正式的计划活动等，有时候组织资源也可以表现为个人的技能或能力。其中，组织结构是一种能够使组织区别于竞争对手的无形资源。那些能将创新从生产功能中分离出来的组织结构会加速创新，能将营销从生产功能中分离出来的组织结构能更好地促进营销。

（二）按存在形态分类

按存在形态分，创业资源可分为有形资源和无形资源。

1. 有形资源

有形资源是指具有物质形态的、价值可用货币度量的资源，如组织赖以生存的自然资源及建筑物、机器设备、原材料、产品、资金等。

2. 无形资源

无形资源是指具有非物质形态的、价值难以用货币精确度量的资源，如信息资源、关系资源、权力资源及企业的信誉、形象等。无形资源往往是使有形资源更好发挥作用的重要手段。

（三）按重要性分类

按重要性分，创业资源可分为核心资源和非核心资源。

1. 核心资源

核心资源包括技术资源和人力资源。这些资源涉及创业企业有别于其他企业的核心竞争力。

2. 非核心资源

非核心资源主要包括场地、资金和环境资源。这些资源是创业企业成功创办和持续经营的基本资源。

（四）按来源分类

按来源分，创业资源可分为内部资源和外部资源。

1. 内部资源

内部资源是指创业者或创业团队包括自身所拥有的可用于创业的资源，如创业者自身拥有的可用于创业的资金、技术、创业机会信息等。

2. 外部资源

外部资源来自外部机会的发现，是创业者从外部获取的各种资源，包括从朋友、亲戚、商务伙伴或其他投资者筹集到的投资资金、空间、设备或其他原材料等。

应用练习

创业资源找一找

· 实践目标

查找潜在的创业资源，提升资源整合能力。

· 实践内容

罗列建设创业资源框架库，小组之间交流分享。

· 实践时长

10~20 分钟。

· 实践步骤

1. 从兴趣爱好、专业学习、日常生活、科研专利、家族企业中分别罗列创业资源清单。
2. 整理每项创业清单的主要创业资源框架。
3. 在小组中表达分享每项创业资源具体情况。
4. 小组选出一位代表分享创业资源。
5. 教师总结。

任务二 创新创业资源的获取

案例引入

希望与压力并存：小刘同学的创业故事（二）

小刘同学是如何获取创业资源的？他就像大多数的创业者一样，在创业的道路上并不是一帆风顺的。由于资金不到位、技术不足、缺乏运营经验等问题，自己第一家球鞋店不到一个学期就倒闭了。

第一次创业失败给小刘同学带来了极大的打击，但是此过程中的成长经历成了他日后创业过程中的宝贵财富。大二那年，他买了一双期盼已久的球鞋，穿了两天就被蹭上了污渍，好不容易找到一家可以清洗的店，却因为店员的不专业，把鞋子给洗开胶了，他特别喜欢的球鞋就这样被毁坏，但这件事让他嗅到了商机：是否可以自己开一家球鞋洗护店？

因为热爱，根据国家发出的"大众创业、万众创新"的号召，小刘同学在老师们的再次鼓励下，于2021年重新组建了自己的团队，注册公司。在学校的大力支持下，入驻了学校大学生创新创业园，解决了在创业初期如场地、水电、网络等问题。

入驻大学生创业园之后，他又充分借助了大学生勤工俭学的优势，招聘在校生作为自己店铺的工作人员，这大大地降低了人工成本。

借助互联网平台，目前小刘同学在区内高校已经成立1家直营店、5家加盟店和36家意向加盟店。成功将自己的创业模式在区内复制推广。

资料来源：编者根据曾指导的真实创业项目整理

总结：创业，是一条布满荆棘、行进艰难的路，在这条路上，有人跌倒后不再爬起，有人受伤后忍痛前进；有人半途而废打道回府，有人坚持不懈冲锋前进。人的一生，要想不同凡响，就必须不断挑战自我，勇攀高峰。为了及时足额并以较低成本获取创业所需要的资源，创业者需要掌握一定的获取创业资源的技巧。

创业资源的获取是指在确认并识别资源的基础上，得到所需资源并使之为创业服务的过程。创业资源的获取不仅决定着能否把创业设想转化为创业行动，而且决定着企业这一契约组织的形成方式。

一、影响创业资源获取的因素

影响创业资源获取的因素主要有创业导向、商业创意的价值、创业资源的配置方式、创业者的管理能力及社会网络等。

（一）创业导向

创业导向是一种态度或意愿，这种态度或意愿会引出一系列创业行为。创业导向会通过促进机会的识别和开发，进而促进资源的获取。因此，创业者要注重创业导向的培育和实施，充分关注创业者特质、组织文化和组织激励等影响创业导向形成的重要因素，采取有效的方式获取资源，并在资源的动态获取、整合和利用过程中，注意区分不同资源，充分发挥资源的促进作用。

（二）商业创意的价值

创业的关键在于商业创意。商业创意为资源获取提供了杠杆，但获取资源还有赖于创意的价值被资源所有者认同的程度。换而言之，一种能被资源所有者认同的、有价值的商业创意，才有助于降低创业者获取资源的难度。

（三）创业资源的配置方式

由于创业资源具有异质性、效用的多维性和知识的分散性，人们对于同一创业资源往往具有不同的效用期望，有些期望难以依靠市场交换得到满足，因此，如果通过资源配置方式创新，能够开发出新的效用，使之更好地满足资源所有者的期望，创业者就有可能从资源所有者的手中获得资源使用权，以开展生产经营活动。

（四）创业者的管理能力

创业者的管理能力是企业软实力的主要表现，管理能力越强，获取资源的可能性越大。创业者的管理能力可以从其沟通能力、激励能力、行政管理能力、学习能力和协调能力等多方面予以衡量。创业者通过管理能力获取必要资源的同时，还能为创业企业创造良好的发展环境。

（五）社会网络

社会网络是机构之间及人与人之间比较持久的、稳定的，由多种关系结合而成的网络关系。由于创业资源广泛存在于各种资源所有者手中，这些所有者又处于一定的社会网络之中，而且人们对于商业活动的认识和参与，客观上会受到自己所处网络及在网络中地位的影响，所以，社会网络对于创业资源的获取具有重要的意义。

不同的社会网络和网络地位，为人们之间的沟通协作提供了不同渠道。在社会网络中处于优势地位的创业者，具有较好的社会关系依托，可以有选择地了解不同对象的效用需求，有针对性地对不同对象传递商业创意，有目的地获取不同资源所有者的理解和信任，最终成功地从不同网络成员手中获取所需的资源，为自己进行资源配置方式的创新提供基础。

除上述因素外，创业者的资源辨识能力和外部社会环境等也会对创业资源的获取产生一定影响。

二、获取创业资源的途径

获取创业资源的途径分为市场途径和非市场途径两大类。为创业所需要的资源有活跃的市场，或者有类似的可比资源进行交易时，可以采用市场途径；其他情况下则可以采用非市场途径。

（一）通过市场途径获取创业资源

通过市场途径获取创业资源包括购买和联盟两种。

1. 购买

购买是指利用财务资源通过市场购入的方式获取外部资源，主要包括购买厂房、设备等物质资源，购买专利和技术，聘请有经验的员工及通过外部融资获取资金等。需要注意的是，如知识，尤其是隐性知识等资源虽然可能会附着在非知识资源之上，通过购买物质资源（机器设备等）得到，但很难通过市场直接购买，因此，需要创业企业通过非市场途径去开发或积累。

2. 联盟

联盟是指通过联合其他组织，对一些难以或无法自己开发的资源实行共同开发。这种方式不仅可以汲取显性知识资源，还可以汲取隐性知识资源。但联盟的前提是联盟双方的资源和能力互补且有共同的利益，而且能够对资源的价值及其使用达成共识。

（二）通过非市场途径获取创业资源

通过非市场途径获取创业资源包括资源吸引和资源积累等。

1. 资源吸引

资源吸引是指发挥无形资源的杠杆作用，利用创业企业的商业计划和创业团队的声誉，通过对创业前景的描述来获得或吸引物质资源、技术资源、人力资源和资金等。

2. 资源积累

资源累积是指利用现有资源在企业内部通过培训形成所需的资源。主要包括自建企业的厂房、设备，在企业内部开发新技术，通过培训来增加员工的技能和知识，通过企业的自我积累获取资金等。

究竟是通过市场途径还是非市场途径获取资源，主要依赖资源在市场的可用性和成本等因素。例如，若证明快速进入市场能够带来成本优势，则可采用外部购买方式。对于多数创业企业来说，由于初始资源禀赋具有不完整性，创业者需要获取资源所有者的信任来获取资源。但无论如何，采用多种途径同时获取不同资源总是正确的选择。

三、获取创业资源的技巧

为了及时足额并以较低成本获取创业所需要的资源，创业者需要掌握一定的获取创业资源的技巧。

（一）充分重视人力资源的获取

人力资源在创业资源中的决定性作用要求创业者必须充分重视人力资源的获取。创业者一方面应努力增强自身能力的培养，另一方面应充分重视创业团队的建设。一支知己知彼、才华各异、能力互补、目标一致和彼此信任的团队是创业资源中最为重要的资源，也是创业成功必不可少的保证。

（二）以能用和够用为原则

不是所有的资源都是企业的资源，创业者在获取资源时应坚持能用的原则，只有满足自己需求、自己可以支配并使其充分发挥作用的资源，才是需要获取的资源。

另外，资源的使用是有限的，因此，在获取创业资源时应该本着够用的原则，而不是多多益善。一方面，资源的有限性使创业者难以筹集到更多的资源；另一方面，当使用资源的收益不能弥补其成本时，资源的使用并不能给企业带来效益。

（三）尽可能获取多用途资源和杠杆资源

资源自身的特性决定了其用途的不同，有的资源可能在不同场合具有不同的用途，获取具有多用途的资源可以帮助创业者应对创业过程中出现的意外。具有独特创造性的知识是现代社会的高杠杆资源，对于杠杆资源的合理利用，有助于创业者取得一定的杠杆收益，达到事半功倍的效果。

应用练习

创业资源探一探

· 实践目标

学会寻找创业资源的途径。

· 实践内容

依据任务一罗列的创业资源，进行头脑风暴，讨论如何获取创业资源，并进行小组分享。

· 实践时长

5~10 分钟。

· 实践步骤

1. 按 5~7 人分组，整理小组的创业资源框架库。
2. 进行头脑风暴，讨论本小组创业资源如何获取。
3. 小组选出一位代表进行分享。
4. 教师总结。

任务三 创新创业资源的整合

案例引入

借船出海，争创佳绩：小刘同学的创业故事（三）

“借船出海”，这里的“船”一般是指平台。平台往往有着丰富的资源和经验，已经为创业者铺好了路，创业者利用平台的高起点能减少创业风险和成本。

小刘同学创业资源整合成效显著。在初期，他借助中国国际“互联网+”大学生创新创业平台、挑战杯大学生创业竞赛、广西创业大赛、南宁市创新创业大赛宽阔的舞台，结合大赛专家评委的建议，根据大赛评分标准不断创新自己的商业模式，已经形成了成熟的可复制推广的大学生零创加盟的商业模式。创业项目发展的方向和路径也越来越明确。

在中期，小刘同学通过大赛的舞台，其创业项目荣获南宁市大学生优质创业项目，第十三届“挑战杯”中国大学生创业计划竞赛全国金奖等荣誉。出色的大赛成绩，使得小刘同学获得了来自南宁市人社局、南宁市发展和改革委员会、共青团北海市委员会等多个政府机构帮扶的创业基金共计 20 万元。这 20 万元的创业扶持资金为他公司运营助力推跑。

目前，小刘同学积累的大赛成绩，也让他的创业经历受到更多的关注，在大赛的舞台上继续发光发热。他陆续受邀在高校校园内开展各项创业宣讲讲座，资源整合的杠杆效应越来越凸显。

拥有的成绩已经成为过去，可小刘同学并没有停止创业进步的脚步。在实际运营上也继续整合资源，如利用会员充值消费的模式，与企业签订员工福利卡套餐服务协议，同时也开发了与京东物流公司互惠互利的物流合作模式。资源整合，互惠互利，共创佳绩。

资料来源：编者根据曾指导的真实创业项目整理

总结：资源整合是企业战略调整的手段，也是企业经营管理的日常工作。整合就是要优化资源配置，获得整体的最优。

创业资源的整合是一个复杂的过程，是创业企业对不同来源、不同层次、不同结构、不同内容的资源进行选择、汲取、配置、激活和有机融合的过程，以使之具有更强的柔性、条理性、系统性和价值性，并对原有的资源体系进行重构，摒弃无价值的资源，以形成新的核心资源体系。创业资源的整合过程可以分为资源扫描、资源控制、资源利用和资源拓展 4 个步骤。

一、资源扫描

创业者应了解自己的资源禀赋及企业所拥有的最初资源。将已有资源识别出来，包括己方所有有价值的有形资产和无形资产，如人才、技术、设备、品牌等，找到自己的资源优势和不足，同时认清哪些属于战略性资源，哪些属于一般性资源，还要确定资源的数量、质量、使用时间及使用顺序。

扫描自身已有资源的同时，创业者也要对外部环境进行扫描并及时发现创业企业所需的资源，确定自己所缺的创业资源可以从哪些渠道获得，以及这些重要资源的拥有者，并对各种资源渠道的获得难易程度进行排序，进而寻找利益交集，对资源所有者的利益需求进行深度分析，并与自己所拥有的资源进行比较，找到利益契合点。这通常需要创业者具备行业知识和一定的社会关系网络。创业者在初始创业阶段会利用与自己关系较近的资源网络，随着业务的向前发展逐渐扩充这一网络。

二、资源控制

资源控制的范围包括创业者自身拥有的资源、通过交易等形式可获得的资源，以及通过社会网络等形式可以控制的资源。在许多情况下，创业者自身拥有的资源（教育、经验、声誉、行业知识、资金和社会网络等）存在于创业团队中。在特定的行业，创业团队中成员的社会网络资源和技术对于企业的成功至关重要。在获取资源的过程中，需要判断这种资源对实现企业的目标是否关键，并且创造性地设计出双赢的合作方案，从而形成长期的互利关系。

三、资源利用

在获取和控制大量资源的基础上，创业企业开始对这些资源进行配置和利用，将它们合理有效地配置到最能发挥其使用效益的区域，体现出这些资源的价值。企业资源在未整合之前大多是零碎的、低效的，要发挥这些资源的最大使用价值、产生最佳效益，就必须运用科学方法对各种类型的资源进行细化、配置和激活，将有价值的资源有机地融合起来，使它们相互匹配、互为补充、互相增强。

在配置资源之后，新的资源或者竞争优势就会形成，企业必须利用区别于其他企业的自身优势来赢得市场。资源在整合并转化为企业内部的独特优势之后，创业者需要协调各种资源之间的关系，匹配有用的资源，剥离无用的资源。协调可使资源的联系更加紧密，更加具有匹配性，形成“1+1 > 2”的局面，并为下一步拓展奠定基础。

小贴士

4 个整合资源小技巧

1. 借鸡生蛋

通过借助他人的资源来解决自己的资源短缺问题，比如入驻“大学生创业园”，就可以解决大学生创业者缺少办公场地等问题。

2. 东拼西凑

不同的资源必定来自不同的渠道，不同数量或质量的资源获取的难度也不一样，固然可以利用东拼西凑、积少成多来逐渐解决资源的短缺问题，但是，这种方式耗时长，成本也较大，此外，拼凑的资源使用和整合难度也较大。

3. 杠杆效应

杠杆效应又称四两拨千斤，通过找准资源利用的关键或技巧，用最小的成本获得最好的效果。比如利用造势，可通过一些新闻、短视频等来获得最高宣传。

4. 借船出海

“船”指的是平台，大学生可以通过参加创新创业类的比赛，利用互联网、物流公司等平台给予的高起点，降低创业的成本和风险。

资料来源：张海燕，李向红. 创新与创业教育 [M]. 北京：高等教育出版社，2023. 有删改

四、资源拓展

资源拓展，即将以前没有建立起联系的资源建立联系，将新获取的资源与已有的资源进行联结融合，进一步开发潜在的资源为企业所用，这也是企业持续竞争优势的根本来源。开拓创造过程能为创业企业带来新的能力，从而使其能够更充分地发现和掌握创业机会。

应用练习

创业资源整一整

· 实践目标

学会整合创业资源。

· 实践内容

依据任务一罗列的创业资源，制作创业资源整合的实施策略。

· 实践时长

15~20 分钟。

· 实践步骤

1. 按 5~7 人分组，整理创业资源整合的实施策略。
2. 在小组中表达分享创业资源整合的实施策略。
3. 小组间选择一个代表分享创业资源实施的具体策略。
4. 教师总结。

思考与实践

1. 目前你的创业项目具备哪些资源？又缺少哪些资源？
2. 已经具备的资源是如何获取的？对于缺少的资源，你将如何获取？

项目六

商业模式设计

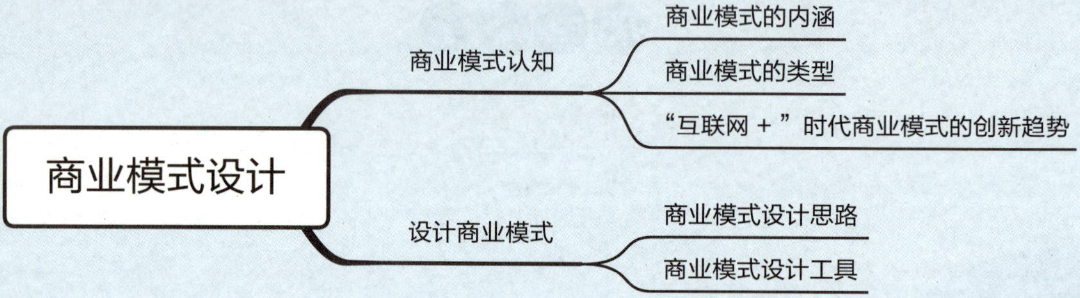
商业模式设计
商业模式认知
商业模式的内涵
商业模式的类型
“互联网＋”时代商业模式的创新趋势
设计商业模式
商业模式设计思路
商业模式设计工具

学习目标

思政小课堂

知识目标

1. 了解商业模式的内涵、重要性和常见类型。
2. 了解商业模式画布的九大基本要素。

能力目标

1. 学会制作商业模式技能，掌握其使用方法并灵活运用。
2. 能够自主检验、设计创业项目的商业模式。

价值目标

培养正确的商业价值（商道），树立可持续发展等理念。

任务定位

任务一 商业模式认知

案例引入

移光科技EMC合同能源管理商业模式

广西×××学院庞同学创建了移光科技项目，采用了EMC合同能源管理商业模式，具体如图6-1所示。EMC是一种新型市场化节能机制，以日后减少的能源费用来支付节能项目全部成本的方式。与客户签订节能服务合同，提供能源审计，可行性研究，项目设计，工程施工，节能监测，改造系统的运行、维护和管理等服务，与客户分享项目实施后产生的节能效益（节省的成本）。

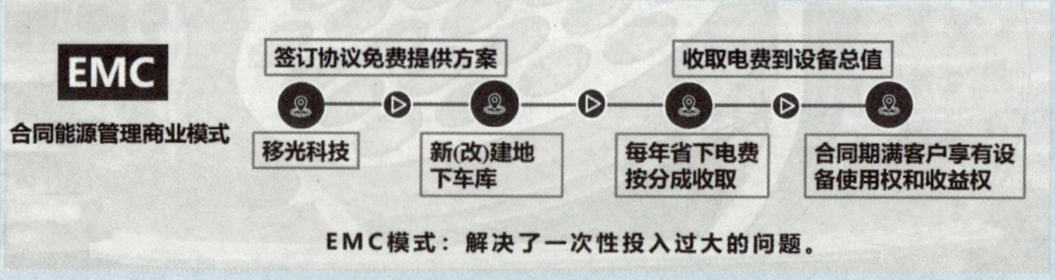

图6-1 EMC合同能源管理商业模式

EMC模式可以解决改（建）造车库一次性投入过大的问题。项目前期地下车库建设方部分投入或零投改（建）造工程资金，风险较低。工程完工使用后，节能收益由双方共同分享。合同期满，使用方将继续使用项目工程的所有权和收益权。做到一次性投资，在短期（3~5年）内收回成本，后续提供免费的绿色照明。

准确判断自己的优势和客户的需求及难点，选择最适合自己的商业模式，可以化解很多不利因素。

资料来源：编者根据相关资料整理

总结：产品开发出来后，是怎样"卖出去"实现其价值的？这涉及商业模式的问题。在现代商业社会，不同类型的企业、同类型企业中的不同公司、同一家公司中的不同业务板块，往往存在不同的商业模式。随着互联网的发展，国内各大小型企业越来越认识到商业模式对企业发展的重要性。一个成功的商业模式，可以让一家企业立于不败之地。

一、商业模式的内涵

（一）商业模式的含义

商业模式是一个比较宽泛的概念，与其相关的说法有很多，包括运营模式、盈利模式等。一般认为，商业模式是企业整合资源与能力，进行战略规划，以充分开发创业机会，并且实现利润目标的方式。

简单来说，商业模式就是一个企业满足消费者需求的系统。这个系统组织管理企业的各种资源，包括资金、原材料、人力资源、销售方式、创新力等，能够提供消费者无法自力生产而必须购买的产品或服务。因此，它具有自己能复制而他人不能复制，或者自己在复制过程中能够占据市场优势地位的特性。

（二）商业模式的要素

商业模式是一种包含了一系列要素及其关系的概念性工具，用以阐明某个特定实体的商业逻辑。它描述了企业能为消费者提供的价值，以及企业的内部结构、合作伙伴网络和关系资本等用以实现这一价值并产生可持续盈利收入的要素。具体来说，商业模式包括以下6个要素。

1. 定位

一个企业要想有足够的生存空间并能实现持续盈利，就必须明确自身的定位。定位就是指企业应该做什么，它决定了企业应该提供什么样的产品和服务来满足消费者的需求。定位是商业模式体系的起点，也是企业战略选择的结果。

2. 业务系统

业务系统是指企业达成定位所需要的业务环节、各合作伙伴扮演的角色及利益相关者合作与交易的内容和方式。业务系统是商业模式的核心。

3. 关键资源能力

关键资源能力是指让业务系统运转所需要的重要资源和能力。

4. 盈利模式

盈利模式是指企业获得收入、分配成本、赚取利润的方法。具体来说，它是指在给定业务系统中，在各价值链所有权和价值链结构已经确定的前提下，企业利益相关者之间在利益分配格局中企业利益的表现。

5. 自由现金流结构

自由现金流结构是指企业在经营过程中产生的现金收入扣除现金投资后的状况，其贴现值反映了采用该商业模式的企业的投资价值。

不同的现金流结构反映了企业在定位、业务系统、关键资源能力及盈利模式等方面的差异，体现了企业商业模式的不同特征，决定了企业投资价值的高低、企业投资价值递增的速度及受资本市场青睐的程度。

6. 企业价值

企业价值，即企业的投资价值，是企业预测未来可以产生的自由现金流的贴现值，是评判企业商业模式优劣的标准。商业模式的 6 个要素环环相扣，互相影响。商业模式就是包含这 6 个要素及其关系的概念性工具，被用以阐述某种实体的商业逻辑，如图 6-2 所示。

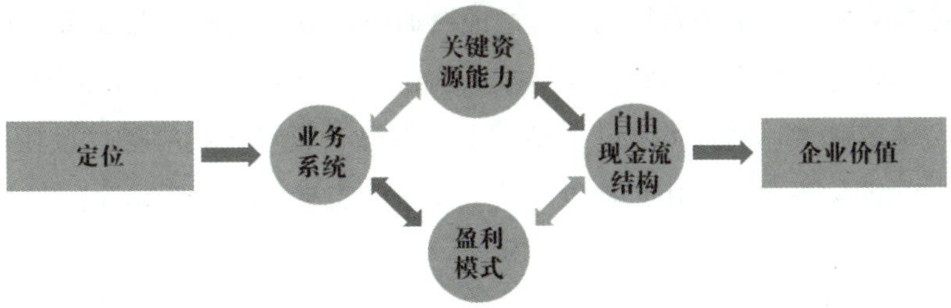

图 6-2　商业模式各要素间的关系

二、商业模式的类型

（一）O2O 模式

O2O，即Online To Offline，就是将线下商务的机会与互联网结合在一起，让互联网成为线下交易的前台。这样线下服务就可以用线上来揽客，消费者可以在线上筛选服务。该模式最重要的特点是：推广效果可查，每笔交易可跟踪。

1. 线上线下对接

O2O绕不开的，或者说首先要解决的是线上订购的商品或服务，如何到线下领取？用专业的话语来说，是线上和线下如何对接？这是O2O解决的一个核心问题。O2O通常使用的方式是电子凭证，即线上订购后，购买者将会收到一条包含二维码的短彩信，购买者凭借这条短彩信到服务网点经专业设备验证通过后，即可享受对应的服务。这一模式很好地解决了从线上到线下的验证问题，安全可靠，且可以后台统计服务的使用情况，方便了消费者的同时，也方便了商家。

2. 模式网站

采用O2O模式经营的网站已经有很多，团购网就是其中一类，另外还有一种为消费者提供信息和服务的网站。值得一提的是，在业内受到争议且已在全国建立20余家实体店铺的青岛某品牌所推行的ITM网购与O2O模式有本质的不同，无论是经营理念、经营构架，还是经营方式都截然不同于O2O模式。如O2O模式更注重线上交易，而ITM模式则更偏重于线上预订，线下交易；O2O模式的实际经营可适用于办公室等任何实体经营场所，而ITM模式则是以店铺式经营为主。

如多拿网是一种全新的O2O社区化消费综合平台，与团购的线上订单支付，线下实体店体验消费的模式有所不同，多拿网创造了全新的线上查看商家或活动，线下体验消费再买单的新型O2O消费模式，有效规避了网购所存在的不确定性和线上订单与线下实际消费不对应的情况，并依托二维码识别技术应用于所有方面。

O2O模式联盟商家，锁定消费终端，打通消费通路，最大化地实现信息和实物之间、线上和线下之间、实体店与实体店之间的无缝衔接，创建了一个全新的、共赢的商业模式。网站涵盖了休闲娱乐、美容美发、时尚购物、生活服务、餐饮美食等多种品类，旨在打造一个绿色、便捷、低价的O2O购物平台，为用户提供诚信、安全、实惠的网购新体验。

3. 市场分析

O2O模式的核心很简单，就是把线上的消费者带到现实的商店中去，在线支付购买线下的商品和服务，再到线下去享受服务。

（二）B2C、C2C 模式

B2C、C2C模式是在线购买的商品会通过物流公司送到顾客手中；而O2O模式是在线支付，再到线下去享受服务。

O2O模式与团购的区别：O2O是网上商城，团购是低折扣的临时性促销。

（三）BNC 模式

BNC，即Business Name Consumer，它是以商家、消费者和个人姓名组成的独立消费平台，让每个人都拥有自己姓名的产权式独立网站。它的特点是快速裂变，抑制同行模仿。智能商城BNC模式不仅具有B2C、C2C、O2O等模式的优势，而且同时解决了以上几种模式各自解决不了的弊端，做到了快速免费地推广企业和产品，最大限度地挖掘出每个人的资源和潜力。如今BNC模式悄然兴起，这是一个超越所有传统商业模式和电子商务模式的新型商务模式，是一个真正符合广大消费者零起步创业的舞台，它终将走遍中国，走向世界，引领世界经济潮流。这将是互联网及电子商务的最大创举，同时也让电子商务快速进入后电子商务时代。

三、"互联网+"时代商业模式的创新趋势

商业模式创新是改变企业价值创造的基本逻辑，是提升消费者价值和企业竞争力的活动，其最终目标是让企业以新的方式盈利。商业模式创新和其他类型的创新（如技术创新）一样，也会经历原始创新、被模仿、再创新的生命周期。处于不同创新阶段的商业模式创新，其过程特点和设计方法是不一样的。下面介绍两种创新模式，即商业模式的原始创新与模仿创新。

案例分享

商业模式学一学：
来自亳州的女大学生为传统花茶成功插上"互联网+"的翅膀

赵某，一位来自安徽亳州的女大学生，为了延承爷爷挚爱的花茶事业以寄托对爷爷的思念，她从销售家乡花茶起步，在销售过程中不断发现大学生和白领等目标客户的痛点和问题。赵某带着一腔热情积极组建团队报名参加了第三届中国"互联网+"大学生创新创业大赛，并通过请教企业家、投资人和创业同行，不断打磨优化她们的创业项目，最终获得了第三届中国"互联网+"大学生创新创业大赛安徽省赛总决赛就业型创业组的金奖。

毕业后，赵某敏锐地抓住市场机会，以联合创始人的身份与朋友共同注册了一家电子商务有限公司。该公司集花茶销售与养生知识服务于一体，专注于年轻人的互联网花茶品牌，借助淘宝等电商渠道直接向消费者销售花茶，制作并传播花茶养生知识，为顾客提供优质、增值的贴心服务，从而产生口碑和用户黏性，为花茶销售赋能。该

公司的产品因为凭借其卓越品质、包装精美、优质服务和精准推广获得了广州招商银行等知名企业的青睐。

资料来源：编者根据相关资料整理

（一）商业模式的原始创新

用前所未有的商业模式为消费者提供产品和服务，这种商业模式创新就是原始创新。它既可以发生在现存的企业中，也可以伴随新创企业或新一代企业的成长而出现。原始创新又可分为构成要素创新、系统性创新和逆向思维创新 3 种。

1. 构成要素创新

商业模式是由不同要素组成的，因而商业模式的创新可以看作商业模式不同构成要素的创新。前面介绍的精益创业画布工具就可以帮助初创企业的创业者们设计一个前所未有的商业模式框架，也就是进行原始创新，它的作用是帮助追踪创业者的所有“创业假设”。例如，企业认为 18~30 岁的城市女青年（目标人群）应该会喜欢用精致的小饰品来打扮自己（价值主张），然后企业开始尝试在最低成本状态下验证这种设想。每一次尝试都会得到更多市场信息，进而帮助企业不断调整自身的商业模式，直到将“城市女青年喜欢用小饰品来打扮自己”这一创新设想得到验证为止。

2. 系统性创新

商业模式创新包括向谁、何时、何地、缘由、怎么做及成本，这些为消费者提供产品和服务方面的修正，从整体出发对商业模式进行创新和构建。商业模式创新往往伴随着产品、合作网络、价值主张等元素的创新，最终达到为企业利益相关者带来利润的目的。

3. 逆向思维创新

逆向思维创新是一种反其道而行之的创新方法。使用该方法进行原始创新时，需要注意以下 3 点：一是找到行业领导者或行业主流商业模式的核心点，以此制订逆向商业模式；二是只有在确保可以提供更高的消费者价值的前提下，企业才能选择逆向思维创新；三是防范行业领导者的报复行为，评估其可能的反制措施，并采取相应的对策。

（二）商业模式的模仿创新

并非所有的商业模式创新都属于原始创新，更多的商业模式创新属于模仿创新。模仿是商业模式创新的基础，模仿创新可以分为全盘复制和借鉴提升两种。

1. 全盘复制

全盘复制，顾名思义，就是指对优秀企业的商业模式进行直接复制。在一些知名企业身上，几乎都可以找到与之对应的原型。同一行业的企业，尤其是同属一个子市场或拥有相同产品的企业间更容易产生互相复制模仿的效应。企业在进行商业模式的全盘复制时，需要注意以下两点：一是不能生搬硬套，要对企业或市场进行细节调整；二是捕捉优秀的商业模式信息，快速复制以取得先机。

2. 借鉴提升

依靠全盘复制的方法而取得成功的商业模式是很少的，几乎所有成功的模仿创新都是通过将模仿得来的商业模式与其他的商业模式和资源结合在一起，赋予其全新的形式或内容。例如，腾讯的商业模式就是在对其他商业模式不断模仿和结合中成长、成熟起来的，最终腾讯成为我国成功的互联网公司之一。企业在进行商业模式的借鉴提升时应注意以下两点：第一，企业要能够迅速洞察消费者需求，在商业模式上迅速做出反应，从而抢占市场先机；第二，通过不断改进工艺、再造流程等方法，提高产品效用，使消费者对产品的需求增大，同时随着成本的不断降低，从而获取更多收益。

应用练习

商业模式理一理

· 实践目标

学会设计一种科学合理的商业模式或是商业模式组合。

· 实践内容

通过网络搜索及对政府相关部门、部分企业的实地走访，收集和整理成功企业的商业模式，并在课堂上分享。

· 实践时长

课后完成。

· 实践步骤

1. 按 5~7 人进行分组，查找、实地采访获得相关资料。
2. 将收集到的商业模式信息进行整理并归类。
3. 小组选出一位代表分享收集的商业模式种类及相关模式的优势或特点。
4. 教师总结。

任务二 设计商业模式

案例引入

四川航空——爆发千亿的商业模式

不少人都有过搭乘飞机的经验，我们通常下了飞机以后还要再搭乘其他交通工具才能到达目的地。然而，如果你乘坐四川航空的飞机到成都，降落前就会有广播通知："如果您购买的是五折以上的机票，降落后我们会有专车免费送您到市中心任何指定的地方。"当你下了飞机以后，你会看到机场外停了百部休旅车，后面写着"免费接送"。

四川航空一方面提供五折优惠机票，另一方面又为乘客提供免费接送服务，这一举措为四川航空带来上亿元利润。人们不禁要问：免费的车怎么也能创造这么高的利润？四川航空向风行汽车购买 150 辆休旅车，通过司机在车上帮车商做广告，销售汽车。150 辆车，每年带来的广告受众人数超过 200 万，并且宣传效果也非同一般，以这种免费广告的形式来抵消广告费用，一举两得。另一边，四川航空以一台休旅车 17.8 万元的价钱出售给出租车司机，告诉他们只要每载一个乘客，四川航空就会付给司机 25 元作为广告收入。航空公司立即进账了 1 320 万元。司机虽然以 17.8 万元高价购买了汽车，但同时成为四川航空的专线司机，获得稳定的收入来源和稳定的客户。

四川航空的千亿模式里包含了两个"价值循环"："乘客乘车、搭载的循环"和"车辆销售、购买的循环"，产生了资源整合的惊人效益，这就是商业模式的魔力。

资料来源：编者根据相关资料整理

总结："现代管理学之父"彼得·德鲁克曾说过："当今企业之间的竞争，不是产品之间的竞争，而是商业模式之间的竞争。"大学生在筹划创业时，要了解什么是商业模式，并做好商业模式的设计，科学的商业模式可以降本增效，提升企业在行业的竞争力。

一、商业模式设计思路

一个好的商业模式通常符合定位精准、扩展快、壁垒高、风险低 4 项标准。因此，在设计商业模式时，企业应重点从这 4 个方面入手。

（一）定位精准

定位精准的核心是寻找到一个差异化市场，并为这个市场提供满足需要的、有价值的、独特的产品，让消费者愿意为此付费。在进行目标定位时，企业需要考虑以下6个基本问题，才能确保定位精准：①是否进行了差异化的市场分析？②是否为目标市场和消费者创造了价值？③是否确定了独特的市场定位？④是否设计出了消费者所需要的产品或服务？⑤产品本身为消费者创造了怎样的价值？⑥消费者为什么愿意认可该产品的价值并付费？当然，不是随意找一个细分市场并提供优质的产品和服务就可以成就一个优秀的市场的，关键在于寻找一个可持续增长、大规模、发展快速的市场，这才是优秀市场定位的一个重要标准。

（二）扩展快

扩展快是很多企业在设计商业模式时容易忽略的问题，这里所说的扩展主要是指收入的扩展。收入是否快速扩展，是衡量商业模式能否迅速做大的关键因素。任何一个企业的收入规模根本上取决于消费者数量及平均消费者贡献两个因素。要想快速增长，就要制订能快速增加付费消费者数量或是提高平均消费者的贡献额的各种策略。但从商业实践的角度来看，真正起到关键作用的还是消费者数量的增长速度，如果消费者数量太少，那么从单一消费者身上获得再高的收入也是枉然。

（三）壁垒高

好的商业模式一定要和自身的优势紧密结合起来，最好是有独特的优势，构筑出较高的竞争壁垒。很多企业之所以发展到一定阶段就会陷入瓶颈，就是因为忽略了竞争壁垒的问题，因此很容易被其他企业赶超。

（四）风险低

设计商业模式的最后一个环节，就是要综合评估企业可能面临的各种风险。在评估风险时，需要考虑以下5个方面：①是否存在政策及法律风险。②是否存在行业竞争风险。③是否有潜在的替代品威胁。④是否已经存在价值链龙头。⑤是否存在行业监管风险。这些都是考虑商业模式所面临的风险时需要注意的问题。评估风险的最终目标是要识别出所有可能的风险并制订相应的策略，使风险保持在合理的可控范围内。设计商业模式需要考虑的问题有很多，不仅仅包括上述5项。另外，商业模式的设计既不是一蹴而就的，也不是一成不变的，它需要企业在实践中不断尝试、不断修正，甚至是不断试错才会变得日趋完美。

二、商业模式设计工具

美国企业家埃里克·莱斯提出的精益创业理论为企业提供了一个探索商业模式的工具。精益创业理论的核心思想是，企业首先要集中资源开发符合核心价值的产品，然后通过不断学习和有价值的用户反馈对产品进行快速迭代优化，以适应市场发展的需求，最后将创业公司带入循序渐进的良性发展之中，使企业投入较少的资源就能够获得成功。

对初创企业而言，精益创业画布是一个非常优质的工具，利用此工具可以清晰地梳理商业模式。

（一）精益创业画布的基本要素

精益创业画布的基本要素包含9项内容，如图6-3所示。

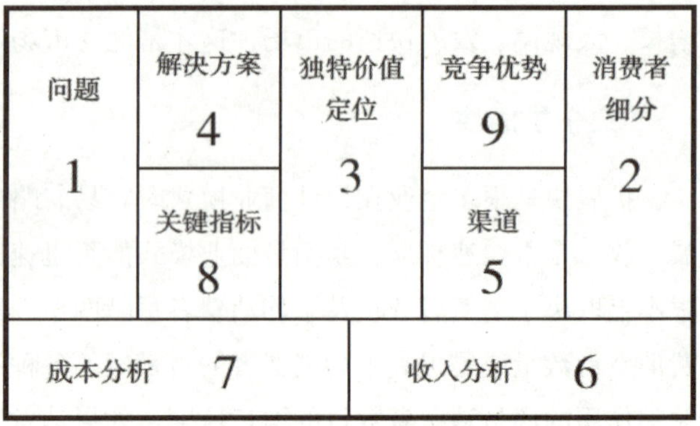

图6-3　精益创业画布的基本要素

1. 问题

问题，即需求痛点，问题和消费者群体的匹配是商业模式设计的核心。明确将要服务的目标消费者群体后，针对每个细分群体列出1~3个最大的痛点。列举出让人感到不安、沮丧、紧急的痛点，再想想消费者会在什么时候最迫切需要解决这些问题，然后大学生创业者就可以据此寻找“让痛苦消失”的方案。

当然，大学生创业者还应该多和目标消费者群体进行交流、沟通，最好做一些小规模的测试、调研来验证痛点是否真正存在。

2. 消费者细分

创业一定要从消费者细分开始，因为消费者群体是有差异的，没有一种产品能够满足市场中的所有消费者群体的需求。只有大学生创业者对消费者的定位足够准确，推出的产品或服务的针对性才会更强，才更能符合消费者的核心需求。与此同时，还可以对目标消费者群体进行进一步细分，列出重点用户，锁定潜在的早期用户，通过他们来获取消费者的需求痛点，提出解决方案。

3. 独特价值定位

独特价值定位，简单地说，就是用一句简短有力的话来描述自己和别人的不同，这是商业模式设计中最重要也是最难的部分。寻找独特价值最好的方法是直接从要解决的首要问题出发去寻找独特卖点，也可以针对重点用户来设计。例如，京东除了以自营模式为主，还主打物流品质服务，就是因为物流一直是影响消费者体验的一大问题。

4. 解决方案

大学生创业者在创业早期可以利用有限资源，开发出最简化可实行产品（Minimum Viable

Product，MVP）去验证自己的想法和解决方案。如果消费者接受了MVP，那说明创业初期设计的解决方案是可行的。反之，则需要重新去挖掘消费者的需求，针对每个需求痛点，重新思考能提供的最简单的解决方案，然后重新编写方案，经过验证和测试并反复修改后，让解决方案更加完善。

5. 渠道

在创业初期，任何能把产品推销给潜在消费者的渠道都可以利用。大学生创业者主要可以选择以下4种渠道：①内联式渠道。它是使用“拉式策略”（通过运用广告、营业推广、公共关系等促销手段，向消费者展开强大的促销攻略，使之产生强烈的兴趣和购买欲望）让消费者自然而然地找到产品，其渠道包括博客、电子书及网络讲堂等。②外联式渠道。主要是使用“推式策略”（企业利用人员推销，以中间商为主要促销对象，把产品推入分销渠道，最终推向市场）让产品“接触”客户，其渠道包括电视广告、展销会、直接打电话等。③亲力亲为地推销产品来获取消费者，面对面与消费者进行交流，这是一种比较有效的方式。④通过良好的口碑来留住消费者。虽然口碑营销是一种很有效的手段，但相关推销人员必须先取得消费者的认可。

6. 收入分析

在创业初期，大学生创业者需要在合适的时机通过不同的方式让消费者付费，以此来验证企业盈利模式的可行性。目前主要的盈利模式包括销售商品、广告收费、会员服务、增值服务等。

7. 成本分析

大学生创业者在对成本进行分析时，应重点关注产品发布前需要多少成本，包括固定成本和变动成本。然后把收入和成本结合起来分析，计算出一个盈亏平衡点，以此来预估需要花费多长时间、资金和精力才能达到盈亏平衡点，从而进一步检验企业的商业模式是否可行。

8. 关键指标

不管是何种类型的产品或服务，总能找出如图6-4所示的5个关键指标来评估创业项目的进展情况，如是好还是坏，值得继续投入还是到此为止等。

（1）获取。获取是指把普通访客转换成对产品感兴趣的潜在消费者的过程。如服装店把路过橱窗的路人吸引到店铺内就是一次获取过程。

图6-4 关键指标

（2）激活。激活是指让对产品感兴趣的潜在消费者对产品形成较好的第一印象。如潜在消费者走进服装店后发现店内服装物美价廉，服装店就成功激活了消费者。

（3）留客。留客是指产品的“回头率”高或是消费者的忠诚度高。如对服装店来说，留客就是让消费者再次光顾店铺。

（4）收入。收入是指消费者实际支付商品的金额。

（5）口碑。口碑是指对产品满意的消费者会向他人推荐或促成其他潜在消费者来购买产品，这是一种比较高级的消费者获取渠道。如服装店的消费者向朋友推荐该店铺。

9. 竞争优势

形成竞争优势有以下两种方法：一是使竞争对手看不见、看不起、看不懂，然后让竞争对手学不会、拦不住、赶不上；二是把贵的变便宜，把收费变免费。这两种方式实际上是指从低端市场切入，开辟一个新的、之前被大型企业忽视的市场，先从低端市场扩大市场占有率，然后再慢慢地往上提升产品档次。

（二）精益创业画布的制作步骤

制作精益创业画布的过程可以分为以下 3 个步骤。

1. 编写初步计划

大学生创业者在编写初步计划时，不要刻意追求提供最好的问题解决方案，而要试着形成一整套完整的商业模式，并保证在该模式下所有元素都能够相互配合。编写初步计划的要点如下：①迅速起草 1 张画布，在第 1 版画布上消耗的时间最好不超过 15 分钟；②画布中可留有部分空白内容；③尽量简短精练，将商业模式的精华部分提炼出来；④站在当下的角度来思考，计划下一步应该先测试哪些想法；⑤以消费者为本，仅调整消费者群体商业模式就会发生翻天覆地的变化。

2. 找出风险最高的部分

美国创业者阿什·莫瑞亚认为创业一般分为 3 个阶段，如图 6-5 所示。第 1 阶段的核心是对要解决的关键问题提出一套最为精简的对应方案，可称之为“最简可行产品”；第 2 阶段的核心是检验企业所提供的产品和服务是不是消费者想要的，消费者是否愿意为此付费；第 3 阶段的核心是明确怎样才能使企业快速发展壮大。通过验证商业模式的各个环节及时对不合

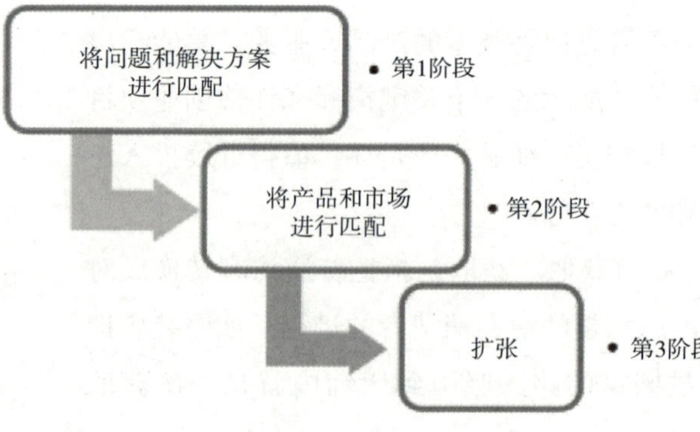

图 6-5　创业的 3 个阶段

理的环节进行改善，以便加速执行优化方案。

3. 测试计划

测试计划是指对商业模式的各个环节进行参与式观察，有效地测试该商业模式的可行性。

案例分享

高校闪修的商业模式

高校闪修项目位于广西南宁市西乡塘区，公司扎根高校市场，专注解决 3C 维修痛点，建立 3C 维修标准化服务体系，致力于打造高校 3C 维修文化品牌。

高校闪修采用优质的 3C 产品品牌供给方为公司提供维修、销售所需的产品，通过线上线下相结合的营销渠道网络为消费者提供维修技术服务及 3C 产品选购服务，简单易操作且有效的商业模式能够让公司快速地复制扩张。公司的项目运营分为线上、线下两大板块，线下主要针对高校市场人群，占总客户群体 65%；线上面对全国消费者，占总客户群体 35%。

公司与深圳多家公司达成合作，通过线下运营中心、校园门店、移动维修车和线上公众号、自媒体相结合的营销渠道网络，为消费者提供 3C 产品维修技术服务及销售手机、电脑、配件等产品，并为同行提供维修配件批发、集采、技术培训等服务。公司的商业模式如图 6-6 所示。

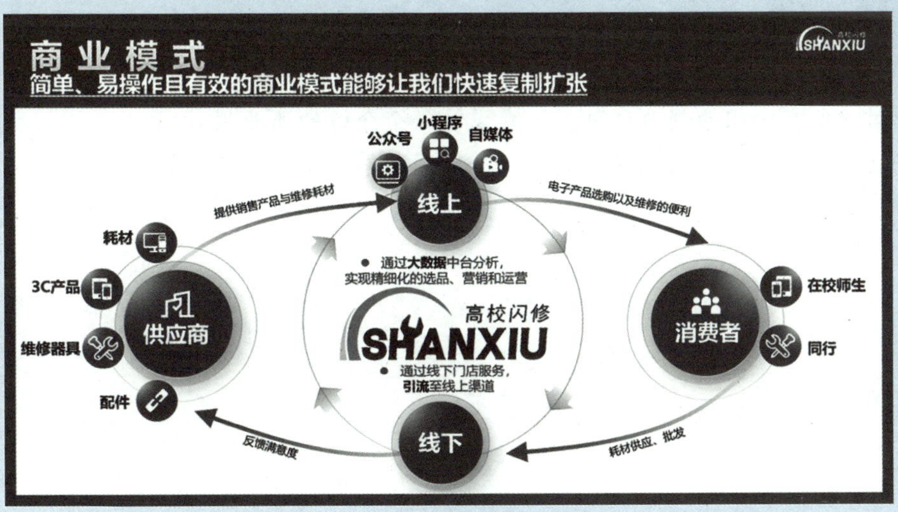

图 6-6 高校闪修的商业模式

资料来源：编者根据相关资料整理

应用练习

设计我的商业模式

· 实践目标

学会设计小组创业的商业模式。

· 实践内容

通过前期商业模式信息收集和整理，对小组创业项目进行分析，设计小组创业项目的商业模式，并在课堂上分享。

· 实践时长

15~30 分钟。

· 实践步骤

1. 按 5~7 人分组，进行头脑风暴，产生本小组的创业项目。
2. 对小组创业项目进行分析，设计小组创业项目的商业模式。
3. 小组选出一位代表进行分享。
4. 教师总结。

思考与实践

1. 针对你所在小组的创业项目，认真设计一个合适的商业模式。
2. 任选几个企业进行商业模式调查，并运用所学知识进行分类。

项目七

市场调研与营销

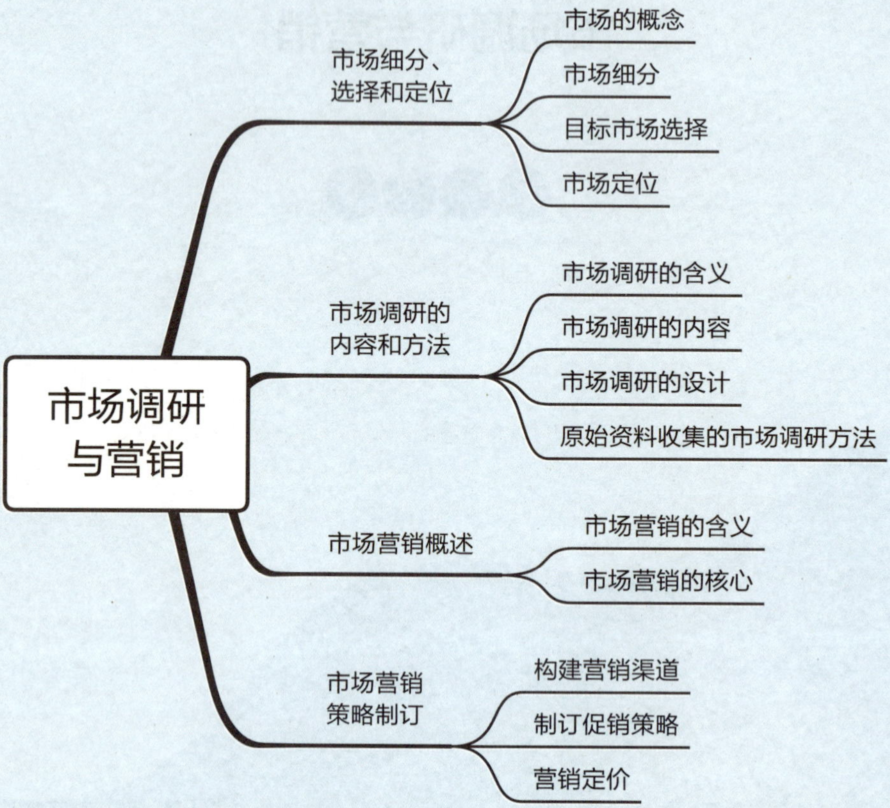
市场调研与营销
市场细分、选择和定位
市场的概念
市场细分
目标市场选择
市场定位
市场调研的内容和方法
市场调研的含义
市场调研的内容
市场调研的设计
原始资料收集的市场调研方法
市场营销概述
市场营销的含义
市场营销的核心
市场营销策略制订
构建营销渠道
制订促销策略
营销定价

思政小课堂

学习目标

知识目标

1. 理解掌握市场营销的基本理论及基本知识。
2. 了解市场调研的基本流程和方法。
3. 理解市场细分、选择和市场定位等基本知识。
4. 了解市场营销策略的基本知识。

能力目标

1. 具有分析和解决市场营销工作中实际问题的能力，能够从事市场营销。
2. 能根据创业需求对市场进行调研，制订有效的营销策略。

价值目标

1. 培养市场洞察力、人际交往能力、逻辑思维能力。
2. 培养吃苦耐劳的品质。

任务定位

任务一 市场细分、选择和定位

案例引入

“江小白”的品牌故事

重庆江小白酒类营销有限公司（以下简称“江小白公司”）创立于2011年，公司创始人陶石泉先生是白酒行业知名的品牌营销专家，在分析我国的白酒消费市场中发现，我国白酒的主要受众是中老年人，其中“50后”“60后”占有很大的比例，青年受众占比较小。在国内高端白酒市场被茅台、五粮液等老品牌瓜分的情况下，陶石泉选择开拓一个新的市场，专注低端平价的单品高粱酒市场，把客户定位在年轻群体。江小白酒业迅速定位到细分市场——青年受众。青年收入较高、消费水平高，是白酒销售的一大目标市场，江小白致力于白酒“利口化”的创新与研究，为了适应年轻人的需求，江小白进行了大胆的尝试与创新，重点打造纯净清香的口感，去除了传统白酒浓香的特点。江小白的细分市场是：年轻人的青春小酒。江小白将目标人群定位在“有情绪”“青春”的年轻群体，并按照年轻人的喜好打造了全新的品牌，无论是产品的外包装，还是口感等方面，都进行了大胆的尝试，极力迎合年轻的用户群体喜好。

江小白以青春的名义创新，本着“好品质、好创意、好体验”的原则，致力于引领和践行中国酒业的年轻化、时尚化、国际化。江小白自诞生之日起就备受关注，第一年便取得了5 000万元左右的销售额，2012年，江小白被誉为“中国白酒时尚化创新第一品牌”“中国第一时尚白酒”“潮酒引领者”。

江小白酒进入市场后，一度受到了年轻消费群体的追捧和高度认同，并成了各地小酒企业争相模仿的对象，“我是江小白，生活很简单”这句简单的广告语也被消费者铭记。在2013年白酒业市场变革中，江小白没有效仿传统酒业大力宣传文化历史，而是主打青春元素，将青春的亮点融入酒里，娴熟地运用了网络、微博、微信等新型媒体，从品牌定位、产品包装、口感工艺等方面都做了创新性的突破，俘获了年轻一代消费者的心。

资料来源：编者根据相关资料整理

总结： 在一个由传统品牌如茅台、五粮液等主导的市场，江小白如新星般闪亮出现，它所代表的不仅仅是一款产品，更是一种全新的生活态度和消费观念。江小白以年轻消费者为目标市场，推出核心产品，为市场注入新鲜感，丰富了市场多样性。创业公司正确地选择企业的目标市场，明确企业在市场中特定的服务对象和服务内容，是制订企业营销战略的首要内容和基本出发点。

消费者是一个极其庞大和复杂的群体，顾客个体由于在受教育程度、经济收入、消费心理与购买习惯及自身所处的地理环境和人文环境等诸多方面存在差异，故其需求具有复杂多样性。对于任何一个企业，不论其规模有多大，实力有多雄厚，面对一个大市场，它是没有能力也没有必要提供足以满足整个市场所有消费者需求的商品和劳务的。一方面，顾客的需求永无止境且千差万别；另一方面，任何一个企业所拥有的资源都是有限的。因此，企业应选择能有效地提供服务、对其最具吸引力的一个或几个细分市场。

一、市场的概念

从一般意义上讲，市场就是指商品交换的场所及其交易关系的总和，主要包括买方和卖方之间的关系。从广义上讲，它还包括由买卖关系引发出来的卖方与卖方之间的关系及买方与买方之间的关系。

从市场营销的角度来看，市场是指某种产品的现实购买者和潜在购买者需求的总和。由此可知市场包括 3 个要素：有某种需要的人、满足某种需要的购买能力、购买欲望。用公式表示为：

市场＝人口＋购买力＋购买欲望

首先，市场要有具有某种需要的人，人是形成市场的基本前提。在其他条件不变时，只要有了人，就一定有市场，人口规模越大，市场越大。其次，市场要有为满足某种需要的购买力，购买力是形成市场的必要条件。最后，市场要求人们必须对某种产品具有购买欲望。

市场的这 3 个因素是相互制约、缺一不可的，只有三者结合起来才能构成现实的市场，才能决定市场的规模和容量。例如，一个国家或地区人口众多，但收入很低，人均购买力有限，则不能构成容量很大的市场；又如，人均购买力虽然很大，但人口很少，也不能成为很大的市场。只有人口既多，人均购买力又高，才能成为一个有潜力的大市场。但是，如果产品不符合需要，不能引起人们的购买欲望，对销售者来说，仍然不能成为现实的市场。所以，市场是上述 3 个因素的统一。

站在经营者角度来看，人们常常把卖方称为行业，而将买方称为市场。它们之间的关系，如图 7-1 所示。

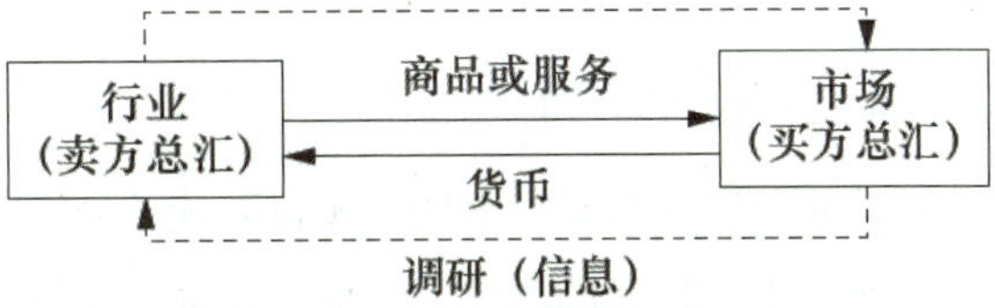

图 7-1　简单的市场营销系统

由图 7-1 可知，买卖双方由 4 种流程相连：卖方将商品（服务）送达市场，并与市场沟通；买方把金钱和信息送到行业。在图 7-1 中，内环表示钱物交换，外环表示信息交换。

二、市场细分

（一）市场细分的概念

所谓市场细分，又称市场区隔、市场分片、市场分割，就是营销者通过市场调研，依据购买者在需求上的各种差异（需求、欲望、购买习惯和购买行为等），把某一产品的市场整体划分为若干消费者群的市场分类过程。在这里，每一个消费者群就是一个细分市场，亦称子市场、分市场、亚市场或市场部分。每一个细分市场都是由具有类似需求倾向的消费者构成的群体，所有细分市场之总和便是整个市场。由于在同一消费者群内，大家的需求、欲望大致相同，企业可以用一种商品和营销组合策略加以满足；但在不同的消费者群之间，其需求、欲望各有差异，需要企业对不同的商品采取不同的营销策略加以满足。因此，市场细分实际上是一种求大同、存小异的市场分类方法，它不是对商品进行分类，而是对需求各异的消费者进行分类，是识别具有不同需求和欲望的购买者或用户群的活动过程。

（二）市场细分的要求

1. 要有明显特征

用以细分市场的特征必须是可以衡量的，细分出的市场要有明显的特征，各子市场之间有明显的区别，各子市场内部具备共同的需求特征，表现出类似的购买行为。

2. 要根据企业的实力，量力而行

在细分市场中，企业所选择的目标市场必须是自己有足够的能力去占领的子市场，在这个子市场中，企业能充分发挥人力、物力、财力和生产、技术、营销能力的作用。

3. 要有一定的利润空间

在市场细分中，企业选中的子市场必须具有一定的规模，即有充足的需求量，足以使企业有利可图并实现盈利目标。同时，子市场规模也不宜过大，不然企业无法“消化”，结果也是白费工夫。因此，企业所选择的子市场的规模必须恰当，使企业能够合理盈利。

4. 要有发展潜力

企业所选择的目标市场，不仅要能给企业带来目前利益，还必须有相当的发展潜力，能够给企业带来较长远的利益。因此，企业在市场细分时必须充分考虑目标市场不能是正处于饱和或即将饱和的市场，不然，就没有多少潜力可挖。

（三）市场细分的标准

市场细分是以顾客特征作为基础的，市场细分的出发点是消费者对商品和服务的不同需求。市场细分的标准，对于消费者市场和产业市场，存在着很大的差异。

1. 消费者市场细分的标准

市场细分是根据不同类型消费者需求的差异性和同一类型消费者需求的相似性对消费者群体进行划分的。对于消费者市场进行细分的关键是确定细分的标准，划分的标准不同，所确定的细分市场也不同。消费者需求受到多种因素的影响，如自然的、社会的、经济的、文化的，这些影响消费者的不同因素及其组合构成了市场细分变量体系，即市场细分的标准，见表 7-1、表 7-2、表 7-3。

表 7-1　消费者市场细分的标准

细分标准	具体标准
地理因素	国家、地区、自然气候、地形、资源分布、人口密度、城市大小、交通运输条件等
人口因素	年龄、性别、家庭、收入、职业、教育程度、宗教信仰、民族、社会阶层等
心理因素	生活方式、性格特点、个人偏好、消费者追求的利益、购买动机等

续表

细分标准	具体标准
购买行为因素	购买时机、使用频率、使用状态、品牌依赖程度、购买准备、消费者态度、偏爱程度、了解程度、敏感因素等

表 7-2 按照年龄对消费者进行的市场细分

生命周期	优先需求	主要用品需求
10~19 岁	自我、教育、社会化	时装、汽车、娱乐、旅游
20~25 岁	事业	时尚用品、应酬、衣物与服饰
26~29 岁	婴儿、事业	家居用品、园艺用品、DIY 用品、育婴用品、保险
30~59 岁	小孩、事业、中年危机	婴儿食品、食品、教育、交通工具
60~69 岁	自我、社会关系	家具与服饰、娱乐、旅游、豪华汽车、投资商品、游艇设施
70~90 岁	自我、健康、孤独	健康服务、健龄品、保险、便利商品、电视和书籍、服务

表 7-3 对行为细分变量的再细分

行为细分变量	再细分
购买时机	节假日、季节、平时、非正常工作时间
追求的利益	质量、价格、服务、名誉
使用者情况	非使用者、曾经使用者、潜在使用者、初次使用者、经常使用者
使用频率（数量细分）	大量使用者、一般使用者、少量使用者
品牌忠诚程度	坚定品牌忠诚者、随机品牌忠诚者、非忠诚者
待购阶段（购买准备阶段）	不知道、已知道、有兴趣、已了解、欲购买
对产品的态度	热爱、肯定、冷淡、否定、厌恶

2. 产业市场细分的标准

产业用品市场细分的依据主要有产品最终用户、用户地点、用户规模、相关采购因素及购买者追求的利益等，见表 7-4。

表 7-4 产业市场细分的标准举例

细分标准	具体细分标准
产品最终用户	军用、民用、商用等
用户地点	地区、交通、气候等
用户规模	企业资金、规模、销售额

续表

细分标准	具体细分标准
相关采购因素	关键采购标准、采购战略、采购的重要性
购买者追求的利益	质量、价格、服务等

三、目标市场选择

目标市场与市场细分既有联系，又有区别。目标市场是根据市场细分标准选择一个或一个以上细分市场作为企业进入并占领的市场，它不仅是企业营销活动所要满足的市场，也是企业为实现预期目标而要努力进入的市场。可见，企业选择目标市场是在市场细分的基础上进行的。市场营销就是针对目标市场上的顾客运用营销策略的过程，选择什么样的目标市场作为企业的营销对象并且针对这些顾客选择什么样的营销策略非常重要。

企业确定目标市场的方式不同，选择的目标市场范围不同，其营销策略也就不一样。一般来说，目标市场选择策略有 3 种：无差异性目标市场策略、差异性目标市场策略和集中性目标市场策略。

（一）无差异性目标市场策略

当企业面对的是同质市场或同质性较强的异质市场时，便可以采用这一策略开展市场营销活动。企业把整个市场看作一个大的目标市场，不细分市场，只推出一种产品，试图吸引尽可能多的顾客为整个市场服务。无差异性目标市场策略强调购买者的需求共性，为整个市场生产单一的标准化产品，追求规模经济效益。但这种策略缺乏针对性，对于创业型小企业来说，通常不适宜采用。

（二）差异性目标市场策略

实行差异性目标市场策略的企业，通常是把整体市场划分为若干细分市场，并都作为其目标市场。针对不同目标市场的特点，分别制订出不同的营销计划，按计划生产营销目标市场所需要的商品，满足不同消费者的需要，不断扩大销售成果。采用该策略可以扩大销售额，提高竞争力，但缺点是成本较高，一般适用于大中型企业。

（三）集中性目标市场策略

集中性目标市场策略也称密集性目标市场策略，是指企业把整个市场细分后，选择一个或少数几个细分市场为目标，实行专业化经营，即企业集中力量向一个或少数几个细分市场推出商品，占领一个或少数几个细分市场的策略。这种策略特别适用于资源有限的创业型小企业。优点是如果选择了适合的细分市场，可以获得很高的投资回报；缺点是如果目标市场情况发生变化，企业有可能陷入困境。

3 种目标市场策略的示意图如图 7-2 所示。

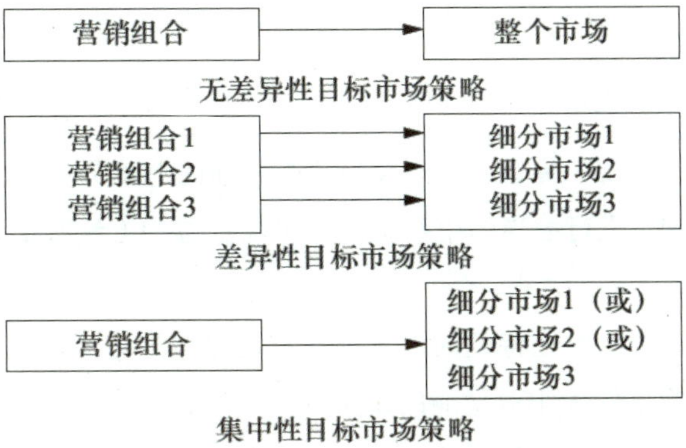

图 7-2 3 种目标市场策略示意图

3 种目标市场策略之间的比较，见表 7-5。

表 7-5 3 种目标市场营销策略的比较

营销策略	追求利益	营销稳定性	营销成本	营销机会	竞争程度	管理难度
无差异性目标市场策略	经济性	一般	低	易失去	强	低
差异性目标市场策略	销售额	好	高	易发展	弱	高
集中性目标市场策略	形象和市场占有率	差	低	易失去	强	低

四、市场定位

（一）市场定位的概念

市场定位是指企业根据目标市场上同类产品的市场竞争状况，针对顾客对该类产品不同特性重视程度的差异与需求状况，并结合企业现有条件与产品在市场上所处的位置，为自己的产品塑造既能使消费者明确感知又能很好地与竞争者的产品区别开来的特定品牌形象，进而通过特定的营销模式让顾客接受该产品，以确定本企业及其产品在目标市场的位置。例如，新创企业从事生态养殖，可主打环保牌，通过展示企业产品的生产过程来吸引消费者，并制订出消费者可以接受的合理高价。

（二）市场定位的步骤

创业企业的市场定位工作一般包括以下 3 个步骤。

1. 调查研究影响定位的因素

适当的市场定位必须建立在市场营销调研的基础上，即必须先了解有关影响市场定位的各种因素，其主要包括竞争者的定位状况、目标顾客对产品的评价标准和目标市场潜在的竞争优势。

2. 选择竞争优势和定位战略

企业通过与竞争者在产品、促销、成本及服务等方面的对比分析，了解自己的长处和短处，从而认定自己的竞争优势，进行恰当的市场定位。市场定位的方法有很多，且还在不断开发中，一般包括以下 7 个方面。

（1）特色定位。构成产品内在特色的许多因素都可以作为市场定位所依据的原则，如价格的高低、质量的优劣、规格的大小、功能的多少等。

（2）功效定位。从产品的功效上加以定位。

（3）质量定位。从产品的质量上加以定位。

（4）利益定位。从顾客获得的主要利益上加以定位。

（5）使用者定位。企业常常试图把某些产品指引给适当的使用者或某个细分市场，以便根据该细分市场的特点建立起恰当的形象。例如，目前在国内出现的大量经济型连锁酒店，就受到了许多工薪阶层的欢迎。

（6）竞争定位。根据企业所处的竞争位置和竞争态度加以定位。

（7）价格定位。根据本企业的产品在价格上的优势进行市场定位。

3. 向市场传播和表达自己的市场定位

企业要通过一系列的宣传活动，将企业选定的竞争优势通过各种营销手段准确地传递给目标顾客并在消费者脑海中留下深刻的印象。这需要企业做好 3 个方面的工作：一是建立与市场定位一致的形象；二是强化顾客对市场定位的信念；三是防止误导信息传播。当企业营销组合运用不当时，可能会在顾客中造成误解。

应用练习

寻找目标顾客

· 实践目标

学会寻找目标客户，正确地选择企业的目标市场。

· 实践内容

通过角色扮演小游戏，学会正确地选择企业的目标市场，明确企业在市场中特定的服务对象和服务内容，制订正确的企业营销策略，将产品更好地销售出去。

· 实践时长

课后完成，30~60 分钟。

· 实践步骤

1. 角色扮演：以班级为单位，学号为单数的学生模拟推销员，学号为双数的学生模拟客户，推销员须熟悉自己售卖产品（自拟产品），客户须拟定自己的特征和喜好，确定“推销员”与“客户”的身份和特征。

2. 推销员对所有客户进行了解，寻找目标客户，符合目标客户特征的请客户配合签名。只能向同一名客户推销一种产品，也就是样表上10种产品必须是不同的客户签名。不得给自己签名。

3.“目标客户特征”符合，顾客便可配合签名。

4. 推销员根据所调研的客户信息，进行分类整理后（表7-6），向目标客户推销自己的产品，谁能将产品卖出为胜（必须证明的确符合特征）。

表7-6 目标客户分类整理

推销者姓名：＿＿＿＿＿＿＿＿　日期：＿＿＿＿＿＿＿＿

产品／服务	目标顾客特征	顾客购买签名
1. 蓝牙音箱	喜欢唱歌	
2. 视频剪辑课程	喜欢摄影、刚买相机	
3. 篮球	新生杯篮球赛球员	
4. 足球	学校足球协会队员	
5.《吹口哨的技巧》书本	会用口哨吹歌	
6. 一件牛奶	爱喝奶制品	
7.《工程制图》画图工具	建筑专业、课程需画图	
8.《幽默技巧》书本	会说笑话	
9. 书法工具	字写得不错	
10. 折价桂林机票	家乡是桂林的	

备注：产品/服务、目标客户特征，可自行增加。

任务二 市场调研的内容和方法

案例引入

吉列公司市场调查的成功案例

吉列公司创建于1901年，其产品刮毛刀因使男人刮胡子变得方便、舒适、安全而大受欢迎。进入20世纪70年代，吉列公司的销售额已达20亿美元，成为世界著名的跨国公司。然而吉列公司的领导者并不满足于此，而是想方设法继续拓展市场，争取发掘更多用户。就在1974年，公司提出了面向妇女的专用“刮毛刀”。这一决策看似荒谬，却是建立在坚实可靠的基础之上的。吉列公司先用一年的时间进行了周密的市场调查。公司精心设计了新产品，并将握柄改为弧形以利于妇女使用，握柄上还印压了一朵雏菊图案。这样一来，新产品立即显示了女性的特点。

为了使雏菊刮毛刀迅速占领市场，吉列公司还拟定出几种不同的定位观念到消费者之中征求意见。这些定位观念包括：突出刮毛刀的“双刀刮毛”、突出其创造性的“完全适合女性需求”、强调价格的“不到50美分”及表明产品使用安全的“不伤玉腿”等。

最后，公司根据多数女性的意见，选择了“不伤玉腿”作为推销时突出的重点，刊登广告时进行刻意宣传。结果，雏菊刮毛刀一炮打响，迅速畅销全球。这个案例说明，市场调查研究是经营决策的前提，只有充分认识市场，了解市场需求，对市场做出科学的分析判断，决策才具有针对性，从而拓展市场，使企业兴旺发达。

资料来源：编者根据相关资料整理

总结：以上案例中的吉列公司通过市场调研，做出正确举措，最终收获了可观的经济效益。对于新创企业而言，做好前期的市场调研非常重要，盲目相信自己的判断，不进行市场调查，往往会导致决策出现失误。市场调查研究是经营决策的前提，只有充分认识市场，了解市场需求，对市场做出科学的分析判断，决策才具有针对性，从而拓展市场，使企业兴旺发达。

一、市场调研的含义

现代营销之父菲利普·科特勒认为，营销调研是系统地设计、收集、分析和提出数据资料及提供跟公司所面临的特定的营销状况有关的调查研究结果。

市场调研是指个人或组织为了给市场营销决策提供依据，针对某一特定的市场营销问题，运用科学的方法和手段，系统地判断、收集、整理和分析有关市场的各种资料，反映市场的客观状况和发展趋势的活动。

对新创企业而言，做好前期的市场调研非常重要，许多创业者由于对市场过于乐观，总是相信自己的判断，而不深入一线进行市场调查，这就容易导致决策上出现失误。

案例分享

三位销售员

美国著名的市场营销权威菲利普·科特勒在北京对外经济贸易大学的报告中讲了

一个故事：一家制鞋公司为寻找国外市场，总裁派一名销售员到一个非洲国家，让他了解一下能否向该国卖鞋。这个销售员一下飞机就给公司发回电报："这里的人不穿鞋，没有市场。"总裁看了电报后很不满，因为这个销售员没有提供任何有用的商业信息。于是又派去第二位销售员。第二位销售员在该国待了一周，然后发回电报："这里的人不穿鞋，市场巨大。"总裁看了电报后仍然很不满，因为他和第一位销售员一样，只不过从相反的视角发回一封没有商业价值的电报。于是又派去第三位销售员。第三位销售员在该国调查了 3 个星期，发回电报：这里的人不穿鞋，有脚疾，需要鞋，不过他们不需要我们生产的鞋，我们的鞋太窄，不适合他们长年赤足而形成的宽脚，我们必须生产宽鞋。这里的部落首领不让我们做买卖，除非我们搞大营销。我们只有向他的金库进贡，他才批准我们在这里经营。我们需投入大约 115 万美元，他才能开放市场。我们每年能卖大约 2 万双鞋，在这里卖鞋可以赚钱，投资收益率为 15%……

总裁对第三位销售员的电报大加赞赏，并接受了他的提议。

资料来源：周银平. 大学生创新创业教育[M]. 北京：高等教育出版社，2018. 有删改

二、市场调研的内容

（一）市场环境调研

任何企业的营销活动都是在一定的市场营销环境中进行的，因此，企业必须对目标市场的营销环境的现状及未来的可能变化情况进行调查了解，包括对目标市场的政治、经济、社会、文化、法律、科技、教育等环境因素的现状进行研究和分析，并预测和估计其发展的趋势，判断目标市场环境变化的规律性及变动特点。

（二）市场需求调研

市场需求调研包括市场容量调研、顾客调研和购买行为调研。市场容量调研，主要是指现有和潜在人口变化、收入水平、生活水平、本企业的市场占有率、购买力等；顾客调研，主要是了解购买本企业产品或服务的团体或个人的情况，如民族、年龄、性别、文化、职业、地区等；购买行为调研，是调研各阶层顾客的购买欲望、购买动机、兴趣爱好、购买习惯、购买时间、购买地点、购买数量、品牌偏好等情况，以及顾客对本企业产品和其他企业提供的同类产品的欢迎程度。

（三）产品调研

产品或服务是一个企业向市场提供和传递价值的最基本载体和关键要素。产品调研包括多种类型，常见的有产品创意检测、新产品测试、包装测试、品牌研究等内容。产品创意检测是一种普遍使用的产品研究方法，产品研究包括对现有产品的改进和新产品的研制与开发研究。

对现有产品的改进主要是改进性能、扩大用途和创造新市场等；对新产品的研制与开发研究主要是对产品的测试研究，其中涉及消费者对产品概念的理解、对产品各个属性的重要性评价、新产品的市场前景及新产品上市的相关策略等。包装测试主要是为了检验包装的促销功能。品牌的研究形成一个相对独立的研究领域，其主要内容有品牌的知名度、美誉度、忠诚度及消费者对品牌的认知途径和评价标准等。

具体来说，产品调研主要包括以下内容。

（1）产品设计的调研，包括功能、用途、使用方便和操作安全设计，以及产品的品牌、商标、外观和包装设计等。

（2）产品和产品组合的调研，包括产品的价格、销售渠道、广告宣传等。

（3）产品生命周期的调研，主要是指产品是处在成长期、成熟期或衰退期等。

（4）对老产品改进的调研，包括消费者对老产品质量、功能的意见等。

（5）对新产品开发的调研，包括消费者对产品包装、服务、花色、品种、规格、交货期、外观造型和式样的喜爱偏好等。

（6）对于如何做好销售技术服务的调研。

（四）价格调研

价格调研主要是调研价格对商品需求的影响，重点调查商品价格的成本构成、价格变化的趋势、价格变动对商品销售带来的影响、影响价格变动的各种因素、商品价格的需求弹性、相关产品或代用品的价格、竞争者的价格及企业的价格策略等。

（五）分销调研

分销调研主要包括商品销售区域和销售网点的分布、潜在销售渠道、销售点服务品质、铺货途径、商品运输线路、商品库存策略。

（六）促销调研

促销调研的目的主要是支持企业的促销战略和战术决策，使促销组合达到最佳，以最少的促销费用达到最佳的促销效果，并就出现的问题及时对促销方式进行调整和改进。促销调研主要包括广告、人员销售、销售促进、公共关系等方面的调研，具体内容有广告媒介、广告效果评估、广告策略以及优惠、赠品、有奖销售等促销方式对销售额的增加幅度和市场占有率变化的影响等。

（七）市场竞争调研

市场竞争调研的目的主要是支持企业营销的总体发展战略，做到知己知彼，发挥竞争优势。侧重于本企业与竞争对手的比较研究，以识别企业的优势和劣势，判断出本企业所具备的与竞争对手相抗衡的条件或可能性，确定企业的竞争策略，以达到以己之长克他之短的功效。其内容主要有：了解行业的竞争结构和变化趋势，了解竞争者的战略目标、核心能力、市场份额、产品策略、价格策略、销售渠道策略、促销策略等。

（八）用户满意度研究

用户满意度研究越来越受到企业的重视，企业通过顾客满意度研究了解顾客满意度的决定性因素，测量各因素的满意度水平，从而为企业比竞争对手更好地满足消费者而提供建议。在用户满意度研究中，需要调查、了解和分析以下几个方面。

（1）用户对有关产品或服务的整体满意度。

（2）用户对特定品牌或特定商店产生偏好的因素、条件和原因。

（3）用户的购买动机，包括理智动机、情感动机和偏好动机，以及产生这些动机的原因。

（4）用户对各竞争对手的满意度评价。

（5）用户对产品的使用次数和购买次数，以及每次购买的数量。

（6）用户对改进产品或服务质量的具体建议。

三、市场调研的设计

研究设计是保证调研工作顺利进行的指导纲领，其主要内容有：确定资料的来源、搜集的方法、调查问卷设计、抽样设计等。

（一）内容设计

内容设计就是根据调研的目的来确定调研的范围及信息资料的来源。

调研的范围是根据调研的目标，确定所需信息资料的内容和数量。例如，是调查企业营销的宏观经济环境，还是调查企业的市场营销手段；是一般性调查，还是深度调查等。

信息资料的来源是指获取信息资料的途径。市场营销调研所需的信息资料可以从企业内部和企业外部两个方面得到。如果企业已经建立了市场营销信息系统，则可以通过数据库得到信息资料。除此之外，还要确定搜集信息资料的地区范围。

（二）方法设计

市场调研的方法多种多样，但方法适用面不同，究竟采用何种调研方法，要依据调研的目的及研究经费的多少而定。

（三）工具设计

在确定了调研方法之后，就要进行工具设计。所谓工具设计是指采用不同的调研方法需要准备不同的调研工具。例如，采用访问法进行调研时，需要使用调查问卷，在调查问卷设计中关键的是确定提什么问题、提问的方式等；又如采用观察法中的行为记录法进行调研时，需要考虑使用何种观察工具（照相机、摄像机等）。

（四）抽样设计

抽样设计就是根据调研的目的来确定抽样单位、样本数量及抽样的方法。在其他条件相同的情况下，样本越多越有代表性，样本数量的多少影响结果的精度，但样本数量过大也会造成经济上的浪费。

（五）方案设计

调研方案或计划是保证市场营销调研工作顺利进行的指导性文件，它是调研活动各个阶段主要工作的概述。调研计划虽无固定格式，但基本内容应包括：课题背景、研究目的、研究方法、经费预算和时间进度安排。

四、原始资料收集的市场调研方法

原始资料收集的市场调研方法主要包括访问法、观察法、实验法和网络调研法。

（一）访问法

在原始资料的收集过程中，访问法运用得最为广泛，例如，入户访问、拦截访问、电话调研、邮寄调研和留置调研等都是具体的访问形式，见表 7-7。

表 7-7　访问法的类型、含义及其优缺点

类型	含义	优点	缺点
入户访问	调研者进入被访者家中或单位进行调研	保证调查的完成质量，灵活性高	费用高昂，访问调查周期较长；匿名性较差，难以收集个人敏感性问题的资料
拦截访问	在人流量大的地方随机拦截路人所进行的个人访问	访问进程快，成功率高，成本低廉，实效性强	干扰因素多，样本的代表性存在误差，回访较难
电话调研	以电话通信的形式向被调查者征询有关意见和看法	成本低，速度快，不必面对面接触，容易合作	调查内容难以深入，访问时长有限，缺乏视觉媒介
邮寄调研	将问卷通过邮寄的方式送达给选定的调查对象，被调查者按规定的要求完成问卷，然后在规定的时间内将问卷寄回	地理灵活，成本低，应答时间充裕，应答者匿名，回答更客观	回收率低，耗时，质量难以控制

续表

类型	含义	优点	缺点
留置调研	调查员按面访的方式找到被调查者，说明调查目的和填写要求后，将问卷留置于被调查者处，约定在一段时间后，再次登门取回填好的问卷或请求被调查者将问卷寄回	匿名保密性强，问卷回收率高	成本高

（二）观察法

观察法是由调查员直接或通过仪器在现场观察调查对象的行为动态并加以记录而获取信息的一种方法。观察法在市场调研中用途很广，分为人工观察和非人工观察。观察法可以观察到消费者的真实行为特征，但是只能观察到外部现象，无法观察到调查对象的一些动机、意向及态度等内在因素。观察法的优缺点见表 7-8。

表 7-8　观察法的优缺点

优点	缺点
能够客观、真实地反映被调查者行为	调查耗时长、费用高
不存在被拒绝或不配合的现象	只能反映客观事实，难以获得深层次信息
可以消除语言或问题理解等方面的误差	对调查人员的素质及业务水平要求高
简便、易行、灵活性强	观察到的事物可能存在某种假象
不干扰顾客	—

（三）实验法

实验法是指在控制的条件下，对所研究的对象从一个或多个因素进行控制，以测定这些因素间的关系。在因果性的调研中，实验法是一种非常重要的工具。

采用实验法的好处是：方法科学，能够获得比较真实的信息资料。但是此种方法也有其局限性：大规模的现场实验，难以控制市场变量，影响实验结果的有效性；实验周期较长；调研费用较高等。

实验法主要用于因果关系的判断，在消费行为研究中得到了广泛应用。如试销就是一种使用较多的实验法。在产品大规模进入市场前对消费者的购买意愿、感兴趣的内容、购买方式等信息通过试销进行测试，可以为企业确定市场规模和制订适当的营销方案提供依据。此外，实验法还可用于测试各种广告的效果，研究品牌对消费者选择商品的影响，研究颜色、名称对消费者味觉的影响，研究商品的价格、包装、陈列量等因素对销售量的影响等。

（四）网络调研法

网络调研法又称联机市场调研法，它是通过网络进行的有系统、有计划、有组织的收集、调查、记录、整理，分析有关产品、劳务、广告及市场等信息，客观地发现、测定及评价各种现象和事实，用以解决市场营销的有关问题并可作为各种营销决策的依据。网络调研法的范围包括市场营销的各个方面。

网络调研法的特点是具有实时性、双向互动性、方便性和准确性甚至娱乐性等。因此，它具有传统调研所无法比拟的优势，是符合现代商业节奏和环保意识的理想调研方式。具体来说，网络调研法的优点表现在以下几个方面：更加准确的统计效能、更高的效率、更低的成本、更好的接触效果、调研结果比较真实、调研的周期较短、不受时间或地域的限制。但是，同样也有一些缺点：样本数量难以保证、问卷设计限制较大、人口统计信息的准确性有待评估、被调查者可能存在作弊行为。

应用练习

小试牛刀——目标市场调研

· 实践目标

了解客户需求、竞争状况及市场力量，发现创新或改进产品的潜在机会。

· 实践内容

各小组对瑞幸咖啡（××店）进行线下采访，考察了解用户需求量及产品推广后的市场反应，进行关于每日的人流量及产品的需求量、目标客户男女占比率、产品用户满意度的调查，用于产品推出市场后的用户满意度调研。调研结果统一收集交给教师检查。

· 实践时长

课后完成，1~2 天。

· 实践步骤

1. 按 5~8 人分组，开展线下市场调研。

2. 根据教师要求，制订市场调研方案，包括调研的方式、调研人群目标（老师、学生）、数据及信息获得工具（问卷、访问提纲等）、样本量（需要调研多少调研对象）等。

3. 实施市场调研。

4. 各小组选出一位代表分享调研结果。

5. 教师总结。

调研问卷范本

任务三 市场营销概述

案例引入

瑞幸咖啡逆风翻盘的成功因素

瑞幸咖啡（luckin coffee）是中国较大的连锁咖啡品牌，总部位于厦门。2017年10月，瑞幸咖啡第一家门店在银河SOHO开业；2019年7月8日，瑞幸咖啡宣布推出小鹿茶产品进军新茶饮市场；2023年6月5日，瑞幸咖啡门店数量已达10 000家；2023年9月4日，瑞幸咖啡与茅台联名推出“酱香拿铁”咖啡。截至2023年，瑞幸咖啡已经连续5年斩获IIAC金奖奖项，“SOE耶加雪菲”两度摘得铂金奖，是中国唯一连续5年摘金的连锁咖啡品牌。

瑞幸咖啡目前形成了投资方（大钲资本）、管理层和营销团队三位一体的铁三角的团队，开启健康的商业运营模式，2023年第一季度净收入创历史新高，达到44亿，营业利润6.78亿，累计消费客户数达1.5亿。

从营销的角度看，瑞幸咖啡的成功因素包括：迎合消费者、吸引消费者、产品定价策略、线上+线下渠道布局、跨界联名营销、私域流量营销。改组后的瑞幸重视引进人才，重视产品研发，重视市场推广，重视客户需求吸引顾客，调整营销策略，从而取得了成功。

资料来源：编者根据相关资料整理

总结：创业公司成立后面临着如何把产品顺利销售出去、如何为客户提供产品和服务的问题，随着互联网的发展，在这个信息时代，好的产品、好的团队没有好的营销策略是很难成功的。在创业公司初期，如何制订有效的营销策略就显得非常关键，这就涉及公司的市场营销策略。

一、市场营销的含义

“市场营销”是从英文“marketing”一词翻译过来的，包含两种含义：一种是动词理解，指企业的具体活动或行为，这时称为市场营销或市场经营；另一种是名词理解，指研究企业的市场营销活动或行为的学科，称为市场营销学、营销学或市场学。国外的专家学者对市场营销做过不同的解释和表述。

美国市场营销协会（American Marketing Association，AMA）于1960年对市场营销的定义

为："市场营销是指引导产品和劳务从生产者到达消费者或用户所进行的商务活动。"这一定义把市场营销看作沟通生产环节与消费环节的商业活动过程。

英国特许营销协会（Chortered Institute of Marketing，CIM）认为："一个企业要生存、发展和赢利，就必须有意识地根据用户和消费者的需要来安排生产。"这一论述把市场营销与生产经营决策联系起来。

日本营销学者下的定义为："市场营销是在满足消费者利益的基础上，适应市场的需要而提供商品和服务的整个企业活动。"这一论述扩大了市场营销的外延。

AMA于1985年对市场营销下了更完整和全面的定义："市场营销是对思想和产品及劳务进行设计、定价、促销及分销的计划和实施的过程，从而产生满足个人和组织目标的交换。"

美国西北大学教授菲利普·科特勒下的定义强调了营销的价值导向："市场营销是个人和集体通过创造并同他人交换产品和价值以满足需求和欲望的一种社会和管理过程。"

这些论述反映了不同时期人们对市场营销的认识。由此可以看出：市场营销的内容在不断丰富，其外延在不断扩大。根据现代市场营销的发展，我们给出如下定义：市场营销是企业在变化的市场环境中，为满足消费者需要和实现企业目标，综合运用各种市场营销手段，把商品和服务整体地销售给消费者的一系列活动。

由此可以看出，市场营销包含以下主要内容。

（1）市场营销是一种企业活动，是企业有目的、有意识的行为。

（2）满足和引导消费者的需求是市场营销活动的出发点和中心。企业必须以消费者为中心，面对不断变化的环境，做出正确的反应，以适应消费者不断变化的需求。

（3）分析环境、选择目标市场、确定和开发产品、产品定价、分销、促销和提供服务及它们之间的协调配合，是市场营销活动的主要内容。

（4）交换是市场营销的核心。交换过程是一个主动、积极寻找机会，满足双方需求和欲望的社会过程和管理过程。通过有效的市场营销活动完成交换并与顾客达成交易方能实现企业目标。

二、市场营销的核心

（一）需要、欲望和需求

人类的需要和欲望是市场营销理念的出发点，而需求则是市场营销活动的起点和落脚点。

（1）需要是指人类与生俱来的基本要求，是没有得到某些基本满足的感受状态。例如，人类为了生存必然有对衣食住行的需要。这种需要存在于人类自身生理和社会之中，市场营销者可用不同的方式去满足它，但不能凭空创造。

（2）欲望是指想得到上述需要的具体满足的愿望，是个人被社会所影响的需要。市场营销者无法创造需要，但可以影响欲望。

（3）需求是指人们有能力购买并愿意购买某个具体产品的欲望。市场营销者可以通过各种营销手段来影响需求。

（二）产品

产品是指任何能用以满足人类某种需要和欲望的东西，泛指商品和劳务。产品的价值不在于拥有它，而在于它给我们带来的对欲望的满足。例如，人们购买轿车不是为了观赏，而是为了得到它所提供的交通服务。当我们心情烦闷时，为满足轻松解脱的需要，可以去参加音乐会，听歌手演唱；可以到风景区旅游；可以参加消费者假日俱乐部。人们在选择购买产品的同时，实际上也在满足着某种愿望和利益。作为营销者，如果只研究和介绍产品本身，忽视对消费者利益的服务，就会因犯“市场营销近视症”而失去市场。

（三）效用、费用和满足

（1）效用是指消费者对产品满足其需要的整体能力的评价。这种整体能力不仅包括满足消费者购买该产品对其属性的需要，还包括一种消费者心理层次上的满足感，也就是满足消费者某种心理的能力。

（2）费用是指消费者对取得产品或满足需求而付出的代价。

（3）满足是指消费者对产品满足其需要所达到良好的满意程度。例如，人们为了解决每天上班的交通需要，会对能够满足自身需要的产品组合（自行车、摩托车、公交车、出租车等）和需要组合（速度、安全、方便、节约、舒适等）进行评价，最终选择一个效用最大而费用最低的方案，以达到最大的满足。

（四）交换、交易和关系

（1）交换是指从他人处取得所需之物，而且以某种东西作为回报的行为，强调回报行为。交换能否真正产生，取决于买卖双方能否找到交换条件。

交换发生要具备 5 个条件：至少有交换的双方、每一方都有对方需要的有价值的东西、每一方都有沟通和运送货品的能力、每一方都可以自由地接受或拒绝、每一方都认为与对方交易是合适或称心的。

（2）交易是指买卖双方价值的交换，强调价值转移。

交换与交易的关系在于：交换是一个过程而不是一个事件，如果交换双方正在进行谈判，并趋于达成协议，就意味着其正在交换，一旦达成协议，则发生了交易。

（3）关系是指营销者与顾客、分销商、经销商、供应商建立，保持并加强合作关系，通过互利交换，使各方实现各自目的的营销方式。

（五）市场营销者

在交换双方中，如果一方比另一方更主动、更积极地寻求交换，就将前者称为市场营销者，后者则为潜在顾客；如果双方均积极，则均称为市场营销者。

人们由于有各种生理、安全、社交、尊重、自我价值实现等需要，再结合社会经济文化、个体特征和自身的购买能力，就会产生欲望和需求。此时，产品的出现正是为了满足人们的某种需求，如果某个产品对于某个消费者来说效用最大而费用最小，那么，消费者的总满足最大，通过市场就出现了交易和关系。消费者得到满足后，又会出现新的需要，以此循环。控制这个循环的就是市场营销管理。

应用练习

市场营销分析

· 实践目标

学习如何为客户提供产品和服务的问题，制订科学的企业市场营销策略。

· 实践内容

按5~8人进行分组，各团队通过网络、学校等平台，收集和整理有关市场营销的相关知识，制作PPT，由组长在课堂上进行演讲展示。

· 实践时长

10~15分钟。

· 实践步骤

1. 按5~8人进行分组。
2. 通过关注官方渠道（如政府官方网站、官方微信公众号等），查找市场营销的相关知识，将收集到的信息进行整理和分析，提炼出关键内容和要点并完成有关问题。
3. 各团队制作“我理解的市场营销”PPT课件，组长做知识分享。
4. 教师总结。

任务四 市场营销策略制订

案例引入

“海底捞”火锅的营销策略

海底捞创建于1994年，是一家以经营川味火锅为主、融汇各地火锅特色为一体的大型跨省直营火锅餐饮企业。其最初联合创始人，一个是声名显赫的张勇，另一个是低调无声的施永宏。“火锅兄弟”也是外界给两位创始人的标签，历经20多年的发展，海底捞国际控股有限公司已经成长为国际知名的餐饮企业。

1985年在四川省简阳市，张勇在父母的安排下，进了一所技校学电焊，并结识同班同学施永宏。两个人个性迥异，性格互补，迅速成了好朋友。1994年，在张勇的提议下，两人连同各自的女朋友共同筹集8 000元的创业基金，开了一家只有4张桌子的火锅店。就在他们为取名而烦恼时，一旁打麻将的女朋友，正好胡了把“海底捞”，于是一家具有传奇色彩的火锅店就此诞生。

很多人对于海底捞的印象是服务好，而不是产品营销，这就体现了其营销策略的高明之处，因为营销的最高境界是“不营销”。下面我们来看看海底捞都做了哪些全方位营销。

（1）极致的服务，即品牌营销，也叫标签营销，就是让大家因为一个突出的特征而记住这个品牌，海底捞便是通过提供极致的服务让顾客记住了它。

（2）海外开店，即背书营销，也叫光环营销，海底捞从一个国内品牌一举成为世界知名品牌，反过来，国外门店也给国内门店带来了更高的知名度。

（3）趣闻分享，一般以事件营销的方式展示，目的是通过品牌门店内发生的事件来写营销软文，以此来推广品牌或产品。

（4）上市营销，即通过门店提高品牌知名度，再通过品牌知名度带动火锅底料的销量与渠道拓展，最终利用供应链上市。

（5）卫生严控，即信任营销，深耕信任度，并通过媒体大力宣传，避免公共卫生事件给品牌带来毁灭性的打击。

（6）异业合作，即异业联盟营销，就是和产品上游供应链中的一些大品牌进行合作，利用它们品牌自身的知名度来给海底捞做背书，同时将其品牌现有的顾客向海底捞导流。

海底捞最核心的营销策略其实只有两个：以服务为标签的“品牌营销”和以供应链为切入点的“上市营销”。为什么那么多品牌都在学海底捞，但至今仍没有一个超越海底捞的呢？就是因为很多商家或品牌被海底捞“营销”了，以为它只是服务做得好，岂不知服务只是它品牌营销的“外衣”而已。

资料来源：编者根据相关资料整理

总结：市场营销策略是企业以顾客需要为出发点，根据经验获得顾客需求量及购买力的信息、商业界的期望值，有计划地组织各项经营活动，通过相互协调一致的产品策略、价格策略、渠道策略和促销策略，为顾客提供满意的商品和服务而实现企业目标的过程。因此，市场营销策略制订得是否完善，直接关系到企业的成败。

一、构建营销渠道

（一）创业营销渠道

创业者为更快把产品推向市场，完成销售过程，通过一系列运作完成销售渠道的构建，并能使最小投入达到最好效果。依据营销渠道的特征，通常可分为经销中间商、代理中间商、营销辅助机构和“互联网+”营销 4 大类。

1. 经销中间商

一般来说，商品销售中的经销商先获得产品的所有权，然后再转手出售。比如，批发商、零售商均属此类型。新创企业为了节约销售成本或不在销售环节做过多投入，往往先找有实力或有很好销售渠道的经销中间商，尽快由他们销售并回收资金。

2. 代理中间商

代理中间商是帮助创业者寻找客户和销售产品。代理商不取得产品的所有权，也无须垫付商品资金，他们只收取一定量的提成。代理中间商的销售成本基本没有，因此，销售风险要比中间商小得多。但是，在市场推广方面动力不足，要靠创业者自己来做。

3. 营销辅助机构

营销辅助机构是营销渠道中的重要组成部分，虽然不参加产品销售，但这类机构是产品销售行为顺利完成的必要保证。商品配送中心就是这类机构的代表之一，如电子商务的配送中心等。此外，还包括售后服务机构、仓储机构、银行和广告代理商等。

4.“互联网+”营销

现代营销进入“价值观为中心”的新时代。这个新时代，营销者不再把顾客仅仅视为消费个体，而是把他们看作具有独立思想的完整自由的个体。“交换”与“交易”被提升成“互动”与“共鸣”。营销环境发生了重大变化，用 3 个词表达为“移动化、碎片化、场景化”。消费转变为随心所欲、全天候、多渠道的消费，消费者可以在任何时间、地点，通过任何方式特别是“互联网+”营销的方式，购买他们所喜欢的商品。新技术的发展，内容营销+场景的匹配，并通过不同的媒介制造出话题场景，才能引爆品牌。消费主体的特点蜕变为个性化、社交化、娱乐化。面对“移动化、碎片化”的营销环境和“个性化、社交化”的消费主体，同时还必须满足“最小的投入，最精准的链接，最完美的创意”，只有“互联网+”营销才能达到这个目标。

“互联网+”营销表现为 4 种模式，即大数据营销、内容营销、社群营销、场景化营销。碎片化的渠道、碎片化的时间、移动化的行为、个性化的价值观、娱乐化的诉求，决定了“互联网+”企业背景下的营销向着场景化、数据化、内容化、社群化、场景化的趋势发展。未来企业在营销方面必然向“互联网+”营销模式传播扩散。

（二）渠道构建过程

要明确影响渠道构建的主要因素，才能构建合适的渠道结构。比如，外部环境等因素的影响，包括政策、文化、社会、经济、技术等方面，以及内部条件、实力、人员能力素质、物质条件等，在此基础上考虑渠道构建。从最直接的影响因素看，主要指企业的目标市场和产品特征。

市场范围对渠道构建非常重要。从地理范围看，如果目标市场的地理范围很大，或较为分散，渠道的长度和宽度可以大一些，创业者可选更多的中间机构，层次也可多些；如果目标市场的地理位置集中，那么渠道可以简化些，甚至不用外部渠道，自己独立运作。从产品特征看，如果产品功能或价值很普遍，跟现有产品大体相同，那么，渠道长度和宽度可适当放大；而产品功能非常独特，则需要更短和更窄的渠道。企业可组织人员进行销售。比如，创新产品进入市场的促销活动；再如，产品保质期限是渠道构建的重要因素，期限短，渠道就应简化，不宜过长，反之，则可适度放长。

渠道的构建有如下几个步骤。

1. 设置渠道目标

渠道设置的目的是销售产品，实现企业的整体战略目标。渠道目标应与其他目标相协调，适时进行调整，以避免产生不必要的矛盾。

2. 明确渠道任务

目标明确后，应把各项具体任务进行分析，一般包括促销、销售、与客户沟通、运输、存储等方面。通过明确任务，使创业者对营销渠道的设立更为细化，其功能和定位更加准确，各司其职，各负其责，共同完成销售中的各项任务。

3. 确立渠道结构方案

明确渠道任务后，就应把任务合理地分配到不同的营销中介机构中去，最大限度发挥其作用。渠道结构方案包括以下 3 个方面的内容。

（1）渠道的层次设置。渠道的层次设置是指渠道的纵向长度设置。直销就是企业直接面对消费者，即渠道层级为零；如果是经销商销售，销售层级就可能达到一定数目以上。省、市、县、乡等市场广大层级就较多；反之，就较少。

（2）渠道的宽度设置。渠道的宽度设置是对渠道的横向设计。如果产品独特性强，为避免恶性竞争，可考虑设区域独家分销模式；如果产品是畅销货，那么，可设较多的分销机构。渠道横向设计也应考虑企业的成长状况。新创企业各方面的资源有限，可考虑独家分销；待企业成长壮大后，可考虑设分销机构等。

（3）中介机构类型选择。中介机构类型选择是在调研基础之后的挑选工作，一方面考虑中间商的实力，另一方面考虑企业自身状况。比如，中间商销售实力弱，很难完成销售的计划日标，则要自建渠道销售；如果中间商销售实力雄厚，但合作成本高，创业者应综合考虑后再决定取舍。选择经销商可采用竞标选择经销商等办法。

二、制订促销策略

（一）制订促销策略的影响因素

为了将产品成功销售出去，创业者必须采取有效的促销策略。需要对促销策略的选择进行详细分析。制订促销策略应考虑以下因素。

1. 整体营销环境

创业者制订的促销方案能否实行，取决于整体营销环境是否支持该促销方案。企业需要根据营销整体环境所提供的机会和约束条件来制订促销方案。特别是随着互联网、大数据、云计算等新技术的发展，许多消费者都在网上购物，因此创业者必须根据外部环境的变化来制订促销策略。

2. 目标市场状况

促销策略的选择与目标市场的特征关系极大。目标市场的地理位置、社会文化、消费者心理因素、行为特征等都决定了促销策略的接受程度和实施效果。创业者在对目标市场进行深度分析后，才会决定采用什么样的促销方案。比如，技术含量高的独特产品，应采用人员推销，通过人员演示来展示产品独特性，提升消费者的认可度。对于一般性产品，应注重提升产品的知名度并在附加价值上下功夫，充分利用广告等方式，提升产品的客户认可度。

（二）促销策略的选择

促销策略一般可分为 4 类，即广告、营业推广、人员销售、“互联网+”营销。

1. 广告

广告是指在促销过程中所推行的商业广告，不同于公益性广告。广告传播面广，范围大，一般能取得较好的效果。由于广告的实施和传播需要媒体，而媒体本身的声誉和影响力会对广告的效果产生重大影响。因此，有的企业不惜花费重金在电视上做广告，目的是靠权威性扩大影响力及覆盖面。当然，应在广告的内容、形式、广告语等方面下大功夫，以此提升广告的宣传效果。

选择广告媒体应从实际情况出发，进行比较，选择投入较少或虽投入较多但能达到更大的宣传效果的媒体形式。也可考虑进行广告组合，如电视广告、平面广告、网络广告等，选择最有利于实现目标的广告媒体，注重广告的成本效益分析，防止盲目的、不计成本的广告宣传。

2. 营业推广

营业推广是指在特定时机或特定地点采用特殊手段对消费者实行强烈的刺激，从而达到促销效果或目标的方式。当然，营业推广不能作为常用策略，经常使用会让消费者产生反感，效果适得其反。在实际运作中，营业推广应与其他方式相结合，以达到更好的促销效果。营业推广手段包括：赠送样品、免费使用、发放折扣券、有奖销售、返现金等。还有通过展销会、交易会、博览会等方式来推销产品。当然，营业推广也包括网上的宣传推广。

3. 人员销售

人员销售是企业派营销人员直接到目标市场同顾客建立联系，传递信息，促进商品和服务销售的活动。人员销售有成本优势，广告费用消耗低。人员销售是面对面销售，可增强沟通，培养与客户的关系，当场示范，很容易吸引客户，使客户信服。当然，如果选人不当，会造成不良影响，也会影响促销活动效果。人员销售时，应特别加强对用户的信息调研，搜集各种信息资料，有针对性地进行销售，同时，销售人员要掌握沟通、谈判、交流等方面的技巧。在进行促销时，无论采用哪种策略，都应适时进行总结，发现问题应及时解决、适当调控、有效评估、及时反馈，进而不断提高促销效果。

4. “互联网+”营销

“互联网+”营销是利用互联网的形式，通过积累粉丝等手段，促进销售的方式。

三、营销定价

（一）营销定价目标

合理的价格设定可以快速推进新产品的市场导入工作。在定价阶段，创业者应综合考虑各方面因素，为企业的产品销售制定合适有效的价格。创业者需要考虑的是企业的定价目标，定价的目标服从企业的整体战略目标，在企业的战略目标之下，不同的企业定价目标存在差异，大体有以下几种。

1. 以获取利润为定价目标

利润是企业生存和发展的源泉，为获取利润，在制定价格时，必须使价格高于产品成本，当实现销售时就能够获取利润。根据产品独特性和开发成本，可以把价格定高，获得较高的利润；也可以把价格定低，实现薄利多销，以量取利。在定价时，创业者也要权衡短期利润和长期利润，不能顾此失彼。比如，进入新市场，创业者指定的短期利润目标较高，有可能吸引后续竞争者跟进市场，这反而会增加市场竞争强度，导致长期利润降低。

2. 以占领市场为定价目标

创业者为了占领市场，扩大市场影响力，提高市场占有率，培养客户的忠诚度，并尽快对潜在竞争者形成壁垒，在定价时，创业者往往采用低价策略，先入为主。

3. 以扩大销售量为定价目标

创业者以扩大销量为目的来制定价格，对高投入的产品，只有迅速扩大销售才能形成规模，使产品成本下降，得到市场认可。在一定意义上说，既扩大了市场份额，也是遏制竞争对手的有力工具。为扩大销售可采用低价或与其他竞争策略相结合的方式，切忌将价格竞争作为唯一的扩大销量手段。

4. 以应对竞争为定价目标

在创业阶段，有的学者认为，创业者不应采用积极主动的竞争策略与竞争对手进行针对性的面对面竞争，而应找缝隙市场，避其竞争者的锋芒，有利于创业者以较低的实力打开市场。但20世纪90年代以来，也有学者认为，创业者可采取积极竞争手段与竞争者进行针锋相对的竞争，这可以带动企业成长。创业者根据竞争需要制定产品的价格，以价取胜。实际上，无论采用哪种定价目标，都应从外部市场环境及产品开发、特征、用户、成本的角度综合考虑，要以有利于促进企业成长、有利于提高市场核心竞争力、有利于赢得客户为标准。

（二）营销定价方法

企业营销定价方法很多，常见的定价方法有以下几种。

1. 成本定价法

成本定价法是一种很实用的定价方法，但需要对企业成本进行精确计算，在此基础上加上预期利润，便可定出销售价格。这适用于产品成本易核算的企业。如果提供的产品或服务是难以量化的，成本定价法就不容易操作。

除成本计算外，还应对利润目标进行仔细分析。比如，需要分析该行业的平均利润水平，进行一些必要的调研，如果是新市场，可借鉴金融市场上的基准利率，如定期存款利率。总之，创业者根据成本和预期利润确定价格。

2. 竞争定价法

创业者进入的是现有市场，有同行业竞争者，因此创业者要考虑竞争对手的价格水平。创业者从同行竞争者的价格考虑，一般定价水平大体相当，定价高会失去市场份额，而且同行价格水平往往在消费者中被认为是合理价格。过高定价会失去消费者，对新创业是十分不利的，因此往往采用跟随价格策略。如果创业者产品具备特殊技术、功能等方面优势，也能吸引消费者，这时可采用高于竞争对手的价格。

3. 心理定价法

心理定价法是对上述两种定价方法的补充，是根据消费者购买商品的心理动机来制定价格。比如，尾数定价法：9、99、999，使消费者产生错觉，产生购买欲望。房地产商在新楼盘开盘时，价格往往比平常价格高，有进一步上涨的趋势，这是利用了消费者惧怕价格高而产生的恐慌购买心理，且常常能够奏效。心理定价法需要创业者对消费者的心理进行调查，才能取得较好的效果。

4. 混合定价法

混合定价法是一种组合式定价法（系列产品定价、连带产品定价、附带产品定价等）。比如，企业出售系列产品，高端产品采用高价格，一般产品采用低价格。如果企业目标市场在不同区域，对消费水平高的地区采用高价格，消费水平低的地区采用低价格。新产品导入时定价高，以后将逐步降低。

综上所述，创业者定价措施应灵活多变，不能固定在一个模式上。同时注意定价措施与其他营销措施的结合，防止单纯依靠价格来提高竞争水平。

应用练习

崭露头角——我的市场营销策略制订

· 实践目标

学会真实创业的市场营销策略制订方法与技巧。

· 实践内容

通过网络、学校等平台，收集和整理市场营销的内容及手段，以组队形式完成市场营销策略。

· 实践时长

课后完成。

· 实践步骤

1. 按 5~8 人分组，制订小组市场营销方案。

2. 根据教师要求，进行头脑风暴，制订市场营销方案，包括市场分析及定位、定价策略、促销策略、渠道策略等内容。

3. 小组形成市场营销方案。

4. 小组选出一位代表进行分享。

5. 教师总结。

思考与实践

1. 运用所学知识，尝试把所在小组创业项目的产品或服务销售出去。
2. 总结销售经验与体会，讨论需要进一步提升的能力有哪些。

项目八

财务预测管理与融资

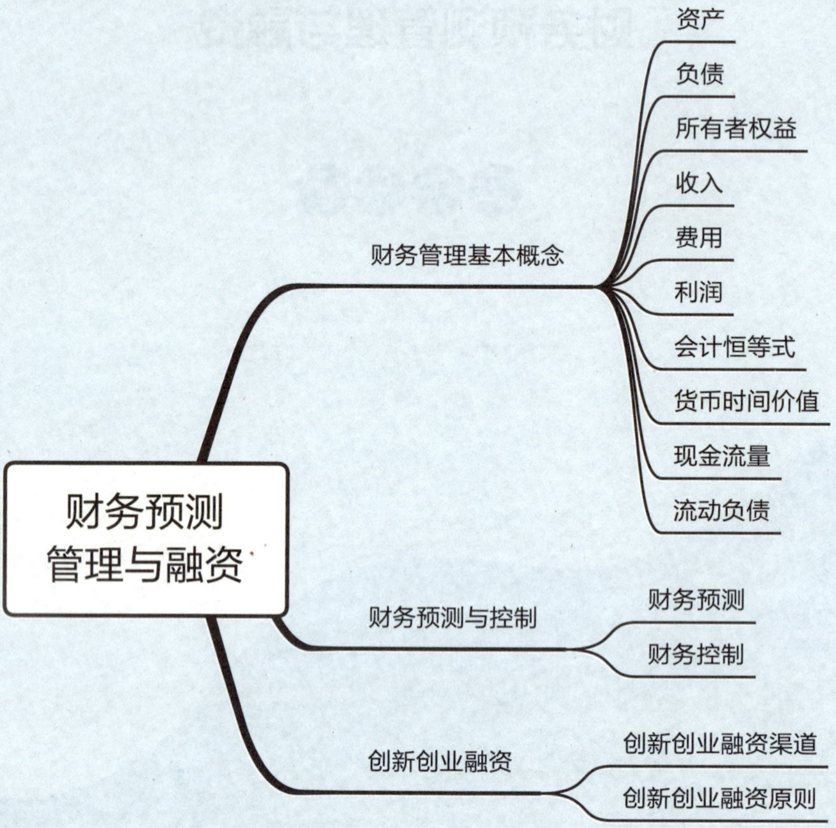
财务预测
管理与融资
财务管理基本概念
资产
负债
所有者权益
收入
费用
利润
会计恒等式
货币时间价值
现金流量
流动负债
财务预测与控制
财务预测
财务控制
创新创业融资
创新创业融资渠道
创新创业融资原则

学习目标

思政小课堂

知识目标

1. 熟悉财务管理的基本概念。
2. 熟悉创新创业融资的渠道及原则。

能力目标

1. 掌握预测常见财务指标的方法。
2. 掌握控制财务预算及成本的方法。
3. 掌握创业融资方法及具体策略。

价值目标

1. 具备工匠精神和成本意识。
2. 严格规范职业行为，具备会计从业人员的职业道德修养。

任务定位

任务一 财务管理基本概念

案例引入

一家小微企业的财务管理之道

××电子公司是一家不足20人的小企业，但就是这么一家公司，硬是在激烈的市场竞争下赢得了较高的赢利水平，究其原因无不与其财务理念有很大关系。

一、成本控制张弛有度

成本控制是许多中小企业所通用的一个办法，但成本的节约应该是一种有取舍有原则的节约。为了节约人员开支，该公司对成本的控制采取了不同情况不同对待的方法。对于少量的终极用户安装业务，多采用临时聘请熟识的工程队；对于机器的常小规模维护，则采用对业务人员进行普及技术培训的方法；而针对高端机器的紧急修理，则采取和上游厂商签订维护协议的方法。

中小企业应树立不断通过技术创新来降低产品成本的观念。以技术创新促进成本管理，从短期看，技术改造需要投入，开发新产品也需要投入，这都是增加成本的因素。但从长期看，不仅可以获取更大的效益，而且有利于争取竞争的主动权，它所带来的增利因素要大于其投入的成本因素。

二、全员财务管理

××电子公司财务部的工作对公司的运作起到了强大的约束作用。该公司推行的是全员财务管理的方式，即“人人参与财务管理”的模式。在公司以板报的形式，由财务人员每天按照合同的具体条目更新现金回收状况。财务板报在公司上下引起了极大的关注：业务人员经常来此查对，讨论并通过它来跟进自己负责合同的收款进度；主管也可以通过它来获得对二级经销商回款情况的估计。如此一来，公司的每个员工都可以从这里获得重要的信息。全员参与财务的模式极大地调动了销售人员的积极性，杜绝了销售人员只签订合同而不管实际收款的情况。

三、存货警戒线

关于库存，××电子公司设定了库存管理系统，一旦存货低于警戒线便立即补货。长期经营的经验使公司的存货占用资非常低。因为他们的业务大多是定制机器，所以和厂家的协调非常重要。该公司和长期合作的生产企业均有细的协议，设置的付款比例与买方合同的收款比例同步，这样就大大降低了由于付款时间差距引起的对现金大量占用的风险，也对厂家为机器设备安装期间提供的售后服务起到了一定的牵制作用。而对于小型设备突然出现的需求量浮动，他们用向同行调货的方式实现，虽然比直接从供货商调货价高，但由于次数少，还是比积大量库存占用流动资金要合算得多。

××电子公司虽然是一家小微企业，但却注重吸收先进技术，运用管理软件进行库存管理，在保证存货供应的同时节约了存货占用资金。

资料来源：编者根据相关资料整理

总结：投资是人生的一部分，也是在企业经营中极复杂又多变的一个环节。投资的机会一旦把握，创业者就将迈向成功。

为了进一步规范我国的财务制度，财政部在2014年7月23日制定了《企业会计准则——基本准则（2014修改）》，对一些基本的财务概念进行了详细的说明。

一、资产

资产是指由企业过去的交易或事项形成的、由企业拥有或控制的、预期会给企业带来经济利益的资源。

企业过去的交易或事项包括购买、生产、建造行为或其他交易或事项。预期在未来发生的交易或事项不形成资产。

由企业拥有或控制，是指企业享有某项资源的所有权，或者虽然不享有某项资源的所有权，但该资源能被企业所控制。

预期会给企业带来经济利益，是指直接或间接导致现金和现金等价物流入企业的潜力。

二、负债

负债是指由企业过去的交易或事项形成的、预期会导致经济利益流出企业的现时义务。现时义务是指企业在现行条件下已承担的义务。未来发生的交易或事项形成的义务，不属于现时义务，不应当确认为负债。

三、所有者权益

所有者权益是指企业资产扣除负债后由所有者享有的剩余权益。公司的所有者权益又称为股东权益。

所有者权益的来源包括所有者投入的资本、直接计入所有者权益的利得和损失、留存收益等。

直接计入所有者权益的利得和损失，是指不应计入当期损益、会导致所有者权益发生增减变动的、与所有者投入资本或向所有者分配利润无关的利得或损失。

利得是指由企业非日常活动所形成的、会导致所有者权益增加的、与所有者投入资本无关的经济利益的流入。

损失是指由企业非日常活动所发生的、会导致所有者权益减少的、与所有者分配利润无关的经济利益的流出。

四、收入

收入是指企业在日常活动中形成的、会导致所有者权益增加的、与所有者投入资本无关的经济利益的总流入。

收入只有在经济利益很可能流入从而导致企业资产增加或负债减少，且经济利益的流入额能够可靠计量时才能予以确认。

五、费用

费用是指企业在日常活动中发生的、会导致所有者权益减少的、与向所有者分配利润无关的经济利益的总流出。

费用只有在经济利益很可能流出从而导致企业资产减少或负债增加，且经济利益的流出额能够可靠计量时才能予以确认。

六、利润

利润是指企业在一定会计期间的经营成果。利润包括收入减去费用后的净额、直接计入当期利润的利得和损失等。

直接计入当期利润的利得和损失是指应当计入当期损益、会导致所有者权益发生增减变动的、与所有者投入资本或向所有者分配利润无关的利得或损失。

七、会计恒等式

在以上 6 个会计要素中，资产、负债和所有者权益是组成资产负债表的会计要素，也称资产负债表要素；收入、费用和利润是组成损益表的会计要素，亦称损益表要素。这 6 项会计要素相互之间存在着一定的数量关系，反映这种数量关系的恒等式就是会计等式：

$$资产=负债+所有者权益$$

$$收入-费用=利润$$

会计恒等式是会计核算中进行记账及编制会计报表的理论依据。

八、货币时间价值

创业者必须明白货币是有时间价值的，一定量的货币在不同时点上具有不同的经济价值。这种由于货币运动时间差异而形成的价值差异就是利息。创业者必须注重利息在财务决策中的作用，一个看似有利可图的项目，如果考虑货币的时间价值，很可能会变成一个得不偿失的项目，尤其是在通货膨胀时期。

九、现金流量

现金流量是衡量企业经营质量的重要标准，在许多情况下，现金流量指标比利润指标更加重要。一个企业即使有良好的经营业绩，但由于现金流量不足造成财务状况恶化，照样会使企业破产。集团公司应特别重视现金流量的控制，加强对子公司现金收支的管理。

十、流动负债

流动负债是指将在一年（含一年）或超过一年的一个营业周期内偿还的负债，包括短期借款、应付票据、应付账款、预收账款、应付工资、应付福利费、应付股利、应交税金、其他暂收应付款项、预提费用和一年内到期的长期借款等。

应用练习

“天外来客”小游戏

· 实践目标

了解风险、投资、收益之间的关系。

· 实践内容

用一个生鸡蛋和其他几种简单的材料做成一个“飞行器”，哪个小组的“飞行器”飞得最远而且生鸡蛋不碎就是胜利者。

· 实践时长

课后完成。

· 实践步骤

1. 教师把材料分给每个小组：1 个生鸡蛋，4 个纸杯，1 双筷子，长吸管和短吸管各 2 根，2 只气球，几根皮筋，几张彩纸和几支彩笔，1 把剪刀和 1 瓶胶水。

2. 游戏要求每个小组除了要用这些材料做一个鸡蛋飞行器外，还要制作一面彩旗，用来标记“飞行器”落地时的位置，并要求在 1 个小时内完成全部任务。

3. 各小组进行游戏。

4. 教师公布成绩并总结。

任务二 财务预测与控制

案例引入

宝钢集团的现金流量预算管理

宝山钢铁（集团）公司（以下简称“宝钢”）始建三期工程之初，其一期工程也进入大规模更新改造阶段，而此时正值国家连年实行货币紧缩政策，国内资金环境相对缩小，国际钢材市场持续低迷，从而使宝钢面临严峻的资金形势。为此，宝钢积极贯彻“企业管理以财务管理为中心，财务管理以资金管理为中心”的管理方针，实行“以现金流量预算为龙头，集中一贯的资金管理”模式，从各方面规范全公司的资金行为，确保资金安全及有效使用，取得了较好的经济效益。

首先，加强制度建设。资金管理部门根据资金管理内容制定了《资金管理办法》等

15个管理细则，从各方面规范全公司的资金行为，以此保证资金管理的一贯性、完整性和有效性。

其次，通过现金流量预算管理，明确目标，提高财务管理效率。现金流量预算的编制依据“以收定支，与成本费用匹配”的原则，采用“零基预算”的编制方法，按收付实现制反映业绩。具体编制时，采取自上而下的方式，由资金管理部门制定统一格式、要求；并对各部门预算的子项目进行细化，对所有数据均要求提供计算公式及对应的业务量，由各预算责任单位根据成本、费用预算编制现金流量预算。由资金管理部门汇总、初审、平衡后报预算委员会审查。其间经过多次上下反复、平衡，并与公司的经营目标相对应，最终形成年度现金流量预算。同时，根据公司年度预算制定各部门的动态现金流量预算，按季、月、周对各部门的现金流量制定分时段的预算，据以对其日常现金流量进行动态控制。

最后，为了更进一步提高资金的利用率，宝钢借鉴国外先进的银行账户管理方式，在结算中心推行“自动划款零余额管理”，即在资金管理部门的委托授权下，由银行每日上午将资金自动划入各部门的支出账户供其支用；当日营业结束后将收入账户的余额和支出账户中未用完的余额全部划回资金管理部门的总账户，各部门的收入、支出账户余额均为零。这样，在整个结算中心所有的账户中，只有资金管理部门的总账户有余额，其他账户均无余额。

实行这一新的资金调度方式需要准确的资金计划及对各银行的资金了如指掌。为此，资金管理部门要求各部门将每日具体用款额以周计划方式上报，并通过电脑联网、电话联络等方式，从银行获得每日的存款额，以便根据需要平衡调度各银行间的资金存量，使全公司的资金沉淀降到最低。

资料来源：编者根据相关资料整理

总结：财务预测是企业进行正确的财务决策的前提条件。通过财务预测，测算收入、成本、现金流量等财务数据，为企业选择未来的筹资方案、投资方案、利润分配方案等提供必要的依据。财务预测有助于公司合理安排收支，从而提高资金使用效益。

一、财务预测

预测是科学决策的前提。财务预测是根据企业财务活动的历史资料，考虑现实的要求和条件，采用科学的方法，对企业未来一定时期的资金、成本、收入和盈利水平进行测算，对企业的财务预测进行估计。

财务预测主要包括销售预测、成本预测、利润预测及资金需求量预测几个方面的内容。对于初期的创业者来说，可以进行初步的销售预测、成本预测，从而确定最初的资金需求预测，如果企业运转了一年，到第二年便具备利用销售百分比法的条件。

（一）销售预测

销售预测有定量分析和定性分析两种方法：定量分析法，也称数量分析法，是指在预测对象有关资料完备的基础上，运用一定的数学方法，建立模型做出预测；定性分析法，也称非数量分析法，是指由专业人员根据实际经验，对预测对象的未来情况及发展趋势做出预测的一种分析方法。定性分析法有全面调查法、典型调查法和专家调查法等。鉴于初创企业资金有限、精力有限，选择典型调查法比较好。典型调查法就是对某种或某几种产品，有意识地选取少数具有代表性的典型单位进行深入细致的调查研究，借以认识同类事物的发展变化规律的一种非全面调查，以推算市场需求及发展趋势。其主要内容包括对产品的数量需求、用户的购买能力等。典型调查的内容包括以下几个方面。

1. 产品生命周期分析法

产品生命周期分析法就是利用在不同生命周期阶段上的产品销售量的变化趋势，进行销售预测的一种定性分析方法。产品生命周期是指产品从投入市场到退出市场所经历的时间，一般要经过萌芽期、成长期、成熟期和衰退期 4 个阶段。判断产品所处的生命周期阶段，可根据销售增长率的指标进行。一般地，萌芽期增长率不稳定，成长期增长率最大，成熟期增长率相对稳定，衰退期增长率为负数。如果创业者进入的是一个新兴行业，那产品大多数处于萌芽期或成长期；如果进入的是一个传统行业，大多数应该处于成熟期。对于创业者来说，了解经营的产品处于哪个生命周期是很关键的，因为这决定了后面的营销策略等。

2. 消费者情况调查

消费者情况调查主要包括消费者的主要特征、经济条件、购买特点、风俗习惯及对产品的要求等因素，据此分析未来一定时期的市场情况。调查的目的主要是了解购买本企业产品或服务的团体或个人的情况，如民族、年龄、性别、文化、职业、地区等。购买行为调研法，是调研各阶层顾客的购买欲望、购买动机、兴趣爱好、购买习惯、购买时间、购买地点、购买数量、品牌偏好等情况，以及顾客对本企业产品和其他企业提供的同类产品的欢迎程度。该方法广泛应用于家电、食品、饮料、化妆品、洗涤品、日用品等快速消费品和耐用消费品等行业。

3. 市场竞争情况调查

市场竞争情况调查的目的主要是支持企业营销的总体发展战略，做到知己知彼，发挥竞争优势。该方法主要侧重于本企业与竞争对手的比较研究，以识别企业的优势和劣势，判断出本企业所具备的与竞争对手相抗衡的条件或可能性，确定企业的竞争策略，以达到以己之长克他之短的功效。其内容主要有：了解行业的竞争结构和变化趋势；了解竞争者的战略目标、核心能力、市场份额、产品策略、价格策略、销售渠道策略、促销策略等。

4. 营销渠道调查

现代企业的竞争，很大程度上取决于整条营销渠道效率的竞争，创业者要了解同类商品的生产厂家及其他进货渠道的分布状况，以及这些厂家所生产和经营商品的质量、包装、价格、运输等方面情况，并确定各种渠道因素对销售量的影响。调查内容主要包括商品销售区域和销售网点的分布、潜在销售渠道分析、销售点服务品质、铺货调研、商品运输线路、商品库存策略。

将上述4个方面的调查资料进行综合、整理、加工、计算，就可以对某种商品在未来一定时期内的销售情况进行预测。

（二）成本预测

现有的成本预测方法，一般都是根据企业产品成本的历史资料，按照成本的主要构成要素，应用数学方法来预计和推测成本的发展变动趋势。但对于新创企业来说，如果提供的产品，市场上已经广泛存在，则可以使用现有的统计数据；如果市场上有相似的产品，可以参考相似产品的成本统计数据；如果没有相近或相似的产品，则需要对构成产品成本的各种因素进行全面的分析，充分考虑产品每个部件的成本及相应的人工费、加工费、其他的制造费、营销推广费用等，同时还要考虑库存、产品不良率等诸多因素，这样就可以初步确定产品的变动成本，再结合固定成本的预测，从而可以确定总成本。

（三）利润预测

根据上面的销售预测，可以对销售收入进行预测；结合上面的成本预测，可以进行利润预测。为了验证利润是否合理，需要进行一个行业的比较。

一般情况下，各个不同的行业有一个平均的利润率，如果预测的结果是利润率高于行业的平均数，说明企业的市场行情是比较好的，需要将企业的战略规划落到实处；反之，则说明企业的利润率偏低，企业需要采取措施扩大市场份额，增加企业营业收入，或者减少成本费用。

（四）资金需求量预测

资金是企业进行生产经营活动的必要条件。企业的资金一般分为固定资金和流动资金。准确地进行资金需求预测，不仅能为企业生产经营活动的正常开展测定相应的资金需求量，而且能为经营决策、节约资金耗费、提高资金利用效果创造有效条件。

在销售预测、成本预测和费用预测的基础上，就可以对资金的需求进行预测。一般所讲的资金需求量指的是对外融资需求量，即根据企业的现实条件，确定企业的资金缺口，这个资金缺口就是资金需求量。但对于初期的创业者来说，在确定资金缺口之前，更重要的是对资金需求总量的预测。

对于这个资金需求，企业的资金可以通过现有的负债（赊购原材料、借款等）、现有的自有资金及预计新增的收入来提供，如果现有的负债、自有资金及预计新增的收入不能满足资金需求总量时，要考虑新的借款或是吸收新的投资等。用公式表示对外资金需求量为：

对外资金需求量=资金需求总量－资金来源

对于初创企业，可以利用前两年的预计报表对第 3 年的资金需求量进行预测，企业在运行了一段时间后，对未来的资金需求量进行预测，可以采用销售百分比法。

销售百分比法就是根据企业各个资金项目与销售收入总额之间的依存关系，按照计划期销售额的增长情况来预测需要相应追加多少资金的方法。那些与销售收入总额有依存关系的资产和负债项目称为敏感新项目。

销售百分比法的应用步骤如下。

（1）根据企业的实际情况，确定企业的敏感性资产和敏感性负债。

（2）计算销售百分比：

资产销售百分比=敏感性资产 / 销售收入

负债销售百分比=敏感性负债 / 销售收入

（3）计算预计敏感性资产、负债。

（4）计算预计总资产、总负债：

预计总资产=非敏感性资产合计+预计敏感性资产

预计总负债=非敏感性负债合计+预计敏感性负债

（5）计算预计的留存收益。

（6）计算预计的所有者权益总额：

预计所有者权益总额=原来的所有者权益+留存收益

（7）计算外部融资额：

外部融资额=预计总资产－预计总负债－预计所有者权益

此方法的特点是假设资产和负债中有敏感性资产和敏感性负债，核心问题是看清哪些资产和负债是属于敏感性的。

二、财务控制

新创企业和小公司成败的关键因素之一，就是正确、严格的财务控制。新创企业及成长阶段的小公司必须对各种支出加以规划和严格控制。创业者必须对公司的财务关键控制点做出相应的对策，这不仅有助于增加企业的销售额，更重要的是公司能够从中获得利润和现金。

财务控制是指利用有关信息和特定手段，对企业的财务活动施加影响和调节，以便实现所规定的财务目标的过程。对于新创企业，事前控制比较重要。比如，对企业开业必需的所有费用就要事先做好控制和安排，其他的财务控制发生在经营之后，创业者要掌握一定的方法，一旦出现问题，就要采取适当的措施。

（一）现金流量预算与控制

对于刚刚起步、企业财务制度还不是很健全的初创企业来说，现金使用分析和估计是一个强有力的计划工具，它将有利于创业者做出科学的财务决策。在创业企业成长过程中，决定企业兴衰存亡的最关键的因素是现金流，最能反映企业本质的是现金流，而非利润，在众多价值评价指标中基于现金流的评价是最具科学性和权威性的。由于企业创业初期的市场基础薄弱，市场情况还不是特别的明朗，企业的销售会出现波动，当有大的现金流入时，企业会乐观地认为前途一片光明，而在企业经营决策上过于乐观，可能会出现盲目扩展。结果当市场出现萎缩时，出现了大量的应还债务，极大增加了企业出现破产的可能性，这将会给企业带来生存的危险。对于处于创业初期的小企业来说，实际情况是费用支出往往比预计的要多一些，而收入比预计的要少一些，创业者要科学估算现金流量，避免企业面临现金流断裂的危险。

现金流量预算又称为现金预算，是指在企业预算期对现金流转时间及金额数量的预算，是企业的一种综合性预算。现金流量预算的编制遵循“以收定支，与成本费用相匹配”的原则，采用零基预算的编制方法，按收付实现制来反映现金的流入与流出。经过企业上下反复汇总、平衡，最终形成年度现金流量预算。

在实践中，编制现金流量预算主要以销售（营业）收入的收现数为起算点，然后将其他收入与费用项目的收现数、付现数分别列出，以直接反映最终的现金净流量。

其中，营业现金流量预算包括现金收入、现金支出、现金多余或不足的测算及不足部分的筹措方案和多余部分的利用方案等。

（二）应收账款控制

1. 应收账款的概念

应收账款是指企业因对外赊销产品、材料供应劳务等而应向购货或接受劳务单位收取的款项，是企业短期投资的主要组成部分。

2. 应收账款的成本及管理

应收账款成本主要由以下 3 个方面构成。

（1）机会成本。机会成本是指企业由于将资金投放于应收账款而放弃投资于其他方面的收益。

（2）管理成本。管理成本包括对顾客的信用状况进行调查所需的费用等。

（3）坏账成本。坏账成本指由于应收账款不能及时收回发生而坏账给企业造成的损失。

企业应收账款的管理包括建立应收账款核算办法、确定最佳应收账款的机会成本、制订科学合理的信用政策、严格赊销手续管理、采取灵活营销策略和收账政策、加强应收账款的日常管理等几个方面的内容。减少应收款项，制订合理的信用政策，加速资金的回笼，是应收账款控制的主要任务。

3. 应收账款的控制措施

应收账款控制主要从以下 3 个方面来进行。

（1）建立岗位职责制及应收账款核算体系。企业必须建立销售与收款控制业务的岗位职责制，明确相关部门和岗位的职责、权限、确保办理销售与收款业务的不兼容岗位相互分离，制约和监督。同时财务核算准确翔实，债权债务关系明确。新创企业必须有完善的应收账款核算体系，并且原始单据必须准确完整。

（2）评价客户资信程度，制定相应信用政策。中小企业必须根据顾客的资信程度来制定给予客户的信用标准。西方传统的信用资格评价通常从信用品质、偿还能力、资本、抵押品、经济状况 5 个方面来评价客户的资信程度。

初创企业可以根据对客户的资信程度的分析对客户进行排序，选择资信程度好的客户，而拒绝那些资信程度差的客户。做好客户的信用调查，对赊销金额的用户的资产状况、财务状况、经营能力等进行实地调查，根据调查结果来评定其信用等级，建立赊销信用档案。新创企业必须根据客户的资信程度来制订给予客户的信用标准，制定相应的信用政策。通常可以从资本、抵押品、信用品质、偿还能力和经济状况 5 个方面来评价客户的资信程度。

（3）加强应收账款的账龄分析，确定收款率余额百分比。账龄分析是不同欠款期应收账款金额占全部应收金额的比例，一般来讲，逾期拖欠时间越长，账款催收的难度越大，成为坏账的可能性也就越高。通过账龄分析表，如果平均收款期开始延长或账龄分析表开始显示过期账户所占百分比逐渐增加，那么就必须采取相应措施，改善信用状况。

在实践中，初创企业总有一部分应收账款由于种种原因不能及时收回，这就要求企业确定合理的催收程序和催收方法。

（三）成本控制

初创企业本身资金就比较少，更需要关注成本的节约和成本控制，通过成本控制可以节省企业资金，降低企业的经营成本，让利于消费者，从而获得市场竞争优势。

成本控制是从技术、生产、经营各个角度对产品成本的生产过程，采用一定的标准进行经常的监督、发现问题并及时采取措施，对产品成本进行全面管理，以达到降低成本、求得最佳经济效益的目的。成本控制应该有计划、有重点地区别对待。各行各业不同企业有不同的控制重点。控制内容一般可以从成本形成过程和成本费用分类两个角度加以考虑。

成本控制的内容主要有以下几点。

（1）产品设计成本、加工工艺成本、物资采购成本、生产组织方式、材料定额与劳动定额水平等。这些内容对成本的影响最大，它基本上决定了产品的成本水平。

（2）员工工资成本，创业者要结合企业实际，做好公司薪酬管理，提高员工工作效率，在不损害员工工作积极性的基础上，合理安排工作时间，控制好工作时间，提高劳动生产率。

（3）制造费用控制，应编制弹性预算，采取费用包干，归口负责。

（4）营销费用成本，包括产品包装、厂外运输、广告促销、销售机构开支和售后服务等费用。在新创企业发展初期中，往往会存在营销费用过高，抵消了企业的利润的问题，这需要创业者做好定量分析和研究。

应用练习

一起来算一算

· 实践目标

学会分析现金流量预算和控制。

· 实践内容

业主小超计划在镇上开一家金银首饰加工店。他为生意的前6个月准备了现金流量计划表，见表8-1。

表8-1　小超的现金流量计划

单位：元

项目		月份				
		1	2	3	4	5
现金流入	月初现金	1 500	250	250	3 000	855
	现金销售	1 250	2 250	3 750	4 250	4 250
	其他现金收入	0	0	1 450	0	0
	可支配现金	2 750	2 500	5 450	7 250	5 105
现金流出	现金采购支出	1 800	1 550	1 750	1 850	1 850
	工资	450	450	450	545	545
	办公开支	250	250	250	250	250
	购买设备	0	0	0	3 750	0
	其他现金支出	0	0	0	0	0
	现金总支出	2 500	2 250	2 450	6 395	2 645
月底现金		250	250	3 000	855	2 460

请分析一下这个现金流量计划表，并回答以下问题：

1. 4 月流入企业的现金总量是多少?
2. 5 月流出企业的现金总量是多少?
3. 业主小超期望在几月份购买新设备?
4. 你认为他实际需要多少钱来开办他的新企业?

· 实践时长

课后完成。

· 实践步骤

1. 分析业主小超前 6 个月的现金流量计划表数据。
2. 通过分析表内数据等内容,结合现金流量预算与控制内容回答问题。
3. 教师总结。

任务三 创新创业融资

案例引入

贺伟龙创业,就要“玩把大的”

与一般的大学生创业者不同,贺伟龙这个 1988 年出生的年轻人,他的创业项目生产的新型非培养微生物检测芯片填补了国内市场的空白。“仅一条小型生产线,就可实现年产芯片 100 万片。”

几年前的一次同学聚会上,闲谈中有人无意提到了归国博士白向阳的“新型微生物检测芯片”技术。对于饭桌上的大多数人来说,这种“高大上”的尖端科技离他们的生活实在太远,话题也很快被一带而过。但当时贺伟龙却从只言片语中敏说地捕获了 3 个重要信息:留美博士、技术先进、与自己来自同一座城市,并从中嗅到了一丝商机。

贺伟龙得知多家公司都在与白向阳积极接洽,利用当时的白向阳想要回家乡发展的意愿,成功聘请到了白向阳。

他又得知时下许多钢铁企业由于产能过剩、资源消耗较大,正在寻求转型升级,对一些高新项目非常渴求,而高科技项目前期投资又恰好需要大型企业的资金支持。“能否从中牵线搭桥呢?”整理好厚厚的一沓资料后,他开始奔波于各大钢铁企业老总的办公室。

在对一位当地知名的民营企业家前后 4 次的出色“公关”后,他终于成功了经过协商,出资方龙海钢铁集团将占据新公司 55% 的股份,白向阳博士以技术占股 40%,贺伟龙拥有5%，并出任公司总经理。当年，河北贝克艾瑞生物技术开发有限公司正式成立。

在企业步入正轨后，对贺伟龙的考验才真正开始，“我觉得创业就像是在开车，有了车之后，要想开得快，还得加足油，得整合资源并充实专业人才！”

资料来源：编者根据相关资料整理

总结：创业融资是创业管理的关键内容，它在企业成长和发展的不同阶段具有不同的侧重点和要求。任何企业的生产经营都需要资金的支撑，对于新企业来说，无论是进行产品研发还是产品的生产和销售，都需要大量的资金投入，如何有效容积资金是创业者极为关注的问题之一。

一、创新创业融资渠道

创业融资，要多管齐下，渠道多多益善。当前，大学生创业者的融资主要依靠自我融资、亲情融资、合伙人融资、从供货商处赊购、政策扶持资金、银行贷款、设备租赁融资、天使投资、风险投资、众筹投资、私募融资等来实现。

（一）自我融资

初创企业依靠家人和自己多年的积蓄融资是创业融资的一个重要来源。优点是有利于创业者控制企业占有企业绝大部分的股份，可长期使用，不需要还本付息。缺点是资金往往有限，并且风险较大，一旦创业失败，个人的多年积蓄将付诸东流。

（二）亲情融资

亲情融资的优点是筹措资金速度快、风险小、成本低、方便、快捷、灵活。缺点是给亲友带来了资金风险，甚至是资金损失，如果创业失败可能会影响双方感情，因此诚信在企业的创业和经营过程中都很重要。

（三）合伙人融资

合伙人融资是祸福同享的共同投资。优点是不但可以有效筹集到资金，还可以充分发挥人才的作用，有利于整合和利用各种资源，能尽快形成生产能力，降低创业风险。缺点是合伙人过多就很容易产生意见分歧，降低办事效率，也有可能因为权利与义务的不对等而产生合伙人之间的矛盾，不利于合伙基础的稳定。

（四）从供货商处赊购

赊购是指购买商品时不付现金，先记账，以后一次或分为几次还款。这是一种商业信用的形式，有利于推销商品，而且贷款的利息早已经打入货价，是一种自然融资。但在企业成立之初，从供应商处赊货很难，因为供应商对企业的经营及未来状况不了解，因此企业很难从供应商处赊到货。

（五）政策扶持资金

政策扶持资金的优点是政府的投资一般都是免费的，降低或免除了筹资成本，而且不用担心投资方的信用问题。缺点是申请创业基金有严格的申报要求，同时，政府每年的投入有限，筹资者需面对其他筹资者的竞争。

（六）银行贷款

银行贷款是指银行根据国家政策以一定的利率将资金贷放给资金需要者，并约定期限归还的一种经济行为。银行贷款被誉为创业融资的“蓄水池”，在创业者中很有“群众基础”。

银行贷款有抵押贷款、信用贷款、担保贷款、贴现贷款等。银行贷款融资的优点是方便灵活，期限和类型较多，风险较小，不涉及企业资产所有权的转移等。缺点是申请手续比较麻烦，筹集资金的数量有限，利率较高。一旦银行因企业无力偿还而停止贷款，则可能使企业陷入困境，甚至导致企业破产。

（七）设备租赁融资

设备租赁融资是指出租人根据承租人对租赁对象的特定要求和对供货人的选择，出资向供货人购买租赁对象，并租给承租人使用，承租人则分期向出租人支付租金。在租赁期内租赁对象的所有权属于出租人，承租人拥有租赁对象的使用权。

设备租赁融资的优点是：在交付部分资金的情况下，就能够拥有该固定资产的使用权，因此在实际的筹资过程中，设备融资租赁和向商业银行贷款有时可以联合运用。例如，通过设备租赁融资用 1 万元的现金融资租赁一台公允价值为 5 万元的固定资产。然后，再将该固定资产作为抵押向商业银行贷款。从而获得更多的流动资产，提高企业的运营效率。此外，由于出现问题时租赁公司可以回收、处理租赁物，因而在办理融资时对企业资信和担保的要求不高，所以非常适合初创企业融资。缺点是：潜在风险性很大，一旦企业亏损无法归还到期的融资费用，将产生多米诺骨牌效应，产生一系列的消极影响。

（八）天使投资

天使投资是指对具有巨大发展潜力的初创企业进行早期的直接投资，属于一种自发而又分散的民间投资方式。它是风险投资的一种。天使投资与风险投资的区别：天使投资者大多在申请投资的人士具有明确市场计划时就已经开始投资了，而这些市场计划或想法暂时不为风险投资公司所接受。天使投资人可以分为如下几种类型：富有的个体投资者、家族型投资者、天使投资联合体和合伙人投资者。

天使投资的优点：相比风险投资，天使投资的门槛较低。有时即便是一个创业构思，只要有发展潜力，就能获得资金，而风险投资一般对这些尚未诞生或嗷嗷待哺的“婴儿”兴趣不大。天使投资的缺点：申请成功的概率较低，一方面是由于我们国家的天使投资发展有待完善，另一方面也由于投资人对企业的项目要求较高。

（九）风险投资

风险投资是由职业金融家投入到新兴的、迅速发展的、具有巨大竞争潜力的企业中的一种权益资本。从投资行为的角度来讲，风险投资是把资本投向蕴藏着失败风险的高新技术及其产品的研究开发领域，旨在促使高新技术成果尽快商品化、产业化，以取得高资本收益的一种投资过程。从运作方式来看，是指由专业化人才管理下的投资中介向特别具有潜能的高新技术企业投入风险资本的过程，也是协调风险投资家、技术专家、投资者的关系，利益共享、风险共担的一种投资方式。

风险投资人分为风险资本家、风险投资公司、产业附属投资公司和天使投资人，一般对高科技、高成长潜力的企业投资，以获得潜在的高收益，投资期限一般较长。资金流动性不高，资金流供给稳定。投向处于早期发展阶段的中小企业，可以满足其技术创新、产品研发、组织营销等各环节及不同发展阶段对资金的需求。投资方式有 3 种：一是直接投资；二是提供贷款或贷款担保；三是提供一部分贷款或担保资金，同时投入一部分风险资本购买被投资企业的股权。

投资者与企业是风险利益共同体，因而会积极参与企业经营管理。风投严格规范的运行机制、对企业进行的财务监督、遵守各种法律法规政策的规定，可以规范中小企业行为，保护知识产权，提高其自主研发能力。

（十）众筹集资

创业者可以把自己的产品原型和创意提交到众筹平台，发起募集资金，由感兴趣的人来捐献指定数目的资金。捐助者可以在项目完成后，得到一定的回馈，如这个项目制造出来的产品。有了这种平台的帮助，任何有想法的人都可以启动一个新产品的设计生产。

一般来说创业众筹可以分为 3 种模式，分别为凭证式、会员制和股权式。创业股权式的众筹在中国已经有了不少案例，也获得了社会的极大关注。对于绝大部分创业者来讲，创业股权式众筹的先锋式尝试可以帮助他们有效地找到资金。

（十一）私募融资

私募融资是指不采用公开方式，而通过私下与特定的投资人或债务人商谈，以招标等方式筹集资金，形式多样，取决于当事人之间的约定，如向银行贷款，获得风险投资等。私募融资分为私募股权融资和私募债务融资。私募股权融资是指融资人通过协商、招标等非社会公开方式，向特定投资人出售股权进行的融资，包括股票发行以外的各种组建企业时股权筹资和随后的增资扩股。私募债务融资是指融资人通过协商、招标等非社会公开方式，向特定投资人出售债权进行的融资，包括债券发行以外的各种借款。

私募债发行的优点：①发行成本低；②对发债机构资格认定标准较低；③不需要提供担保和信用评级；④信息披露程度要求低；⑤有利于建立与业内机构的战略合作。

私募债发行的缺点：①只能向合格投资者发行，我国所谓合格投资者是指注册资本金达到 1 000 万元以上，或者经审计的净资产在 2 000 万元以上的法人或投资组织；②定向发行债券的流动性低，只能以协议转让的方式流通，且只能在合格投资者之间进行。

案例分享

新东方 3 次失败的融资

俞敏洪的新东方随着规模的扩大，在 2002 年开始决定引入资本。一个养猪场的朋友决定投资 1 600 万元，占 10% 的股份，然而，老板在参加完 3 个小时的董事会后拎着钱就走了。到了第二年，一个个体户想要投资新东方，10% 的股份定价 3 000 万元，在洽谈之后对方最后也不愿意投资；第三年，又有一个上海的证券公司要投资新东方，15% 的股份涨到了 1 亿元，对方也同意了。在签完协议后俞敏洪才发现该公司的目的：希望新东方买壳上市。年底证券公司发现俞敏洪不愿意买壳上市就撤资了。可见创业融资难度之大。

资料来源：编者根据相关资料整理

二、创新创业融资原则

（1）融资总收益大于融资总成本。必须经过深入分析，确信利用筹集的资金所产生的预期总收益大于融资的总成本时，才有必要考虑融资。

（2）融资规模要量力而行。融资过多，会造成资金闲置浪费，并导致负债过多，增加风险；而融资不足又会影响企业投资计划及其他业务的正常开展。因此，应根据资金需求、企业自身条件、融资的难易程度和成本情况，量力而行确定融资数量。

（3）尽可能降低融资成本。融资成本是决定企业融资效率的关键因素，对于企业选择哪种融资方式有着十分重要的意义。

（4）确定恰当的融资期限。融资期限的选择主要取决于融资的用途和融资人的风险偏好。原则上，流动资产，宜选择各种短期融资方式；长期投资或购置固定资产，宜选择各种长期融资方式。

（5）选择最佳融资机会。融资决策要有超前预见性及时掌握各方面信息，科学预测政策、市场区环境等变化趋势，积极寻求并及时把握住各种有利时机。

（6）尽可能保持企业的控制权。企业的控制权和所有权决定企业的战略路线、发展方向、生产经营、利润和股东利益，放弃控制权一定要慎重，但也不能一味固守控制权不放。

（7）选择最有利于提高企业竞争力的融资方式。除了可解决企业资金需求外，不同融资方式对企业的信誉、产品市场份额乃至获利能力的影响大不相同，因此，应选择最有利于提高企业竞争力的融资方式。

（8）寻求最佳资本结构。不同融资方式形成的不同资本结构直接影响资本成本，进而影响企业的市场价值。一般来说，只有当预期普通股利润增加的幅度超过财务风险增加的幅度时，借债才是有利的。

应用练习

风险投掷游戏

·实践目标

通过实践游戏，了解防范风险的重要性，学习防范风险的方法。

·实践内容

1. 游戏开始时，每个参与者可以投掷3次，可以自行选择离目标物不同距离的投掷位。记录员依次完整记录投掷者每次投掷（球进篮中）的分数，失败投掷记“0”分。

2. 记分结合“站位”进行。比如，张××进行投掷比赛时，3次站位分别为5、6、7，结果只有第一次投中，记录成绩组合为（5，5）、（6，0）、（7，0），积5分。

3. 参与者正式投掷两轮，两次得分总和即为参与者最后得分，分数由高到低，分数最高的学生获得奖品。

·实践时长

15分钟。

·实践步骤

1. 在教室空地里放好篮子位置，并组织游戏参与者标号技掷序号。

2. 确定投掷位。最远投掷位和篮子之前的距离约为3米。在最远投掷位和篮子之间分10个等距。每个等距为一个投掷位（共10个投掷位），用粉笔在地面上用横线来表示每个投掷位，并标出分数（从离篮子最近的投掷位开始，依次从1到10）。投掷操作示意图如图8-1所示，投掷得分汇总表见表8-2。

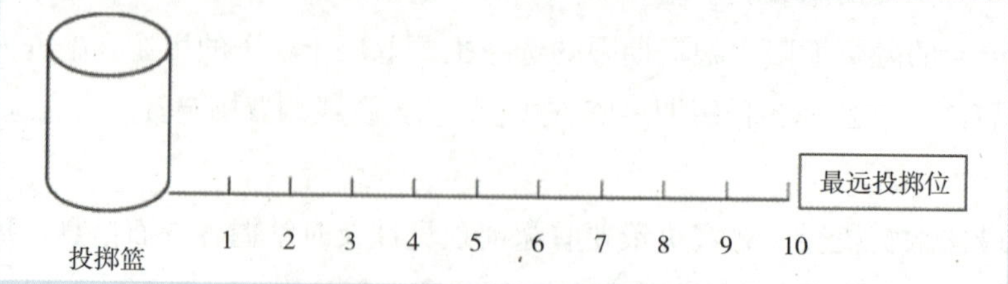

图8-1 投掷操作示意图

表 8-2　投掷得分汇总表

序号	站位	得分	积分	序号	站位	得分	积分	序号	站位	得分	积分	序号	站位	得分	积分
1				2				3				4			
5				6				7				8			
9				10				11				12			
13				14				15				16			

3. 主持人宣布游戏规则和奖品。
4. 各组进行游戏。
5. 主持人公布成绩并给分数最高的学生颁发奖品。

思考与实践

1. 针对你所在小组的创业项目，分析创业项目需要的固定资金、流动资金的金额分别是多少。

2. 根据创业项目的发展计划，对融资及相关事宜进行预测和准备。

项目九

创新创业项目路演与呈现

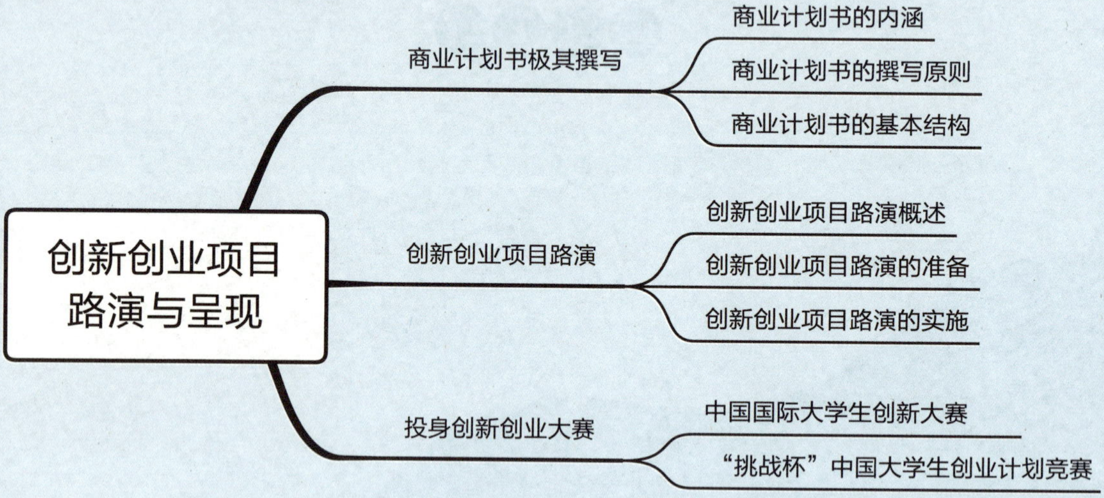
创新创业项目路演与呈现
商业计划书极其撰写
商业计划书的内涵
商业计划书的撰写原则
商业计划书的基本结构
创新创业项目路演
创新创业项目路演概述
创新创业项目路演的准备
创新创业项目路演的实施
投身创新创业大赛
中国国际大学生创新大赛
“挑战杯”中国大学生创业计划竞赛

思政小课堂

学习目标

知识目标

1. 学会如何撰写一份商业计划书。
2. 熟悉创业路演考核标准。
3. 掌握创业路演考核的流程。

能力目标

1. 撰写一份高质量商业计划书。
2. 能够掌握路演考核标准内容。
3. 能够熟练完成一场路演考核。

价值目标

1. 培养对路演考核实战的综合能力。
2. 培养对路演考核实战的应变和临场发挥能力。
3. 培养团队互助、同心同德、熔炼团队的精神。

任务定位

任务一 商业计划书及其撰写

案例引入

小赖同学的路演经验

在2020广西壮族自治区退役军人创新创业大赛中，广西某高校小赖同学路演结束后，台下的评审专家给小赖同学做了详细的点评，首先表扬了小赖同学台风很好，有军人气质，思路清晰，但是也给了几点建议：一是商业计划书有缺项，比如投融资的风险分析；二是核心优势没有很好的提炼，投资人不能第一时间发现项目的核心竞争力；三是计划书需要简洁大方，不建议赘述内容。

那么，对大学生创业者来说，如何撰写一份高质量的商业计划书呢？

资料来源：编者根据相关资料整理

总结： 优秀的商业计划书既是对创业项目现状的全面梳理，也是对创业项目未来运营的全局规划，更是寻找投融资的必备材料。商业计划书的制订不但要对市场进行充分调研，还要对行业作较为深入的剖析与了解。对大学生创新创业者来说，商业计划书是创业融资的敲门砖，上述案例清晰地告诉大家，商业计划书的撰写及呈现非常重要。

一、商业计划书的内涵

对初创企业来说，商业计划书堪称作战图，对内可有效指导企业经营，对外可凭此寻找战略盟友——投资人。商业计划书的制订是一个复杂的系统工程，不但要对行业、场进行充分的研究，而且还要有很好的文字功底。对一个发展中的企业来说，专业的商业计划书既是寻找投资的必备材料，也是企业对自身的现状及未来发展战略全面思索和重新定位的过程。本章节将学习什么是商业计划书、商业计划书的撰写原则、商业计划书的基本结构。

（一）商业计划书的含义

计划对于任何工作都是必不可少的。撰写商业计划书之所以显得特别重要，是因为“撰写商业计划书可以迫使创业者系统地思考新创企业的各个因素”。当创业者决定把一个商机转变成一个完整的商业计划时，就必须思考、推理并付诸行动。

商业计划书，也叫商业计划（Business Plan），在特定语境下也被简称为BP，是企业围绕一项具有市场前景的产品或服务，以获得融资或其他发展目标为目的，对企业内部的人员、制度、管理、财务及企业的产品、营销、市场等各个方面进行可行性分析、全面展示项目的背景、现状与规划、未来发展前景的纲领性文件。

一份高质量的商业计划书，既是与外部投资者沟通的桥梁和媒介，又是统一企业员工思想，使员工齐心协力沿着企业发展目标前进的路标，还能帮助创业团队厘清创业思路，明晰企业发展蓝图、战略、资源及人员匹配要求。商业计划书所包含的产业分析、市场分析及财务分析，将使创业者更加全面、更加清醒地审视企业的预期成就与现实之间的差距；商业计划书使目标得以量化，能为创业者预测与实际结果的差距提供可度量的标准。可以说，商业计划书是“创业者对时间和金钱的绝佳投资”。

（二）商业计划书的作用

商业计划书的作用主要在于说服投资者投资创业者的项目和企业。撰写商业计划书主要分为以下几步：①分析商机，说明创业者的基本思想和期望目标；②分析并阐述创业者如何利用这一创业机遇进行发展；③分析影响创业成败的关键因素；④分析并确定创业企业筹集资金的办法。其作用主要包括以下几种。

1. 商业计划书可以为创业者提供创业行动的总纲领

商业计划书是创业者事业的蓝图，有了明确的商业计划书，创业者才不至于在创业过程中迷失方向和打乱思路。通过制订商业计划书，创业者能够详细地解释创业目标，明确行动计划，清楚地显示创业目标的实现步骤及时间进度安排，从而对创业项目有更加清晰的认识。

2. 商业计划书可以为企业的经营活动提供依据

商业计划书通过描绘新企业的发展前景和成长潜力，使管理层和员工对企业及个人的未来充满信心，并明确要从事什么工作，从而使大家了解自己将要扮演什么角色，以及能否胜任这些工作。商业计划书为企业提供了全部的现状和发展方向及良好的效益评价体系和管理监控指标，使创业者在创业实践中有章可循。

3. 商业计划是创业者与潜在投资者之间的桥梁

一份详细的商业计划书一般包括企业成长经历、产品或服务、市场、营销、管理团队、股权结构、组织人事、财务、运营和融资方案。商业计划书只有内容翔实、数据丰富、体系完整、装订精致，才能吸引投资者的注意，让他们看懂项目的商业运作计划，从而使外部资源支持成为现实。一份精心准备的商业计划书可以使创业者在向投资者讲述创业项目时显得更加自信和条理清晰，从而在众多融资申请中脱颖而出，赢得创业资金。

（三）商业计划书的分类

商业计划书根据创业者所要达到的目的不同有不同的类型。不同类型的商业计划书对创业机会描述的详尽程度和侧重点有所不同，但是，对于创业过程所要面对的机会、资源、团队等关键要素的描述区别不大。如果是创业项目创意的初次展示，一般只对创业项目和具体的财务情况进行介绍，没有太多的企业建立后的运行计划等。这类计划书比较短，也被称为“脱水型商业计划书”（Dehydrated Business），常用于创业项目的初期宣传和吸引投资者。一般来说，根据商业计划书的以下 3 种类型，对篇幅长短和精细程度有不同的习惯要求。

1. 宣传期的商业计划书

宣传期的商业计划书一般篇幅比较短小，有的只有 1 页，最多不会超过 5 页。它适用于创业的早期宣传阶段，测试创业项目的吸引力，吸引早期的利益相关者。其内容和执行总结有相似之处，重点是对企业商业模式、核心竞争力、团队优势和核心财务数据的描述，用最简短的方式提高投资者约见的概率。

2. 融资期的商业计划书

融资期的商业计划书相对宣传期的商业计划书要更加详尽，可以充当企业运营蓝图。融资期的商业计划书目的在于筹集资金，不单单是信息披露，更是一种业务构思的规划。创业者应该详细地阐述产品或服务的特点、企业核心竞争优势、商业模式和营销规划、核心团队介绍、详细的财务预测和分析、明确的资本退出方案等。成熟、高效的管理团队可以提升投资者的信心。一个高效的创业团队能够创造出新的价值，投资者也许会将其看作投资回报率的一个参考因素。

3. 运营期的商业计划书

运营期的商业计划书是最为详尽的，其主要针对的读者是企业内部成员，起到对企业经营管理的指导作用。相对比前面两种商业计划书，它包含详尽的组织管理计划、企业整体发展规划、营销计划、财务计划等。每一部分都要进行详细的规划和安排，在企业发展之前充分地分析和规划企业将要面临的问题和现状，依据企业自身资源，制订科学合理、实用性强的计划安排，减少企业发展中的弯路和错误。

创业者应该根据撰写商业计划书的目的而有所侧重。例如，撰写商业计划书的目的是融资，则应当在市场分析、竞争对手及财务预算等方面详细阐述。这样做可以使投资者更加清晰明了地知道企业如何在既定的时间内取得高额利润。撰写商业计划书的目的如果是给内部员工看的，那么应该着重体现出企业未来的发展规划、远景还有使命，甚至还可以强调企业文化，从文化层面上来增强员工对企业的归属感，激励员工各司其职、各尽其责。

在创业过程中，融资期的商业计划书是比较重要和常用的。如今有许多方式可以完成商业计划书，如借助一些交互式单的软件的帮助，创业者就可以完成商业计划书。软件可以提高写作效率，在形式上做到规范美观，但是其写作结构过于单一，可能存在与创业项目不符的情况，要注意避免生搬硬套。有些企业雇用咨询师或外部顾问来撰写商业计划书。虽然咨询顾问可以确保尽可能专业，但要注意的是，咨询师或外部顾问不应该是商业计划书的主要写作者。商业计划书不仅是融资的工具，更是创业者梳理创业思路、整合创业资源的过程，商业计划书最好由创业者自行完成，才能具有真正的价值。

二、商业计划书的撰写原则

企业的商业计划书往往是投资者或其他利益相关者对企业的第一印象，如果计划不完善或漏洞百出，很容易让投资者猜测企业本身也不完善或有缺陷。在将商业计划书送交投资者或其他任何与初创企业有关的人审阅前，要留意商业计划的结构、内容、版式的完整和整洁与否。撰写商业计划书不是找外部专家完成了事，创业者或创业核心成员必须参与其中，尤其是创业带头人。创业者要把商业计划书的撰写过程看成是一个完善反思的过程，一个历练团队、明晰思路的过程。商业计划书撰写的原则如下。

（一）真实完整，用数据说话

商业计划书内容的真实性是前提，所有数据应具有合理的出处，支撑论据要合情合理。对于文字、数字还有图表而言，投资者更倾向于观看数字和图表，若数字、图表清晰明了，则阅读效率高。如果数字和图表都有良好的上升趋势，说明企业的整体发展具有较好的市场前景，是投资者比较容易关注的类型。在撰写商业计划书时，一定要确保数据的真实性，不要有任何的数据修饰和造假行为。这些行为一旦被投资者发现，初创企业不仅会失去投资者的投资，更失去了企业经营中最重要的诚信。

（二）慎用模板，避免生搬硬套

尽管有许多软件为撰写商业计划书提供了不少便利，但是每一个故事、每一个案例都有自己的独特性。只是把模板上的图表和数据直接替换了，把这样的商业计划书直接呈递给投资者的做法是不可取的。每一个项目都有其与众不同的地方，完全套用模板，会失去创业项目本身的特色和创新点。因此、对于软件和模板要选择性应用，对于内容相对固定的企业组织结构设计、财务报表格式等可以借鉴应用而对于体现创业项目差异化的部分，如产品或服务描述、竞争分析、营销计划、商业模式等部分，一定要由创业者自己撰写，以突出创业项目的特点和优势。

（三）内容完整，结构合理

一份好的商业计划书至少要包括以下内容：计划摘要、产品与服务、团队和管理、市场预测、营销策略、生产计划、财务规划、风险分析等，不应该遗漏任何要素。商业计划书在呈现形式上要求条理清楚、叙述流畅，因此商业计划书必须遵循一定的常规结构。尽管某些创业者试图在每件事情上都表现出创造力，但偏离商业计划常规结构形式是有风险的。因为投资者一般都期望看到易于找到关键信息的商业计划书。如果这些关键信息在应该出现的地方没有出现甚至缺失，会使投资者产生大海捞针的感觉，那么他很可能会直接放弃。

（四）表达精准，突出重点及亮点

在撰写商业计划书时，尽可能使用通俗易懂的语言，简明扼要地叙述问题，尽量少用专业领域的术语。有些商业计划书的内容很多，很多投资者很难从头到尾、面面俱到地阅读一遍，因而要求商业计划书一定突出企业独特价值。在商业计划书的撰写过程，重要的是合理安排撰写结构，内容前后衔接得当，结构安排合理，数字、图表辅助文字讲述，突出创业项目的表述重点，方便阅读。

（五）格式清晰，装帧简洁大方

创业者必须仔细琢磨商业计划的装帧与格式，使它看上去鲜明醒目，又没有过分装饰。商业计划书的读者知道创业者资源有限，也期望他们能节俭办事。活页装订是一种很好的选择，但要给商业计划书配上透明封面和封底。撰写商业计划书时，要避免纠缠于文字处理程序的设计功能，如黑体字、斜体字、不同的字号和颜色等。过度使用这些工具，会使商业计划书显得业余。

另外，在完成商业计划书后，撰写者需要仔细检查，避免表达和语法的错误、确保不遗漏任何关键信息。

三、商业计划书的基本结构

商业计划书的读者是谁？他们关注什么？这是创业者在撰写商业计划书之前必须了如指掌的。创业者做到有的放矢，必然会事半功倍。图 9-1 所示为国赛金奖商业计划书目录，一份高质量的商业计划书应该包括以下内容。

目 录

CATALOG

一、项目背景
1.1政策背景
1.2市场背景
1.3行业痛点
二、项目介绍
三、公司基本情况
3.1公司介细
3.2发展历程
3.3组织结构
四、产品与服务
4.1产品介绍
4.2课程研发评价体系
4.3项目优势
4.4竞品分析
五、商业模式
六、营销策略
七、项目开展成效
7.1非流AI课程建设
7.2文创IP产品
7.3签约合作
7.4融资发展
7.5非遗国际交流
7.6就业、教育引领
八、社会影响力
8.1行业认可
8.2专家评价
8.3社会服务
8.4媒体报道
九、财务指标及分析
9.1财务报表
9.1.1资产负债表
9.1.2利润表
9.1.3现金流量表
9.2财务分析
十、团队介绍
10.1团队介绍
10.2专家顾问
10.3专家顾问
十一、发展规划
十二、风险及应对措施
12.1人才风险及应对措施
12.2进度风险及应对措施
12.3管理风险及应对措施
12.4财务风险及应对措施
附件
附件一：营业执照
附件二：实用型专利
附件三：中国电信投资合同
附件四：部分签约合同
附件五：文遗绘本出版通知
附件六：课题立项通知
附件七：相关论文
附件八：团队成员获奖材料
附件九：项目获奖证明
附件十：公司所获证书

图 9-1 文化创意类商业计划书模板（广西赛区选拔赛职教赛道项目）

（一）执行摘要

为了吸引战略伙伴与风险投资人的注意，创业者要将商业计划书的核心内容、关键数据及基本商业逻辑提炼出来，一般在商业计划书的第一部分，这就是执行摘要。它是整个商业计划书的精华，摘要虽然列在商业计划书的最前面，但它是在其他部分定稿之后才撰写的。摘要涵盖了商业计划书的要点，应简明扼要、条理清晰地阐明创业的基本思路、目标及核心优势，篇幅不宜过长，一般限于几百字以内。创业者必须反复提炼该内容，使摘要结构完美、关键数据真实有效及语句清晰、流畅、富有感染力，便于读者在最短的时间内精准地评审创业者的商业计划书，并做出判断。

因为执行摘要和企业描述是整个商业计划的“门面”，是投资人在短时间内对商业计划是否“一见钟情”的关键章节，所以内容不宜过多，要突出项目的特色和创新，从而起到抛砖引玉的作用。关于团队、资金管理计划等其他内容，建议在后面的分项描述中做详尽阐述。如果是企业简介，还应该简要描述企业名称、企业类型、法律形式、业务范畴和经营目标等。

（二）公司概况

要把科技成果或是创意转变成产品或服务，首先要完成的事情就是注册成立公司。在商业计划书中，公司概况一般包括公司名称、注册时间、公司规模、公司性质、核心优势、员工人数、公司愿景和企业文化、组织结构等内容。在商业计划书中，公司概况部分只从总体架构上进行言简意赅的陈述即可。此外，还可以向读者展示创业者的发展历程，列举创业前期重要的、具有里程碑意义的事件。

（三）产品或服务

具有市场前景的产品或服务是公司利润的源泉，而且战略伙伴和投资人最关心的问题是新创企业的产品、技术或服务能在多大程度上解决现实中的实际问题或痛点。或其产品或服务能否帮助客户节约开支、增加收入。在进行投资项目评估时，他们会提出很多问题，创业者一定要对所有可能发生的情况进行充分的考虑并给予合理的答复。尽量详尽、准确地描述自己的产品或服务项目，特别是产品的技术特点或产品核心优势。如果产品或服务项目较多，则不必面面俱到，可以把它们分成几类分别描述。描述要通俗易懂，使非专业的投资者也能明白。通常，产品或服务介绍应包括以下 6 个方面的内容。

（1）产品（服务）的基本概述。该项主要介绍产品（服务）的性能和用途，尤其是介绍产品（服务）的新颖性、先进性和独特性，旨在说明企业的产品（服务）能解决什么问题，客户能从企业的产品（服务）中获得什么好处。

（2）产品（服务）的竞争优势。该项要阐明企业的产品（服务）与竞争对手的产品（服务）相比有哪些优缺点，客户为什么会选择本企业的产品（服务）。

（3）产品（服务）的研究和开发情况。该项主要包括企业或技术骨干以往的研究与开发成果及技术先进性（包括技术鉴定情况获国际、国家、省、市及有关部门和机构奖励的情况），参与制定产品（服务）的行业标准和质量检测标准的情况，在技术与产品（服务）开发方面同国内外竞争对手的比较情况，以及企业为提高竞争力拟采取的措施等。

（4）创新迭代新产品（服务）的技术和成本分析。该项分析包括：在技术开发方面，已经投入的资金总额是多少，计划再投入多少开发资金（列表说明每年购置的开发设备、开发人员工资、试验检测费用及与开发有关的其他费用）；企业今后的开发方向、开发重点和正在开发的技术、产品或服务；企业现有技术开发资源及技术储备情况；企业寻求技术开发依托（如大学、科研机构等）情况及合作方式；企业将采取怎样的激励机制和措施，以保持关键技术人员和技术队伍的稳定。

（5）产品（服务）的市场前景预测。该项说明为什么企业创新的定价可以使企业产生足够的利润，为什么用户会大批量地购买企业的创新。

（6）产品（服务）的品牌和专利。该项说明企业为自己的创新采取了何种保护措施，拥有哪些专利、许可证。或与已申请专利的厂家达成了哪些协议，如拥有的专门技术、版权、配方、品牌、销售网络、专营权、特许经营权等。

（四）行业分析

行业是从事国民经济中同性质的生产或其他经济社会的经营单位或个体的组织结构体系。在商业计划书中，创业者要对行业的国际国内市场及关键性的影响因素进行全面准确的分析。一份完整的行业分析应该包含 4 个部分。

（1）行业现状：包括对行业的生态图、产业链、商业模式等的分析。描述该行业是处于萌芽期还是成熟期，发展到了何种程度，总销售额是什么级别（千亿级还是万亿级），总收益如何等。

（2）竞争格局判断：了解行业内的头部企业、竞争格局、目标用户。

（3）行业发展趋势：包括行业发展前景与速度、市场结构、用户规模等。

（4）宏观环境：如国家政策或法律、经济力量、社会与文化力量、科技力量等。

在进行行业分析时，应该对所选行业的基本特点、竞争状况及未来发展趋势有一个准确的判断，这些内容都是建立在对所选行业充分了解的基础之上的。创业者只有做到这一点，才能了解行业发展规律，认清行业发展方向，确立行业发展目标。

（五）市场分析

市场分析在商业计划书中有着举足轻重的作用，其中最主要的是目标市场分析。目标市场由著名的市场营销学家麦卡锡提出。他认为，应当按照消费者的特征把整个潜在市场分成若干部分，根据产品本身的特性选定其中一部分消费者作为第一特定群体，这一群体被确定为目标市场。例如，对电脑消费群体的分析：电脑更新换代异常频繁，早已进入寻常百姓家。但电脑有诸多消费群体，高端人士青睐外观精巧、质量上乘、功能先进的电脑，商务人士喜欢具备便捷且具有多样化的商务功能，学生一族追求时尚型的外观及满足游戏功能，普通百姓则以结实耐用为首选。对目标市场的分析，应从以下几个方面入手。

（1）你的细分市场有哪些？

（2）你所拥有的市场有多大？

（3）你的市场份额是多少？

（4）你的目标顾客群是哪类或哪些人？

（5）你的三年生产计划是什么？收入和利润各是多少？

目标市场的详细分析有利于投资者判断企业目标的合理程度及其承担风险的大小。在对目标市场的分析中，创业者需要阐明这样的观点：企业处在一个庞大、发展前景非常广阔的市场环境中，并有足够的能力应对来自各个方面的竞争。

（六）竞品分析

竞品分析包含的内容与产品（服务）的独特性及新产品（服务）的市场定位紧密相关。从总体上讲企业进行竞争分析，主要包括以下几个方面的内容：①确认公司的竞争对手。公司可将相同产品（服务）的公司都视为竞争对手。②确认竞争对手的目标，即竞争对手在市场中寻找什么？竞争对手行为的驱动力是什么？此外，还必须考虑竞争对手在利润目标以外的目标，以及竞争对手的目标组合，并注意竞争对手用于攻击不同产品/市场细分区域的目标。③分析并确认竞争对手的战略。公司战略与竞争对手的战略越相似，彼此之间的竞争越激烈。④确认竞争对手的优势和劣势。这就需要收集竞争对手几年内的相关资料。一般而言，公司可以通过二手资料、个人经历等来分析竞争对手的强弱。⑤确认公司的竞争战略。

（七）商业模式

商业模式是指将产品（服务）、客户、价值三大要素整合起来，形成一个完整、高效率、具有独特核心竞争力的运行系统，并通过最优实现形式满足客户的需求，实现客户价值最大化，同时使系统实现持续盈利目标的整体解决方案。

目前，“商业模式”已经成为创业者和风险投资者的高频词汇。几乎每一个人都确信，有了一个好的商业模式，成功就有了一半的保证。简而言之，商业模式就是指公司通过什么途径或方式来盈利。只要有潜在或直接的盈利环节，就有商业模式存在。

（八）营销策略

营销策略是商业计划书的重要组成部分。它通常以年度为基准，着眼于与营销组合变量（产品、价格、分销及促销）有关的决策，并考虑如何实施所拟订的具体内容与步骤。无论创建的企业属于何种类型，有多大的规模，每一个创业者都需要制订营销策略，且需要不断加以修订及时调整战略方向。

当企业要开发一种新产品或向新的市场扩张时，首先要进行市场分析和预测，然后针对目标市场制订营销策略。市场分析的主要内容包括：①目标客户和目标市场；②市场容量和市场发展趋势；③企业在市场竞争中的地位、竞争对手的情况，以及各自的竞争优势；④预计的市场份额和销售额。营销策略主要包括市场机构和营销渠道的选择，以及价格、促销、销售网络等各方面拟采取的策略。

对处于不同发展阶段的企业来说，其营销策略是不同的。对创业企业来说，由于产品（服务）和企业的知名度低，很难进入其他企业已经稳定的销售渠道中。因此，创业企业不得不暂时采取高成本、低效益的营销策略，如上门推销、大打商品广告、向批发商和直播平台让利，或交给任何愿意经销的企业销售等。对发展中的企业来说，一方面可以利用原来的销售渠道，另一方面也可以开发新的销售渠道以适应企业的发展。

（九）财务分析

财务分析是针对创业项目的发展制订的一套可靠、全面的财务规划，以反映企业预期的财务业绩。在商业计划书中，财务分析需要花费较多的时间和精力，并由专业财务人员来进行，主要包括资产负债表分析、利润表分析和现金流量表分析。

资产负债表分析是把定量分析和定性分析结合起来，全面分析各种因素对资产负债的影响，使资产负债表的阅读者获得必要的信息。对于资产负债表账户在当期内的变化，着重于与一些经过计算的相对比率或相对指标进行对比。其主要包括流动资产变现能力分析、短期偿债能力分析、长期偿债能力分析。

利润表分析是指对企业如何组织收入、控制成本费用支出以实现盈利能力的分析，评价企业的经营成果。同时，还可以通过收支结构和业务结构分析与评价各项目业绩成长对公司总体效益的贡献，以及不同分公司的经营成果对公司总体盈利水平的贡献。通过利润表分析，可以评价企业的可持续发展能力。它反映的盈利水平颇得上市公司投资者的关注，是资本市场的“晴雨表”。

现金流量表分析是指对现金流量表上的有关数据进行比较、分析和研究，从而了解企业的财务状况，发现企业在财务方面存在的问题，预测企业未来的财务状况，为报表使用者做出科学决策提供依据。

（十）风险分析和应对

创业本身就是带有一定的冒险性质的，创业过程中的风险通常让人始料不及。很多人认为，创业者就是个冒险家，有着很高的风险偏好。实际上，真正的创业者总是尽可能避免风险，或把风险程度降至最低。真正的创业者在创业开始阶段会对可能出现的风险和可能获得的利益进行评估。风险分析不仅能减轻投资者的疑虑，让他们对企业有全方位的了解，而且能体现创业团队对市场的洞察力和解决问题的能力。

创业中存在的风险主要有行业风险、政策风险、市场风险、技术风险、资金风险、管理风险、环境风险、其他风险等。风险应对是指创业者在风险分析的基础上，选择最佳的风险管理技术，采取及时有效的方法进行风险防范和控制，用最经济合理的方式来综合处理风险，以实现最大的安全保障。常用的风险应对方法包括风险避免、风险自留、风险预防、风险抑制和风险转嫁等。

（十一）退出策略

退出策略是企业发展到一定阶段以后，投资者认为有必要将资本回收的投资策略。企业通过不断投资壮大规模后，应考虑如何适时地退出已有投资的问题。不少企业正是由于没能在投资的进入与退出之间取得较好的平衡因而在市场竞争中陷入了被动。投资退出并不是只限于项目亏损时的被迫行为，而应该是在投资时就主动确立的一种策略。如何选择适当的时机、适当的途径，实现投资顺利退出，使投资项目不仅有一个良好的开始，更有一个完美的结局，对企业来说是至关重要的。投资的退出方式主要有以下 4 种。

1. 首次公开上市退出

首次公开上市退出是指风险企业挂牌上市使风险资本退出。首次公开上市可以分为主板上市和二板上市。采用首次公开上市这种退出方式，对风险企业而言，不仅可以保持其独立性，而且可以获得在证券市场上持续融资的渠道。

2. 并购退出

并购退出是指其他企业兼并或收购风险企业、从而使风险资本退出。由于股票上市及股票升值需要一定的时间，或者风险企业难以达到首次公开上市的标准，许多风险资本家就会采用股权转让的方式退出投资。虽然并购的收益不及首次公开上市，但是风险资金能够很快地从所投资的风险企业中退出，进入下一轮投资，因此并购也是风险资本退出的重要方式。

3. 回购退出

回购退出是指风险企业家或风险企业的管理层购回风险资本家手中的股份，使风险资本退出。就其实质来说，回购退出也属于并购的一种，只不过收购的行为人是风险企业的内部人员。回购的最大优点是风险企业被完整地保存下来了，风险企业家可以掌握更多的主动权和决策权，因此回购对风险企业更为有利。

4. 清算退出

清算退出是针对投资失败项目的一种退出方式。风险投资是一种风险很高的投资行为，对风险资本家来说，一旦所投资的风险企业经营失败，就不得不采用此种方式退出。尽管采用清算退出方式损失是不可避免的（一般只能收回原投资的 64%），但是毕竟还能收回一部分投资，以用于下一个投资循环。因此，清算退出虽然是迫不得已的，却是避免企业深陷泥潭的最佳选择。清算有 3 种方式：解散清算、自然清算和破产清算。

（十二）附录

附录为公司的佐证材料或产品（服务）的详细说明，证明公司当前的实力及营运现状良好，附录一般包含：营业执照、投融资情况、专利技术等佐证材料。

应用练习

撰写一份完整的商业计划书

· 实践目标

学会撰写一份高质量商业计划书，为项目研发、推广及融资奠定基础。

· 实践内容

通过网络、学校等渠道，收集和整理高质量的商业计划书的撰写方法与技巧，并在课后撰写一份完整的商业计划书。

· 实践时长

课后完成，预计一周时间。

· 实践步骤

1. 按 5~7 人进行分组，查找、收集高质量的商业计划书的撰写方法与技巧。
2. 进行头脑风暴，讨论本小组创业项目商业计划书的框架、撰写分工等。
3. 小组共创完成创业项目商业计划书的撰写。
4. 小组自评与互评，任课教师评分。评分表见表 9-1。
5. 教师总结。

表 9-1　×××商业计划书参考评分表

评分指标（分值）	标准	小组自评（30%）	小组互评（30%）	老师评分（40%）	最后得分
执行摘要（10 分）	简明、扼要地概括整个项目；思路清晰，重点突出；具有鲜明特色和吸引力				
产品可行性分析（15 分）	精确地描述服务或产品的市场潜力、定位策略，分析项目实施后是否具备可行性，市场接受程度的调查资料是否完备				
产品或服务的创新性（10 分）	明确表述产品或服务的用户需求性、市场接受程度；指出产品或服务目前的技术领先程度，以及市场需求的适应性，能否实现产业化				

续表

评分指标（分值）	标准	小组自评（30%）	小组互评（30%）	老师评分（40%）	最后得分
市场分析（15分）	明确阐述产品或服务的市场容量与趋势、市场竞争状况、市场变化趋势及潜力，细分目标市场及客户描述，做到市场调查和分析的严密性				
营销策略（15分）	准确描述市场进入策略和市场开发营销策略策略，包括竞争分析、市场细分、定位定价等，构建新颖而富有吸引力的促销方式				
财务分析（10分）	正确编制各类财务报表，财务分析清晰				
风险分析与对策（10分）	针对市场现状，客观分析项目所面临的各种风险，并制订相应的对策				
撰写情况（15分）	逻辑严密，表达清晰，条理清楚，数据翔实				
合计（100分）					
教师评语					

署名：　　　　　　　　日期：

任务二 创新创业项目路演

案例引入

如何准备一场高质量的创业路演

青年大学生是驾驶员培训的主力军。调研发现，传统的驾驶员培训存在流程烦琐、通过率低、拿证慢等痛点，限制了大学生驾驶员培训的发展。广西××院校小李同学为了解决上述痛点，结合自己的专业优势及家族资源，于2022年创建了智能学车创新团队。团队6名核心成员均是大学生，分别来自计算机应用技术、软件开发技术应用、电气控制技术、管理工程技术及设备技术相关专业。团队于2023年6月成立公司，公司主要运营驾驶员培训业务，在高校拥有办公场地和实训基地，并与多家驾驶员培训公司签订战略合作协议，委托机械加工厂生产智能驾驶员模拟设备，每月可培训800余人。

2023年7月，小李及团队参加中国国际“互联网+”大学生创新创业大赛获得省部级银奖荣誉。有一天，小李接到投资人张总的电话，张总表示对项目很感兴趣，希望小李准备一次项目路演，若项目达到公司预期，可以投资该项目。小李接到张总电话后，既兴奋又紧张。因为，小李非常清楚本次路演关系到公司是否获得投资。但是，投资人眼中的优质路演标准是什么呢？小李又该如何准备呢？

资料来源：编者根据曾指导的真实创业项目整理

总结：商业计划书完成之后，如何在短时间内让评委专家或投资人对项目“一见钟情”呢？路演是很重要的一环，项目路演是指项目创始人或创业代表在讲台上向评委专家、投资人讲解项目基本情况、企业发展计划和融资计划。项目路演，打开了外界了解企业和项目的最重要和最直接的途径。

项目路演是一种促进融资的重要活动，是创业者针对创业项目的演讲与介绍，有利于加强投资者对项目全方位了解，从而清楚项目的投资价值。项目路演通常要求演讲者（常为创业者）在最短的时间内打动投资人，因此，项目路演对创业者有着相当高的要求。

一、创新创业项目路演概述

（一）项目路演的内涵

路演来源于以往国际上广泛采用的证券发行推广方式——“Roadshow”，指在公司上市之前，连续在多个重要的城市（通常是金融中心）开展公开的交流会，向投资者公开介绍企业、项目产品或创新想法等，以获取投资者的信心和支持，从而在接下来的上市中获得更好的发行和更高的估价。现在，路演的主体不单是上市公司，也包括某个项目，对象也不仅是投资人，还包括合作者。例如，初创企业参加项目路演以获取风险投资人的青睐；某企业部门推出创新项目，通过参加企业内部项目路演争取企业资源，以做大项目等。

大学生的创业项目路演则指大学生创业者在讲台上向投资人讲解自己的企业产品、发展规划、商业模式、财务现状与预测、经营风险与对策、融资计划、产品远景等，同理，大学生创业项目路演也是指项目创始人或创业代表在讲台上向评委专家、投资人讲解项目基本情况、企业发展计划和融资计划。

随着移动互联网技术的发展，项目路演的形式也越来越多元化，开始更多地依托多媒体技术开展路演。现在的项目路演可以使用PPT、视频，甚至可以做成微电影，形式多样，若是线下路演，则搭配活动专场与投资人进行面对面的演讲与交流，线下路演建议方便的情况下尽量向专家提供产品（服务）展示或服务，让评审专家身临其境地体验项目产品（服务）的优势；若是线上渠道路演，则可以借助腾讯会议等互联网方式，以在线视频的形式对项目进行讲解。

（二）项目路演的作用

创业项目通过路演来呈现，能够大大提高融资成功的概率，因为相比文字、静态BP（PPT）传递、表格交互，使路演更为真实。项目路演的作用如下。

1. 路演是一种信息披露方式

从展现形式上看，路演包括文字、图片、视频、PPT演讲、互动问答：从展现内容上看，路演包括项目市场分析、竞争分析、产品和技术介绍、商业模式、团队成员、财务指标、融资计划等，这种多角度、多媒体的完整信息披露方式，可以使投资人获得关于该创业项目非常详细、全面的信息，充分了解创业项目，如果是网络路演，存放在数据库中的创业公司资料和项目资料可以供公众查阅、研读，可以起到舆论监督和强化信息披露的作用。

2. 路演是一种增信手段

任何交易，都建立在信用和信任的基础之上，寻求融资更是如此。信息披露的本质就是建立信任，但文字沟通有距离感，因为文字可以包装，而路演使投融双方能够面对面进行零距离接触。增强了彼此的信任。这一作用，在信用体系不够完整的投资市场显得更为重要。

3. 路演是一种即时沟通

路演特别强调现场感，必须由项目主要创始人现场讲解，从这个角度来看，事先录好并经过剪辑的视频。只能作为路演的辅助参考。路演特别强调即时沟通，没有经过深思熟虑的斟酌而直面问题的解答，往往更能反映项目真实的情况。尤其是在问答环节，项目方和投资人通过互动交流。可以将对彼此的了解提升到新高度。

可以说，项目路演是国内外很多企业实现融资的“高速公路”。通过路演，可实现大学生创业者与投资人的零距离对话、平等交流、专业切磋，加深大学生创业者与投资人的相互了解，最终推动融资进程。

二、创新创业项目路演的准备

项目路演不仅可用于向投资人获取投资，同时也是一种重要的创业评估和市场测试手段，大学生创业者可以在这个过程中获得关于项目的反馈，并不断修改完善商业计划书。当然，更为重要的是使创业项目获得市场的认可。在正式的项目路演之前，大学生创业者还需做一些准备工作，以提高其整体呈现效果和影响能力。

（一）可行性评估

可行性评估以商业计划书为依据，由此准备的项目路演应当明确以下问题。

（1）问题与解决方案是否匹配。这决定了解决方案能否真正解决问题，目标消费者会不会愿意购买产品或服务，如果项目路演的展示，达不到问题与方案的匹配，就得不到投资人的支持。

（2）产品与市场是否匹配。这个问题主要是探讨产品或服务能否正确进行市场并能进行可持续发展。只有与市场匹配，产品或服务才能真正满足消费者需求，没有市场的产品或服务也将失去成为一个项目的价值。

（3）商业模式与资源是否匹配。创业项目的商业模式是否有足够的资源支撑其实现，商业模式有多大的扩展性，这也是投资人评估项目的标准之一。

（4）行业与竞争是否匹配。创业项目的演示过程中应当要能看出该项目是否具有明显竞争优势，以及其门槛与推出机制，这样才能确定投资人的获益空间。

（二）路演对象分析

路演的根本目的是吸引投资人，作为路演的受众，投资人也有不同的类型，大学生创业者应当按照创业企业的项目类型、项目所处的阶段及投资人关注的领域进行分析，选择适合的投资人，这样能增加吸引投资人关注项目的概率。通常意义上，对受众的分析应当考虑以下两个方面。

1. 投资领域

不同的投资人有不同的关注领域，例如，有的投资人关注金融、生物科技、智能硬件、医疗及消费等。当创业项目所在领域与投资人关注领域相匹配时，大学生创业者的融资效率会更高，融资成功的概率也会更大。

大学生创业者可以通过关注投资人以往的投资案例、投资人的投资领域及涉及投资人的报道采访等获取有关投资人的相关信息，确认自己的投资项目更符合对方的喜好，以拉动企业融资。

2. 投资阶段

不同的投资阶段，投资人承担的风险及获得的回报也会有所不同，这会影响投资人的投资决策。一般早期投资，投资人面临的风险更大，因为往往早期投资周期会更长，风险更高，当然，这通常也意味着高收益。总之，投资人投资规模、对企业的控制权和所要求的回报都会因投资阶段的不同而有所差异。

创业企业需要根据项目目前所处的阶段选择投资人，通常，处于种子期、初创期的企业可以选择天使基金；处于发展早期、培育期、扩张期融资的小公司则可以选择风险投资基金，尤其是经营高新技术业务的小公司；处于成长期的企业，则适合寻求培育基金。

三、创新创业项目路演的实施

项目路演通常会有众多创业企业对融资展开竞争，只有更优秀的表现才能获得投资人的认可，因此项目路演的内容安排是非常重要的内容，与此同时，大学生创业者还应掌握项目路演的技巧，助力融资成功。

（一）创新创业项目路演的内容

一般来说，创新创业项目路演包括以下内容。

（1）你做的是什么项目（赛道）？（项目的行业，项目的特点）

（2）你为什么要做这个项目？（目前市场有什么不足或痛点是什么，消费者有什么不满，你有什么机会）

（3）你的项目解决了客户的什么痛点或问题？是如何解决这个问题的？（解决的方式或方案）

（4）解决了上述问题你能获得什么？（你的商业模式是什么，如何提供产品或服务，如何吸引顾客，如何盈利）

（5）项目的市场空间多大？（项目是否具备良好的市场前景，目标市场是什么，国际、国内及区域市场分别是多大）

（6）你提供的产品（服务）或技术是什么？（详细介绍产品、技术或服务的独特之处）

（7）竞品分析，用几句话告诉评委或投资人，有没有别人在做这件事，如果有，那么他们做得怎么样？你的竞争优势是什么？（凭什么能在市场中获胜）最好能做一个项目的优劣势分析（SWOT分析），尽量用数据呈现。

（8）为什么现在做这个项目？（创业时机、市场的环境是否成熟）

（9）你的市场营销策略是什么？（你准备如何去开发市场，如何精准获客）

（10）为什么你们能做这个项目？（介绍你和你团队的履历和背景，你们各自的优势分别是什么，尽量优势或资源互补；你们的股东结构是什么，说明你的团队具备运作这个项目的能力）

（11）项目的进展如何？（你们目前已经进行到什么程度，是否落地运营，投入的情况及获得了哪些关键数据）

（12）你准备融资多少？计划怎么用这些资金？为此付出什么样的代价？（为什么需要这么多的资金，详细介绍拿到资金后准备怎么用，愿意出让多少股份，这些资金能用多久，能达到怎样的效果）

（二）项目路演 PPT 制作技巧

项目路演的内容最好用PPT来展示（表 9-2），因为路演时间有限，路演PPT可以将核心的内容展示出来，从而让投资人尽快对项目产生兴趣。精心设计的PPT可以让项目路演更加精彩，因此大学生创业者应巧妙构思PPT展示的内容，以便进行更专业的展示。

项目路演的PPT制作通常遵循6—6—6法则，即每行不超过6个词语，每页不超过6行，连续6页文字PPT之后要有一个视觉停顿（采用带有图表的PPT）等；一场5~8分钟的路演最好不超过20页PPT。当然大学生创业路演有所区分，区（省）级决赛路演展示一般为8+5，即8分钟为创始人或项目代表路演陈述项目，5分钟为答辩环节；国家级决赛路演展示一般为10+5，即10分钟为创始人或项目代表路演陈述项目，5分钟为答辩环节，因此根据不同级别的赛事，路演PPT制作技巧不同，区（省）级决赛路演展示PPT准确完善，国赛级决赛路演展示PPT需要内容更加精准、更加丰富，建议将创业历程关键节点阐述清楚，用数据说明。

表9-2　项目路演推荐的展示PPT模板

序号	核心内容	内容安排
1	封面	用一句话描述项目名称及项目，致力于解决什么问题，项目创始人姓名及联系方式
2	插入短视频	第2页插入一段小视频，简要展示市场巨大、痛点问题分析，解决方案，核心优势是什么，产品（服务）效果显著
3	概述	对产品或服务进行简要介绍，对演讲要点进行简介，对该项商业活动带来的潜在收益（经济收益、社会收益）等进行简单说明
4	问题	说明亟待解决的问题（问题在哪？为什么会出现该问题？如何解决该问题？）和通过调查证实的问题（潜在客户的需求是什么？专家有哪些建议？问题的严重性如何？）
5	解决办法	说明企业解决方案与其他解决方案相比的独特之处；展示本企业的解决方案在多大程度上可以改变顾客的生活，以及企业的解决方案有什么进入壁垒
6	机会和目标市场	要清楚定位企业具体的目标市场，对目标市场的广阔前景进行展望；通过图表的方式展示目标市场的规模。预期销售额和预期市场份额等信息，说明拟采取什么方法来实现销售计划
7	产品（服务）	介绍项目产品或服务的独特之处，尽可能使对技术的描述通俗易懂。切忌使用专业术语进行陈述；展示产品的图片、相关描述或样品，如果产品已经试生产成功，则最好展示样品；说明可能涉及的知识产权问题及采取的保护措施
8	竞争	详细阐述直接、间接和未来的竞争者，展示商业计划书中的竞争者分析，说明和竞争对手相比的竞争优势
9	市场和销售	描述总体的市场计划、定价策略、销售过程及销售渠道，说明顾客的购买动机、企业激起顾客欲望的方法，以及产品或服务如何到达最终顾客手中
10	管理团队	介绍现有管理团队（团队成员的背景和专长，以及其在企业中将要发挥的作用，如何进行团队合作等），说明管理团队存在的缺陷或不足，如果有顾问委员会最好加以介绍
11	财务规划	介绍未来3~5年企业总体的盈利状况、财务状况及现金流状况，尽量将规划的内容显示在一页PPT上，而且只显示总体数据，同时做好回答和数据相关问题的心理准备
12	现状	用数据突出已经取得的重大进展，介绍启动资金的来源，构成和使用情况，介绍现有的所有权结构，介绍企业采用的法律形式及其原因

续表

序号	核心内容	内容安排
13	财务要求	如果有融资计划，介绍想要的融资渠道及筹集资金的使用方式，同时介绍资金筹集后可能取得的重大进展
14	总结	总结企业、团队最大的优势，同时介绍企业的退出策略，并征求反馈意见
15	封底	用一句话描述项目，项目名称，致力于解决什么问题，项目创始人姓名及联系方式，首尾呼应

（三）创新项目路演的技巧

项目路演的效果受到多种因素的影响，除了PPT的制作质量之外，观众信息、大学生创业者的着装、演讲的趣味性等都会影响路演的质量，大学生创业者可以通过一些提前的准备和技巧应用，使自己的项目路演更加成功。

1. 提前搜集观众信息

在展示自己的商业计划书之前，大学生创业者首先需要搜集观众的相关信息，以便和观众建立各种联系。通过搜索风险投资网站，大学生创业者可以了解参加路演的风险投资者或天使投资者的信息，分析自己的商业计划书和这些观众之间是否存在某种联系，或者大学生创业者本人与这些观众之间是否有个人联系。如果商业计划书能够和观众的某些活动联系起来，或者大学生创业者本人曾经和观众有过接触，则路演工作会达到事半功倍的效果。

2. 梳理要演讲的内容

首先，针对一场路演，大学生创业者需要明确路演的目的，项目需要的融资方式，项目目前的发展阶段、技术、业务、管理等，并进行全面的梳理。其次，还要提前了解资本，考虑好资金引进后，创业团队可能会有的变化、可能面临的压力。再次，开展头脑风暴，理清商业逻辑中容易被质疑、否定的部分，并针对现场可能遇到的提问（棘手问题）做好解答的准备。最后，制作PPT，并按照合理分配的路演时间多进行练习。

3. 良好的形象

外观形象是大学生创业者给观众留下的第一印象，而这往往会影响投资人对大学生创业者及其公司的整体看法，毕竟在项目路演中，投资人不仅会关注项目本身，还会关注大学生创业者是否值得信任、可以培养等，如果服装不得体，势必会降低大学生创业者的得分，影响其对大学生创业者的综合素质判断。大学生创业者要注意，路演服装应庄重、大方、得体，不宜过于浮华。

4. 生动的讲述

大学生创业者应想方设法使路演生动有趣、充满激情。麻省理工学院的一项权威调查表明，沟通涉及 3 个层面：视觉（身体语言）占 55%、声音（语音语调）占 35%、口头表达（用字用词）占 10%，因此，在路演进程中，通过向观众提问而有意停顿或提高音量，或使用丰富的表情感染、鼓舞观众，吸引观众的注意力，多和观众沟通等都能使路演生动有趣、充满激情，是较为不错的表达技巧。

5. 了解路演过程的四大核心环节与常见问题

路演过程是借助PPT演示来阐述项目，包括 4 个核心环节：入场、演示、沟通和退场。入场是指从进场到开始讲解；演示是指讲解的全过程；沟通是回答投资者提问并与其进行沟通的环节；退场是指从致谢投资者到最后离开演示场所。各个环节对于路演来说都非常重要，因为大学生创业者的全场表现是投资者进行全方位评判的基础。

（1）路演核心环节之一：入场。良好的开场是成功的一半，大学生创业者可以设计一个好的开场，以激发观众的兴趣与注意。吸引人的故事，尤其是创业人亲身经历的有场景、时间、人物、地点、事件故事，会容易吸引观众的关注，提高演讲的感染力，因此，大学生创业者可以将故事设计为开场，也可以放在演讲中间，引发观众共情，增强整个演讲的效果。

（2）路演核心环节之二：演示。演示环节最常见的问题是，大学生创业者直接面对PPT照读全文，没有与观众的眼神交流。大学生创业者要明确在整个演示过程中谁是主角。很多大学生创业者过多注重PPT的华丽制作，但却忽略了自己才是路演的主角。而且，PPT的内容通常固定且有限，照读并不能使投资人完全理解项目，这时，大学生创业者需要通过演说和答辩来进行润色补充。另外，脱稿演讲更能体现大学生创业者对项目的自信和熟悉，这也是让投资者对项目产生信心的一个因素。

在整个演示过程中，大学生创业者还要注意对专业术语进行翻译，给出通俗易懂的理解，将抽象的概念具象化，让投资人明白演讲内容，再配合PPT直观的图文展示（尤其是数据方面），让对方听得懂、看得懂。如果最后能使观众达到知道“你是谁、要干吗、你不同、你很强”的效果，那无疑是非常成功的项目路演。

（3）路演核心环节之三：沟通。沟通答辩环节是整个路演过程中的重点部分，投资人会对项目中的团队成员、股份结构、发展前景进行进一步的询问，这时，大学生创业者的回答非常重要，答辩也显示出大学生创业者对项目及其所在行业的熟悉与自信，也是投资人对项目评估的一个整点。

（4）路演核心环节之四：退场。路演结束的退场环节也是创业者展示的一个部分，结束的致谢更显创业者的整体精神面貌，也会给投资人留下一个良好的印象。

应用练习

我是“国赛”评审小专家

·实践目标

掌握大学生创新创业大赛评审规则，理解评委眼中好项目的标准。

·实践内容

观看历年中国国际“互联网+”大学生创新创业大赛全国总决赛优秀项目路演视频，并进行模拟评审打分。

·实践时长

15~20 分钟。

·实践步骤

1. 教师播放 1~3 个历年中国国际“互联网+”大学生创新创业大赛全国总决赛优秀项目路演视频，讲解国赛路演评分细则（表 9–3）。

2. 参考国赛路演评分细则，对同一个项目分别评分。

3. 教师汇总学生评分信息，将评分结果与该项目当年的成绩进行对照。

4. 总结分享评审心得，尝试分析评委眼中的好项目的标准并选出一位代表进行分享。

5. 教师总结。

表 9–3　模拟评审打分表

评审要点	详细指标	指标内涵	评分
商业性（50 分）	经营绩效（20 分）	考察项目带来的企业利润、项目营业收入、税收上缴、持续盈利能力、市场份额等；营销策略完善且具有创新性	
	商业模式（15 分）	项目设计的完整性，竞争与合作、技术基础、产品或服务设计、资金及人员需求、现行法律法规限制等方面需具有可行性	
	成长性（15 分）	目标市场容量及可扩展性，未来五年高速成长的可能性	
团队情况（10 分）	团队构成（5 分）	考察团队成员的教育和工作背景、价值观念、擅长领域，成员的分工和业务互补情况	
	公司及股权设置（5 分）	股权分配的合理性；公司的组织架构、人员配置安排的科学性	
创新性（20 分）	创意来源（10 分）	突出原始创意特点，解决现存问题	
	创意价值（10 分）	利用互联网技术、方法和思维寻求新突破，具有先进性和独特性	

续表

评审要点	详细指标	指标内涵	评分
带动就业情况（10分）	发展战略（5分）	战略目标及宗旨明确，考察发展战略及规模扩张策略的合理性和可行性	
	带动就业规模（5分）	预计可能带动社会就业的规模	
综合表现（10分）	现场展示（5分）	思路明确，重点突出的阐述创业构想，PPT及视频展示内容逻辑性强，层次分明	
	公开答辩（5分）	正确理解评委提问并及时流畅作答，回答内容准确可信	
总分			

任务三 投身创新创业大赛

案例引入

“互联网+”大学生创新创业大赛：营造创新生态 培育青年力量

磁场控制技术攻克靶向医疗、新范式驱动药物和材料理性设计、直肠癌诊疗评估一体化AI系统……2023年4月9日，第八届中国国际“互联网+”大学生创新创业大赛冠军争夺赛在重庆大学举行，场上处处涌动着青年创新创业的热潮。

据了解，中国国际“互联网+”大学生创新创业大赛创立于2015年，将高校的教育教学、科技创新转化、人才集聚等环节和要素有机结合，在培养大学生创新意识、创新思维、创新能力，促进创业链、就业链、产业链深度联通等方面发挥独特作用。

大赛举办以来，累计有943万个团队、3 983万名大学生参赛，一批有理想、有本领的新青年在历练中增长智慧，不少创新产品成功实现落地转化，良好的创新生态为我国深入实施创新驱动发展战略培育了新生力量。

从清华大学航天航空学院博士毕业后，李京阳带领团队创业，完成大中小多谱系无人直升机定型及产业化，产品实现无人直升机在消防救援部门的批量列装。

第三届大赛冠军、浙江光珀智能科技有限公司董事长白云峰担任本届大赛评委。他告诉记者，时隔多年以不同身份再次站在赛场，自己感慨万千：“大赛改变了我的人生轨迹，让我在科技创业的道路上不断精进。这次重返赛场，明显感到项目科技含量更高，高校科研成果转化更加有效。不变的是，一代代青年人奋进在创新路上的澎湃热情。”

资料来源：骆静晨．“互联网+”大学生创新创业大赛：营造创新生态　培育青年力量[EB/OL]．学习强国，(2023-04-11)[2023-11-18]．有删改

总结：大学生创新创业大赛有利于提升大学生的创新精神及综合素养，有利于推动大学生创新创业项目落地运营。因此，当代大学生应该积极投身大学生创新创业大赛中，快速提升个人能力及专业技能，为社会建设贡献一份力量。

一、中国国际大学生创新大赛

（一）中国国际大学生创新大赛简介

中国国际大学生创新大赛（原称：中国国际“互联网+”大学生创新创业大赛），由教育部与政府、各高校共同主办。大赛旨在深化高等教育综合改革，激发大学生的创造力，培养造就“大众创业、万众创新”的主力军；推动赛事成果转化，服务经济提质增效升级；以创新引领创业、创业带动就业，推动高校毕业生更高质量创业就业。参赛组别分别为高教主赛道：本科生创意组、研究生创意组、初创组、成长组；青年红色筑梦之旅赛道：公益组、创意组、创业组；职教赛道：创意组、创业组。

（二）中国国际大学生创新大赛目的

以赛促学，培养创新创业生力军。大赛旨在激发学生的创造力，激励广大青年扎根中国大地了解国情民情，锤炼意志品质，开拓国际视野，在创新创业中增长智慧才干，把激昂的青春梦融入伟大的中国梦，努力成长为德才兼备的有为人才。

中国国际大学生创新大赛评分标准

以赛促教，探索素质教育新途径。把大赛作为深化创新创业教育改革的重要抓手，引导各类学校主动服务国家战略和区域发展，深化人才培养综合改革，全面推进素质教育，切实提高学生的创新精神、创业意识和创新创业能力。推动人才培养范式深刻变革，形成新的人才质量观、教学质量观、质量文化观。以赛促创，搭建成果转化新平台。推动赛事成果转化和产学研用紧密结合，服务经济高质量发展，努力形成高校毕业生更高质量创业就业的新局面。

拓展阅读

奔跑在奋发有为的赛道上

4月的山城重庆，迎来了一批敢闯会创的年轻力量，第八届中国国际“互联网+”大学生创新创业大赛冠军争夺赛4月9日在重庆大学举行。

累计943万个团队、3 983万名大学生参赛……创办8年来，中国国际“互联网+”大学生创新创业大赛已经成为我国深化创新创业教育改革的重要平台，为许多有理想、有本领、有担当的青年插上创新创业的“翅膀”。

一、赋能乡村振兴　传承红色精神

2017年8月，参加第三届中国“互联网+”大学生创新创业大赛“青年红色筑梦之旅”的大学生收到了习近平总书记的回信，总书记勉励他们扎根中国大地了解国情民情，用青春书写无愧于时代、无愧于历史的华彩篇章。

参赛者兰雨潇对总书记的话语仍然记忆犹新：“创业是一个困难而又漫长的过程，总书记的鼓励让我们坚定信念，我们定当志存高远、奋勇向前。”

为鼓励更多青年学子走出实验室，走进革命老区、贫困地区和城乡社区，接受思想教育、加强实践锻炼，大赛自2017年开设“青年红色筑梦之旅”赛道。从陕西延安到福建古田、从江西井冈山到河北西柏坡……5年来，共有177万支团队、813万名大学生积极投身于革命老区乡村振兴中。

据介绍，截至去年8月，累计有98万个创新创业项目精准对接农户255万余户、企业6.1万余家，签订合作协议7万余项。“红旅”已成为一堂融合了党史教育、创新创业与乡村振兴的“思政金课”，助力更多青年学子为脱贫攻坚、乡村振兴贡献青春力量。

二、紧跟时代需求　贡献青春力量

8年来，大赛涌现出许多紧跟前沿科技、瞄准国家重大战略需求的项目。纵观其中，不少涵盖学科交叉和跨行业创新，体现了大数据、云计算、人工智能等新一轮工业革命重点领域的前沿趋势和最新成果。

从课堂教学到实践教学、再到服务国家经济发展，8年来，大赛以赛促教、以赛促学、以赛促创，形成了创新创业教育的新模式。把创新创业教育融入人才培养全过程，高校重任在肩。有高校负责人介绍：“学校通过设置创新创业学分、开展多学科交叉融合创新创业项目等方式，助力学生创新创业，努力培养更多拔尖创新人才和团队。”

以赛促学、以赛促教、以赛促创，大赛带动了高等教育人才培养范式的变革。据介绍，本届大赛进一步突出育人功能，强化“四新”引领，面向新一轮科技革命和产业变革，正式设置产业赛道，提升大学生的创新精神、创业意识和创新创业能力。

产业出题、高校揭榜、学生答题、同题共答。8年来，“互联网+”大赛架起了教育端与产业端深度融合的桥梁枢纽，有力提升了学生解决实际问题的能力，有效推动了大学生更高质量的创业就业。激励广大青年学生把“青春梦”“创新创业梦”融入伟大的“中国梦”。

三、加强国际交流 构建开放平台

自第三届大赛首次设立国际赛道，到第六届大赛首次以国际命名，越来越多海外创新青年会聚于此。“互联网+”赛事国际化程度逐年提升，大赛成为增进世界大学生交流沟通的桥梁纽带及世界大学生青春追梦、共创未来的重要平台。

除中国高校外，本届大赛共吸引国外107个国家和地区的1 340所学校、7 944个项目、25 260人报名参赛，与2021年相比，参赛项目数和参赛人数分别增长44%和62%。规模增长的同时，参赛项目也“含金量”十足，牛津大学、剑桥大学、哈佛大学等世界百强大学共有2 873个项目报名参赛，达到国际项目总数的37%。大赛成为世界大学生高度关注、广泛参与的创新创业赛事国际品牌，有力促进了不同国家、不同文化、不同肤色大学生创新创业的跨时空交流。

8年来，从20万大学生到3 983万大学生，从5万个团队到943万个团队，中国国际“互联网+”大学生创新创业大赛记录着当代大学生奋发有为、昂扬向上的故事，让青春在创新创业中闪光。

资料来源：闫伊乔.奔跑在奋发有为的赛道上——中国国际“互联网+”大学生创新创业大赛8年综述[N].人民日报，2023-04-10(6).有删改

二、“挑战杯”中国大学生创业计划竞赛

（一）“挑战杯”中国大学生创业计划竞赛简介

“挑战杯”中国大学生创业计划竞赛是由共青团中央、中国科协、教育部、全国学联主办的大学生课外科技文化活动中一项具有导向性、示范性和群众性的创新创业竞赛活动，每两年举办一届。根据参赛对象，分普通高校、职业院校两类。设科技创新和未来产业、乡村振兴和脱贫攻坚、城市治理和社会服务、生态环保和可持续发展、文化创意和区域合作5个组别。

（二）“挑战杯”中国大学生创业计划竞赛宗旨

“挑战杯”中国大学生创业计划竞赛宗旨是培养创新意识、启迪创意思维、提升创造能力、造就创业人才。

（三）“挑战杯”中国大学生创业计划竞赛目的

深入学习贯彻习近平新时代中国特色社会主义思想，聚焦为党育人功能，从实践教育角度出发，引导和激励高校学生弘扬时代精神，把握时代脉搏，将所学知识与经济社会发展紧密结合，培养和提高创新、创造、创业的意识和能力，并在此基础上促进高校学生就业创业教育的蓬勃开展，发现和培养一批具有创新思维和创业潜力的优秀人才。

（四）“挑战杯”中国大学生创业计划竞赛方式

大赛分校级初赛、省级复赛、全国决赛。校级初赛由各校组织，广泛发动学生参与，遴选参加省级复赛项目。省级复赛由各省（自治区、直辖市）组织，遴选参加全国决赛项目。全国决赛由全国组委会聘请专家根据项目社会价值、实践过程、创新意义、发展前景和团队协作等综合评定金奖、银奖、铜奖等项目。大赛期间组织参赛项目参与交流展示活动。

“挑战杯”中国大学生创业计划竞赛评分标准

拓展阅读

科创挑战　追梦未来

炫酷的竞技舞台上，一张张青春、阳光的脸上洋溢着自信而灿烂的笑容。这些来自我国多所高校的“95后”“00后”大学生，代表着所在高校的科创团队认真地介绍着竞技项目。面对评委或肯定或质疑的点评，他们从容淡定。

这是2023年10月28日在贵州大学举行的第十八届“挑战杯”全国大学生课外学术科技作品竞赛的现场，包括“揭榜挂帅”专项赛、主体赛等多个主要科技竞赛活动正有序开展。

“挑战杯”竞赛是我国大学生科技创新的重要载体，也是一项具有导向性、示范性和群众性的全国竞赛活动。自1989年举办以来，该竞赛已成为面向广大青年学子的实践平台、培养青年学生科学精神的重要课堂。

今年由贵州大学承办的第十八届“挑战杯”竞赛，搭建了“1+1+2”的赛事整体架构，包括主体赛、“揭榜挂帅”专项赛、红色专项活动和“黑科技”展示活动，共吸引到全国2 000多所高校、40余万件作品、250多万名学生参赛。

经过前期多轮比拼，佼佼者一路“过五关、斩六将”，站上了此次终极对决的舞台。

据了解，该项比赛突出“英雄不论出处，谁有本事谁揭榜”的理念，秉承“以解决实际问题为目标”的思路，瞄准行业关键技术、社会重大课题及现实问题，以“政企发榜、竞争揭榜、开榜签约”的方式，由政府、企业等单位提需求出题，组委会面向高校广发“英雄帖”，学生团队打擂揭榜。

记者了解到，今年“揭榜挂帅”专项赛的赛题数量是上届的3倍，不仅涉及大数据行业应用、食用菌技术、人工智能应用等多个应用型技术领域，也有不少关于人文社科类问题的揭榜竞技。

此次比赛项目侧重不同赛道，让参赛者形成差异定位、文理各擅、高低搭配的格局，凸显了“崇尚科学、追求真知、勤奋学习、锐意创新、迎接挑战”的活动宗旨。

比赛现场还举办了大学科创成果展及具有地方特色的活动，包括“中国天眼”FAST邀请活动、“青春遇见数谷”和“多彩贵州之交通巨变观摩活动”等。

"挑战杯"自1989年起每两年举办一届，被誉为当代大学生科技创新领域的"奥林匹克盛会"。

资料来源：编者根据曾指导的真实创业项目整理

应用练习

我是创业路演小能手

· 实践目标

掌握创新创业大赛路演的方法与技巧。

· 实践内容

通过观看历年中国国际"互联网+"大学生创新创业大赛全国总决赛优秀项目路演视频，掌握创新创业大赛路演的方法与技巧，并进行头脑风暴，制作本创业项目的路演PPT制作及路演展示。

· 实践时长

30~40分钟。

· 实践步骤

1. 通过观看历年中国国际"互联网+"大学生创新创业大赛全国总决赛优秀项目路演视频，掌握创新创业大赛项目路演的方法与技巧。

2. 按5~7人进行分组，对小组创业项目进行分析，进行头脑风暴，产生本小组创业项目的路演PPT包括的内容、PPT的制作等。

3. 小组课后完成路演PPT制作，确定路演人。

4. 小组逐一路演，其他小组、教师按照评分标准（表9-4）逐一打分。

5. 小组选出一位代表进行分享。

6. 教师点评。

表9-4 路演评分标准

评审要点	详细指标	指标内涵	评分
商业性（50分）	经营绩效（20分）	考察项目带来的企业利润、项目营业收入、税收、上缴、持续盈利能力、市场份额等；营销策略完善且具有创新性	
	商业模式（15分）	项目设计的完整性，竞争与合作、技术基础、产品或服务设计、资金及人员需求、现行法律法规限制等方面需具有可行性	
	成长性（15分）	目标市场容量及可扩展性，未来五年高速成长的可能性	

续表

评审要点	详细指标	指标内涵	评分
团队情况（10分）	团队构成（5分）	考察团队成员的教育和工作背景、价值观念、擅长领域，成员的分工和业务互补情况	
	公司及股权设置（5分）	股权分配的合理性；公司的组织架构、人员配置安排的科学性	
创新性（20分）	创意来源（10分）	突出原始创意特点，解决现存问题	
	创意价值（10分）	利用互联网技术、方法和思维寻求新突破，具有先进性和独特性	
带动就业情况（10分）	发展战略（5分）	战略目标及宗旨明确，考察发展战略及规模扩张策略的合理性和可行性	
	带动就业规模（5分）	预计可能带动社会就业的规模	
综合表现（10分）	现场展示（5分）	思路明确，重点突出的阐述创业构想，PPT 及视频展示内容逻辑性强，层次分明	
	公开答辩（5分）	正确理解评委提问并及时流畅作答，回答内容准确可信	
总分			

思考与实践

1. 根据你所在小组的创业项目，整理创业构想，思考如何设计高质量的PPT进行展示。
2. 根据你的创业构想，思考如何准备相关资料并模拟路演流程。

项目十

开启创业之旅

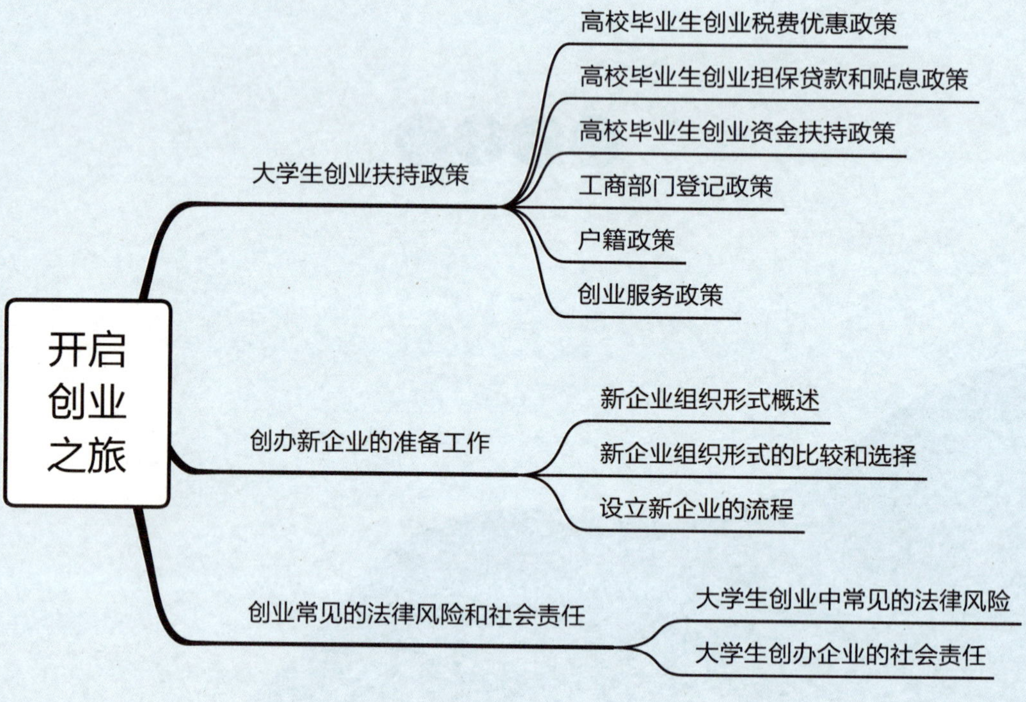
开启创业之旅
大学生创业扶持政策
高校毕业生创业税费优惠政策
高校毕业生创业担保贷款和贴息政策
高校毕业生创业资金扶持政策
工商部门登记政策
户籍政策
创业服务政策
创办新企业的准备工作
新企业组织形式概述
新企业组织形式的比较和选择
设立新企业的流程
创业常见的法律风险和社会责任
大学生创业中常见的法律风险
大学生创办企业的社会责任

学习目标

思政小课堂

知识目标

1. 熟悉有关新企业的相关优惠政策。
2. 了解设立新企业的准备、登记流程。
3. 了解创业企业可能会遇到的法律风险。
4. 了解创业企业需要承担的社会责任。

能力目标

1. 能应用新企业相关的优惠政策。
2. 能根据企业的类型和特点选择新企业的组织形式。
3. 能主动学习相关法律法规和社会责任，提高规避风险能力。

价值目标

培养合理合法经营、依法纳税、履行社会责任等意识。

任务定位

任务一 大学生创业扶持政策

案例引入

桑葚种植从小打小闹到企业化发展

小王是一名退役复学大学生，2014 年退伍后返乡创业，对村里原本零星种植的桑葚进行整合。经过 5 年发展，桑葚种植初具规模，建成 400 多亩标准化果桑基地，年产桑果近 500 吨。该项目依托毗邻南宁市区的独特区位优势，通过旅游采摘、南宁市农产品批发交易市场批量采购、泡制果酒销售等方式，使农户取得了较好的经济效益。

但随着桑葚种植规模不断扩大，一些技术难题、经营问题逐渐暴露出来，如桑葚成熟后容易落果、采摘后保鲜困难、农户泡制的桑果酒无法实现正常市场化流通等，制约了村里桑葚产业的进一步发展。创办企业、引进技术、走正规化经营管理道路，被摆上了议事日程。2019 年，小王抓住国家扶持退役军人免试回炉复学的好政策，毅然选择回到大学深入学习桑葚深加工技术，并组建起一支以退役复学大学生为核心的创业团队，致力于解决桑葚损耗率高、加工技术落后、附加值低的三大痛点难题。项目团队在农产品加工技术专家、教授的指导下，荣获 3 项桑葚深加工技术专利。小王打算整合桑葚农民种植专业合作社资源，正式创办现代农业公司，以“公司＋合作社＋农户”的模式引领乡亲们深入发展桑葚产业，助推乡村振兴。

如何注册公司？需要多少启动资金？公司取什么样的名字？选址在什么位置？公司产品如何设计？如何注册商标？如何建立和完善各项制度，推动企业的经营管理走上正轨？……一系列问题让创业者小王陷入了沉思，也推动他的创业之路迈上新台阶。

资料来源：编者根据相关资料整理

总结：创办企业是一项涉及面广、流程较为烦琐的专业化工作，经营项目、管理企业更是一项富有挑战性的经济活动，创业者需要学习掌握创办企业的流程、产品品牌塑造、守法经营、企业管理等大量的相关知识和方法。通过“干中学，学中干”，才能顺利创办企业并起步。坚持合法经营、依法纳税、讲究信誉、履行好企业社会责任，才能不断发展壮大，走得长远。

纵深推进大众创业、万众创新是深入实施创新驱动发展战略的重要支撑。高校毕业生富有想象力和激情，是创新创业的生力军。近年来，越来越多的大学生投身创新创业实践，但也面临融资难、经验少、服务不到位等问题。为提升大学生创新创业能力、增强创新创业活力，进一步支持大学生创新创业，党中央、国务院和地方政府出台了一系列优惠政策，为高校毕业生创业创新营造了良好环境。因此，对打算创业的大学生来说，了解这些政策，才能走好创业的第一步。

2022 年 4 月，教育部高校学生司、教育部学生服务与素质发展中心发布《普通高校学生自主创业政策公告》，内容包括税收优惠政策、担保贷款和贴息政策、资金扶持政策、工商登记政策、户籍政策、创业服务政策、学籍管理政策等。

一、高校毕业生创业税费优惠政策

2019 年 1 月 1 日至 2025 年 12 月 31 日，持《就业创业证》（注明“自主创业税收政策”或“毕业年度内自主创业税收政策”）的毕业年度内高校毕业生从事个体经营的，自办理个体工商户登记当月起，在 3 年（36 个月）内按每户每年 12 000 元为限额依次扣减其当年实际应缴纳的增值税、城市维护建设税、教育费附加、地方教育附加和个人所得税。限额标准最高可上浮 20%，各省、自治区、直辖市人民政府可根据本地区实际情况在此幅度内确定具体限额标准。

（一）享受主体

持《就业创业证》（注明“自主创业税收政策”或“毕业年度内自主创业税收政策”）的毕业年度内高校毕业生。高校毕业生是指实施高等学历教育的普通高等学校、成人高等学校应届毕业的学生；毕业年度是指毕业所在自然年，即 1 月 1 日至 12 月 31 日。

（二）办理方式

（1）毕业年度内高校毕业生在校期间凭学生证向公共就业服务机构申领《就业创业证》，或委托所在高校就业指导中心向公共就业服务机构代为申领《就业创业证》；毕业年度内高校毕业生离校后可凭毕业证直接向公共就业服务机构按规定申领《就业创业证》。

（2）毕业年度内高校毕业生，可持《就业创业证》、个体工商户登记执照（未完成“两证整合”的还须持《税务登记证》）向创业地县以上（含县级，下同）人力资源社会保障部门提出申请。县以上人力资源社会保障部门应当按照财税〔2019〕22 号文件的规定，核实其是否享受过重点群体创业就业税收优惠政策。对符合财税〔2019〕22 号文件规定条件的人员在《就业创业证》上注明“自主创业税收政策”或“毕业年度内自主创业税收政策”。

（3）纳税人在申报纳税时，通过填写纳税申报表相关栏 3 次，选择减免税性质代码及名称，享受本项税收优惠。毕业年度内高校毕业生留存《就业创业证》（注明“自主创业税收政策”或“毕业年度内自主创业税收政策”）备查。

（三）不同行业不同的税务优惠

（1）大学毕业生创业新办咨询业、信息业、技术服务业的企业或经营单位，提交申请经税务部门批准后，可免征企业所得税两年。

（2）大学毕业生创业新办从事交通运输、邮电通信的企业或经营单位，提交申请经税务部门批准后，第一年免征企业所得税，第二年减半征收企业所得税。

（3）大学毕业生创业新办从事公用事业、商业、物资业、对外贸易业、旅游业、物流业、仓储业、居民服务业、饮食业、教育文化事业、卫生事业的企业或经营单位，提交申请经税务部门批准后，可免征企业所得税一年。

（4）大学生直接从事种植业、养殖业、林业、牧业、水产业生产的，其销售自产的初级农产品免征增值税。（依据《中华人民共和国增值税暂行条例》第十五条）

（5）大学生销售古旧图书免征增值税。（依据《中华人民共和国增值税暂行条例》第十五条）

二、高校毕业生创业担保贷款和贴息政策

国家创业担保贷款是指以具备规定条件的创业者个人（包括合伙创业或组织起来共同创业）或小微企业为借款人，由创业担保贷款担保基金提供担保、经办此项贷款的银行业金融机

构发放、财政部门给予贴息（小微企业自行选择贴息或担保中的一项），用于支持个人创业或小微企业扩大就业的贷款。

根据《国务院办公厅关于进一步支持大学生创新创业的指导意见》（国办发〔2021〕35号）精神，为提升大学生创新创业能力、增强创新活力，进一步支持大学生创新创业，更新了对大学生创业担保贷款的支持力度。

（一）贷款对象

在法定劳动年龄内，具备一定创业能力和具有创业愿望，个人信用记录良好的高校毕业生（含大学生村官和留学回国学生），即毕业5年以内的普通高等学校毕业生（含技师学院高级工班和预备技师班、特殊教育院校毕业）、留学回国学生，以及在聘期内或服务期满5年以内的大学生村官。高校毕业生应提供毕业证；大学生村官应提供县级及以上组织部门出具的聘用书或服务期满、考核合格的证明；留学回国学生应提供教育部留学服务中心认证的国外学历学位认证书。

（二）贷款额度

可在创业地申请创业担保贷款，最高贷款额度为20万，对符合条件的个人合伙创业的，可根据合伙创业人数适当提高贷款额度，最高不超过总额的10%。对10万元及以下贷款、获得设区的市级以上荣誉的高校毕业生创业者免除反担保要求；对高校毕业生设立的符合条件的小微企业，最高贷款额度提高至300万元，财政按规定给予贴息。降低贷款利率，简化贷款申报审核流程，提高贷款便利性，支持符合条件的高校毕业生创业就业。鼓励和引导金融机构加快产品和服务创新，为符合条件的大学生创业项目提供金融服务。

（三）创业担保贷款申请程序

申请创业担保贷款贴息支持的个人和小微企业应向当地人力资源社会保障部门申请资格审核，通过资格审核的个人和小微企业，向当地创业担保贷款担保基金运营管理机构和经办银行提交担保和贷款申请，符合相关担保和贷款条件的，与经办银行签订创业担保贷款合同

三、高校毕业生创业资金扶持政策

（一）创业扶持补贴

为鼓励大学生创新创业，政府对高校毕业生开展的创业活动给予一定的扶持基金。

1. 补贴对象

对首次在设区市辖区内创办小微企业，所创企业自注册登记之日起正常运营6个月（含）

以上的毕业年度和毕业 5 年内高校毕业生、就业困难人员。

2. 补贴标准

按照每户 5 000 元的标准给予一次性创业扶持补贴。

3. 补贴申领与发放

高校毕业生、就业困难人员向当地人力资源社会保障部门申请创业扶持补贴应提供基本身份类证明（高校毕业生提供毕业证书，毕业年度的学生提供《学生证》或学校证明）、营业执照、企业生产经营情况佐证材料（如纳税证明或企业发放工资明细账单等）。如可查询企业社会保险缴费情况的，可免提供生产经营情况佐证材料。该小微企业的注册登记日应距申请奖补之日不超过 18 个月（含），且申请奖补时仍在经营。人力资源社会保障部门审核后按规定将补贴资金支付到创业者所创企业的银行基本账户或创业者本人社会保障卡金融账户，如无社会保障卡金融账户可支付到其银行账户。

4. 受理机构

当地人力资源社会保障部门。

（二）高校毕业生创业培训补贴

大学生可在常住地（在校生可在就读高校）参加创业培训并取得培训合格证的，可享受培训补贴。

1. 补贴对象

有明确创业意愿的困难家庭劳动者、应届毕业生、城乡未继续升学的应届初高中毕（肄）业生、农村转移就业劳动者、城镇登记失业人员等五类人员通过项目制培训方式，参加人力资源社会保障部门认定的创业培训机构组织开展的创业培训后取得相应证书的，按一定标准给予补贴。

2. 补贴标准

（1）参加“创办你的企业”培训（含“产生企业想法”培训内容）后取得《创业培训合格证书》的，补贴标准为 1 500 元/人。

（2）已领取工商营业执照的创业人员参加“改善你的企业”培训或“扩大你的企业”培训后取得《创业培训合格证书》的，补贴标准为 1 800 元/人。

（3）参加网络创业培训后取得《网络创业培训合格证书》的，补贴标准为 1 500 元/人。

（4）参加创业模拟实训或网络创业模拟实训后取得《创业模拟实训合格证书》或《网络创业模拟实训合格证书》的，补贴标准为 800 元/人。

参加创业模拟实训（网络创业模拟实训）的人员须先行取得“创办你的企业”培训或网络创

业培训的《网络创业培训合格证书》，创业模拟实训（网络创业模拟实训）补贴可与“创办你的企业”培训或网络创业培训补贴同时享受。

3. 补贴申领与发放

培训机构向培训所在地人力资源社会保障部门提供补贴申请表、补贴人员花名册、人力资源社会保障部门和培训机构签订的协议、培训备案材料、学员基本身份类证明、创业培训合格证书、培训成效佐证材料、培训机构对培训过程全程录像视频或数字化监控材料等。人力资源社会保障部门检查验收培训成效和审核后按规定将补贴资金支付到培训机构的银行基本账户。

4. 受理机构

当地人力资源社会保障部门。

（三）高校毕业生求职创业补贴

对毕业学年有就业创业意愿并积极求职创业的低保家庭、贫困残疾人家庭、建档立卡贫困家庭、特困人员中的高校毕业生和中等职业学校（含技工院校）毕业生，以及残疾、获得国家助学贷款的高校毕业生和中等职业学校（含技工院校）毕业生，给予一次性求职创业补贴。

1. 补贴对象

毕业学年残疾、获得国家助学贷款或属于低保家庭、贫困残疾人家庭、脱贫户家庭、特困人员（孤儿）中的高校毕业生、中等职业学校（含技工院校）毕业生。

2. 补贴标准

按照上一年度全区一类地区月最低工资标准的 80% 给予一次性发放。

3. 补贴申领与发放

补贴发放实施单位由相关毕业生所在高等学校配合当地人社部门和财政部门共同实施。学校按照规定要求负责收集相关毕业生佐证材料，并报送学校当地人社部门审核，经审核批准后，由财政部门直接将补贴资金转账至学生银行账号。

4. 受理机构

当地人力资源社会保障部门。

（四）免收有关行政事业性收费

毕业 2 年以内的普通高校学生从事个体经营（除国家限制的行业外）的，自其在工商部门首次注册登记之日起 3 年内，免收管理类、登记类和证照类等有关行政事业性收费。

四、工商部门登记政策

创办企业，只需填写“一张表格”，向“一个窗口”提交“一套材料”，登记部门直接核发加载统一社会信用代码的营业执照，“多证合一”（表 10-1）。

表 10-1 “多证合一、一照一码”事项登记表

名　　称	××××有限责任公司
法定代表人及联系电话	×××　138××××××××
□营业执照 □组织机构代码证 □税务登记证 □社会保险登记证 □管理登记证 □刻章许可证 □道路货运代理（代办）经营备案 □道路运输车辆综合性能检测站设立备案 □道路运输及道路运输相关业务经营者分公司设立备案 □道路客运经营者设立分公司备案 □对外贸易经营者备案 □直销企业服务网点备案 □二手车交易市场经营者和二手车经营主体备案 □商业特许经营企业备案 □国际货运代理企业备案 □道路运输及道路运输相关业务暂停、终止经营和经营者变更名称、法定代表人、地址 □再生资源回收经营者备案 □外商投资企业设立及变更备案 □旅行社分社设立、变更、注销备案 □旅行社服务网点设立、变更、注销备案	□旅行社变更名称备案 □旅行社变更地址备案 □旅行社出资人和法定代表人备案 □企业或其他经营单位增设统计管理登记证品经营业务备案 □艺术品经营单位备案 □演出场所经营单位备案 □公共食（饮）具集中清洗消毒服务机构备案 □保安服务公司分公司备案 □生产性废旧金属收购业特种行业备案 □开锁业特种行业备案 □寄卖业特种行业备案 □二手机动车交易特种行业备案 □报废汽车回收拆解业特种行业备案 □机动车维修业特种行业备案 □住房公积金缴存登记 □房地产经纪机构设立备案 □出入境检验检疫报检企业备案 □原产地证企业备案登记证 □国内船舶代理业务备案

五、户籍政策

取消落户限制：高校毕业生可在创业地办理落户手续（直辖市有关规定执行）。

六、创业服务政策

（一）免费创业服务

免费创业服务指可免费获得公共就业和人才服务机构提供的创业指导服务。

（二）技术创新服务

技术创新服务指各地区、各高校和科研院所的实验室及科研仪器、设施等科技创新资源可以面向大学生开放共享，提供低价、优质的专业服务。

（三）创业场地服务

鼓励各类孵化器面向大学生创新创业团队开放一定比例的免费孵化空间。政府投资开发的孵化器等创业载体应安排30%左右的场地，免费提供给高校毕业生。有条件的地方可对高校毕业生到孵化器创业给予租金补贴。

（四）创业保障政策

加大对创业失败大学生的扶持力度，按规定提供就业服务、就业援助和社会救助。毕业后创业的大学生可按规定缴纳“五险一金”。

南宁市高校毕业生就业创业政策清单

应用练习

创业政策信息碰一碰

· 实践目标

了解党和国家、地方政府推行了哪些创业政策，以及如何申请优惠政策。

· 实践内容

通过网络信息搜索、相关部门拜访等方式，收集和整理大学生创业相关优惠政策，进一步了解党和国家、地方政府的创业政策，以及如何申请优惠政策。

· 实践时长

课后完成，20~60分钟。

· 实践步骤

1. 通过关注官方渠道（如政府官方网站、官方微信公众号等），进行网络信息搜集，或者通过拜访当地人社部门，或者咨询学生创业工作负责人员，搜集大学生创业相关政策信息。

2. 将收集到的信息进行整理和分析，提炼出关键内容和要点。

3. 小组选出一位代表进行分享。

4. 教师总结。

任务二 创办新企业的准备工作

案例引入

急于盈利，对陌生行业认识不足

“我当时就是太着急了，对印刷行业一点也不了解啊，唉！”齐先生讲起他创业失败的经历，不由得长叹了一口气。2022 年 2 月，在超市做服务员的他听说开印刷厂非常赚钱，便狠下心拿出自己多年的积蓄 4 万元，又向亲朋借了 7 万元，决定在东陵区投资开厂，自己当老板。

“资金不够，最新型号的印刷机买不起，只好选择一些大厂淘汰下来的老式印刷机。”齐先生说自己当时对印刷机一点也不了解，觉得新、老式印刷机没啥差别。厂里聘请的一名技术人员曾劝他只要将开业时间推迟 2 个月，就能等到最新型号的印刷机降价，用最好的设备来生产，产品的质量、生产速度自然会提高，相信也会盈利更多。“当时我很不高兴，你想啊，推迟开业两个月，就意味着我将白丢掉十几万元的利润啊。”齐先生说道。

齐先生匆忙开业，但不到半年，就因为配套技术陈旧、产品质量差、印刷速度慢而没有客户。最后，他又回到了超市当起了服务员。

资料来源：编者根据相关资料整理

总结：创业是一件说的人多、做的人少、成功的人更少的事。很多大学生一时冲动马上创业，结果由于没有充分的准备落得惨败而归，不仅经济受损，信心也备受打击。所以，想要创业成功，要先学好创业相关知识，做好前期准备工作。

一、新企业组织形式概述

在创建新企业前，创业者应该事先确定企业的法律组织形式。根据《中华人民共和国个人独资企业法》(以下简称《个人独资企业法》)、《中华人民共和国公司法》(以下简称《公司法》)、《中华人民共和国合伙企业法》(以下简称《合伙企业法》)等法律规定，一家新创企业可以选择的组织形式一般为：个人独资企业、合伙企业、公司制企业(有限责任公司和股份有限公司)，如图 10-1 所示。创业者在创建企业时，可以依据不同组织形式的要求建立不同组织形式的企业。创业者可以个人独立创办个人独资企业，也可以由创业团队一起创办合伙制企业，或者成立有限责任公司或股份有限公司。

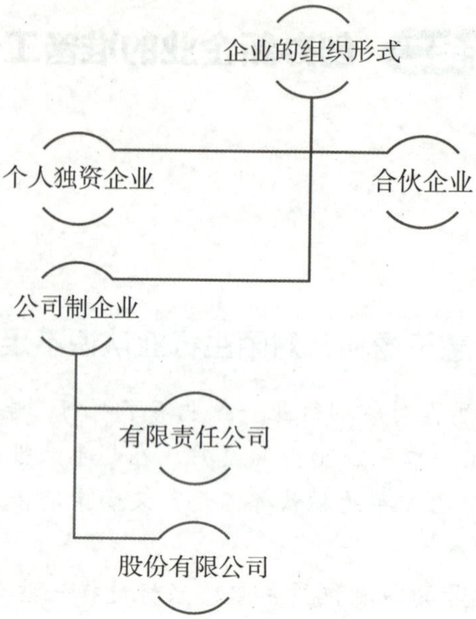

图 10-1　企业的组织形式

（一）个人独资企业

个人独资企业是最古老也最常见的一种企业法律组织形式。个人独资企业又称个人业主制企业，是指依法设立，由一个自然人投资并承担无限连带责任，财产为投资者个人所有的经营实体。

1. 个人独资企业设立条件

在各类企业当中，个人独资企业的创立条件最为简单。《个人独资企业法》第八条规定，设立个人独资企业应当具备下列条件：

（1）投资人为一个自然人；

（2）有合法的企业名称；

（3）有投资人申报的出资；

（4）有固定的生产经营场所和必要的生产经营条件；

（5）有必要的从业人员。

2. 个人独资企业的特征

（1）投资主体方面的特征。个人独资企业仅由一个自然人投资设立。这是独资企业在投资主体上与合伙企业和公司的区别所在。我国合伙企业法规定的合伙企业的投资人尽管也是自然人，但人数为 2 人以上；公司的股东通常为 2 人以上，而且投资人不仅包括自然人还包括法人和非法人组织。当然，在一人有限责任公司的场合，出资人也只有一人。

（2）企业财产方面的特征。个人独资企业的全部财产为投资人个人所有，投资人（也称业主）是企业财产（包括企业成立时投入的初始出资财产与企业存续期间积累的财产）的唯一所有者。基于此，投资人对企业的经营与管理事务享有绝对的控制与支配权，不受任何其他人的干预。个人独资企业就财产方面的性质而言，属于私人财产所有权的客体。

（3）责任承担方面的特征。个人独资企业的投资人以其个人财产对企业债务承担无限责任。这是在责任形态方面独资企业与公司（包括一人有限责任公司）的本质区别。所谓投资人以其个人财产对企业债务承担无限责任，包括三层意思：一是企业的债务全部由投资人承担；二是投资人承担企业债务的责任范围不限于出资，其责任财产包括独资企业中的全部财产和其他个人财产；三是投资人对企业的债权人直接负责。换言之，无论是企业经营期间还是企业因各种原因而解散时，对经营中所产生的债务如不能以企业财产清偿，则投资人须以其个人所有的其他财产清偿。

（4）主体资格方面的特征。个人独资企业不具有法人资格。尽管独资企业有自己的名称或商号，并以企业名义从事经营行为和参加诉讼活动，但它不具有独立的法人地位。其一，独资企业本身不是财产所有权的主体，不享有独立的财产权利；其二，独资企业不承担独立责任，而是由投资人承担无限责任。这一特点与合伙企业相同而区别于公司。独资企业不具有法人资格，但属于独立的法律主体，其性质属于非法人组织，享有相应的权利能力和行为能力，能够以自己的名义进行法律行为。

3. 个人独资企业与个体工商户的异同点

（1）个人独资企业与个体工商户的相同点。

第一，两者的投资主体基本相同。两者的投资主体只能是自然人（公民），而不能是法人或其他组织。

第二，个人独资企业与个体工商户对投入的资产都实行申报制，不需要经过法定的验资机构验资。由于两者都承担无限责任，因此也不强调对作为出资的实物、工业产权、非专利技术和土地使用权的实际缴付。

第三，两者承担法律责任的形式相同，都必须以个人或家庭财产承担无限责任。如果以出资方式分，个体工商户可分为个人经营和家庭经营两种形式；而个人独资企业也可以分为以个人财产出资的个人独资企业和以家庭财产出资的个人独资企业。在责任承担上，以个人财产出资的个人独资企业或个体工商户都以个人财产承担无限责任。以家庭财产出资的个人独资企业或个体工商户都以家庭财产承担无限责任。

第四，作为一种经济组织，个人独资企业与个体工商户均须有必要的资金、场所、从业人员及生产经营条件。这也是个体工商户与个人独资企业作为市场主体进入市场的必要条件。

此外，个人独资企业与个体工商户在商标使用主体及广告宣传策略等方面也具有很多的相同点。

(2)个人独资企业与个体工商户的区别。

第一，个人独资企业必须要有固定的生产经营场所和合法的企业名称，而个体工商户可以不起字号名称，也可以没有固定的生产经营场所而流动经营。换句话说，合法的企业名称和固定的生产经营场所是个人独资企业的成立要件，但不是个体工商户的成立要件。

第二，个体工商户的投资者与经营者是同一人，都必须是投资设立个体工商户的自然人。而个人独资企业的投资者与经营者可以是不同的人，投资人可以委托或聘用他人管理个人独资企业事务。也就是说，个人独资企业的所有权与经营权是可以分离的，这就决定了个人独资企业更符合现代企业制度的特征。而个体工商户的所有权与经营权是集于投资者一身的，已经不能适应于现代企业制度发展的要求，所以它只能适用于小规模的经营主体。

第三，个人独资企业可以设立分支机构，也可以委派他人作为个人独资企业分支机构负责人。这一规定，说明了个人独资企业不但可以在登记管理机关辖区内设立分支机构，也可以在异地设立分支机构，由设立该分支机构的个人独资企业承担责任。而个体工商户根据规定不能设立分支机构。另一方面个体工商户虽然可以异地经营，但随着各地近几年相继简化了外来人员的登记手续，从而使个体工商户的异地经营这一规定逐渐淡化。由此可以看出，个人独资企业的总体规模一般大于个体工商户。

第四，个人独资企业与个体工商户的法律地位不尽相同。在民事、行政、经济法律制度中，个人独资企业是其他组织或其他经济组织的一种形式，能以企业自身的名义进行法律活动。而个体工商户是否能够作为其他组织或其他经济组织的一种形式，一直是国内民法学家的争论对象。在日常法律活动中，个体工商户的法律行为能力往往受到一定的限制，更多的时候，个体工商户是以公民个人名义进行法律活动的。事实上，国内就有许多法律专家提出个体工商户不是法律意义上的企业。另外，个人独资企业与个体工商户作为市场主体参与市场经济其他活动的能力不同，如个人独资企业可以成为公司的股东，从而以企业名义享有公司股东的权利和义务，而个体工商户一般不能以企业名义作为公司股东，只能以个人投资者(自然人)身份成为公司股东。

第五，个人独资企业与个体工商户在财务制度和税收政策上的要求也不尽相同。事实上，这也是投资者较关心的问题。根据《个人独资企业法》的规定，个人独资企业必须建立财务制度，以进行会计核算。值得一提的是，个人独资企业的财务制度是个人独资企业的必备条件，不以任何部门的要求而改变。而个体工商户由于情况复杂，是否要建立会计制度争论较多，在即将实施的新《会计法》中也只作了原则规定。按照执法情况看，个体工商户可以按照税务机关的要求建立账簿，如税务部门不做要求的，也可以不进行会计核算。另外，在税收政策方面，由于我国的税收法律制度是一个相对独立的体系，它与市场主体法律制度之间没有统一的联系。税务部门认定一般纳税人和小规模纳税人的标准并不是以企业的市场主体地位不同而划分的。一般来说，个体工商户较难认定为一般纳税人，而个人独资企业如符合条件则可以认定为一般纳税人。如何把市场主体立法与税收立法有机地结合起来，是今后完善社会主义市场经济法律制度值得探讨的问题。

（二）合伙企业

合伙企业是指由各合伙人订立合伙协议，共同出资，共同经营，共享收益，共担风险，并对企业债务承担无限连带责任的营利性组织。也是指自然人、法人和其他组织依照《合伙企业法》在中国境内设立的，由两个或两个以上的自然人通过订立合伙协议，共同出资经营、共负盈亏、共担风险的企业组织形式。合伙企业一般无法人资格，不缴纳企业所得税，缴纳个人所得税。类型有普通合伙企业和有限合伙企业。其中普通合伙企业又包含特殊的普通合伙企业。国有独资公司、国有企业、上市公司及公益性事业单位、社会团体不得成为普通合伙人。合伙企业可以由部分合伙人经营，其他合伙人仅出资并共负盈亏，也可以由所有合伙人共同经营。

1. 合伙企业的类型

合伙企业分为普通合伙企业和有限合伙企业。其中，普通合伙企业又包含特殊的普通合伙企业。

（1）普通合伙企业。普通合伙企业由 2 人以上的普通合伙人（没有上限规定）组成。普通合伙企业中，合伙人对合伙企业债务承担无限连带责任。特殊的普通合伙企业中，一个合伙人或数个合伙人在执业活动中因故意或重大过失造成合伙企业债务的，应当承担无限责任或无限连带责任，其他合伙人则仅以其在合伙企业中的财产份额为限承担责任。

（2）有限合伙企业。有限合伙企业由 2 人以上 50 人以下的普通合伙人和有限合伙人组成，其中普通合伙人和有限合伙人都至少有 1 人。当有限合伙企业只剩下普通合伙人时，应当转为普通合伙企业，如果只剩下有限合伙人时，应当解散。普通合伙人对合伙企业债务承担无限连带责任，有限合伙人以其认缴的出资额为限对合伙企业债务承担责任。

2. 合伙企业的设立条件

合伙企业的设立条件包括以下几点。

（1）有两个以上合伙人，并且都是依法承担无限责任者；

（2）有书面合伙协议；

（3）有各合伙人实际缴付的出资；

（4）有合伙企业的名称；

（5）有经营场所和从事合伙经营的必要条件。

3. 合伙企业的特征

（1）生命有限。合伙企业比较容易设立和解散。合伙人签订了合伙协议，就宣告合伙企业的成立。新合伙人的加入，旧合伙人的退休、死亡、自愿清算、破产清算等均可造成原合伙企业的解散及新合伙企业的成立。

（2）责任无限。合伙组织作为一个整体对债权人承担无限责任。按照合伙人对合伙企业的责任，合伙企业可分为普通合伙和有限合伙。普通合伙的合伙人均为普通合伙人，对合伙企业的债务承担无限连带责任。例如，甲、乙、丙三人成立的合伙企业破产时，当甲、乙已无个人资产抵偿企业所欠债务时，虽然丙已依约还清应分摊的债务，但仍有义务用其个人财产为甲、乙两人付清所欠的应分摊的合伙债务，当然此时丙对甲、乙拥有财产追索权。有限责任合伙企业由一个或几个普通合伙人和一个或几个责任有限的合伙人组成，即合伙人中至少有一个人要对企业的经营活动负无限责任，而其他合伙人只能以其出资额为限对债务承担偿债责任，因而这类合伙人一般不直接参与企业经营管理活动。

（3）相互代理。合伙企业的经营活动，由合伙人共同决定，合伙人有执行和监督的权利。合伙人可以推举负责人。合伙负责人和其他人员的经营活动，由全体合伙人承担民事责任。换言之，每个合伙人代表合伙企业所发生的经济行为对所有合伙人均有约束力。因此，合伙人之间较易发生纠纷。

（4）财产共有。合伙人投入的财产，由合伙人统一管理和使用，不经其他合伙人同意，任何一位合伙人不得将合伙财产移为他用。只提供劳务，不提供资本的合伙人仅有权分享一部分利润，而无权分享合伙财产。

（5）利益共享。合伙企业在生产经营活动中所取得、积累的财产，归合伙人共有。如有亏损则亦由合伙人共同承担。损益分配的比例，应在合伙协议中明确规定；未经规定的可按合伙人出资比例分摊，或平均分摊。以劳务抵作资本的合伙人，除另有规定者外，一般不分摊损失。

（三）公司制企业

公司制企业是指按照法律规定，由法定人数以上的投资者（或股东）出资建立、自主经营、自负盈亏、具有法人资格的经济组织。我国公司制企业有有限责任公司和股份有限公司两种形式。当企业采用公司制的组织形式时，所有权主体和经营权主体发生分离，所有者只参与和作出有关所有者权益或资本权益变动的理财决策，而日常的生产经营活动和理财活动由经营者进行决策。

1. 有限责任公司

有限责任公司是享有法人权利的经营公司，由参加者投入的所有权（资本份额）组成固定资本份额给予参加者参与公司管理的权利，并按份额得到公司的部分利润，即分得红利，在公司破产时，得到破产份额及依法享有其他权利。需要注意的是，股东人数有限制性。需要由50个以下的股东组成，可以是自然人，也可以是法人。股东以其认缴的出资额为限对公司承担责任。

（1）有限责任公司的类型。有限责任公司包括国有独资公司及其他有限责任公司。国有独资公司是指国家授权的投资机构或国家授权的部门单独投资设立的有限责任公司。其他有限责任公司是指国有独资公司以外的其他有限责任公司，如一人有限责任公司。

一人有限责任公司简称“一人公司”“独资公司”“独股公司”,《公司法》第五十七条规定:“本法所称一人有限责任公司,是指只有一个自然人股东或一个法人股东的有限责任公司。”一人有限责任公司的股东对公司的债务原则上承担有限责任,只要股东能将自己的财产和公司的财产分开,法律即可承认一人公司的独立地位。这是与个人独资企业的本质区别。

(2)有限责任公司的特点。有限责任公司(有限公司)是我国企业实行公司制最重要的一种组织形式,指根据《中华人民共和国公司登记管理条例》(以下简称《公司登记管理条例》)规定登记注册。其优点是设立程序比较简单,不必发布公告,也不必公布账目,尤其是公司的资产负债表一般不予公开,公司内部机构设置灵活。其缺点是由于不能公开发行股票,筹集资金范围和规模一般都比较小,难以适应大规模生产经营活动的需要。因此,有限责任公司(有限公司)这种形式一般适于中小型非股份制公司。

对于创业来说,有限责任公司是比较适合创业的企业类型,大部分的投融资方案、VIE架构等都是基于有限责任公司进行设计的。

2. 股份有限公司

股份有限公司是指公司资本为股份所组成的公司,股东以其认购的股份为限对公司承担责任的企业法人。《公司法》规定,设立股份有限公司,应当有 2 人以上 200 人以下为发起人。由于所有股份公司均须是负担有限责任的有限公司(但并非所有有限公司都是股份公司),所以一般合称“股份有限公司”。股份公司产生于 18 世纪的欧洲,19 世纪后半期广泛流行于世界资本主义各国,股份公司在资本主义国家的经济中占据统治地位。

(1)设立条件。

①发起人符合法定的资格,达到法定的人数。发起人的资格是指发起人依法取得的创立股份有限公司的资格。股份有限公司的发起人可以是自然人,也可以是法人,但发起人中须有过半数的人在中国境内有住所。设立股份有限公司,必须达到法定的人数,应有 2 人以上 200 人以下的发起人。国有企业改建为股份有限公司的,发起人可以少于 5 人,但应当采取募集设立方式。规定发起人的最低限额,是设立股份有限公司的国际惯例。如果发起人的最低限额没有规定,一则发起人太少难以履行发起人的义务,二则防止少数发起人损害其他股东的合法权益。对发起人的最高限额则无规定的必要。

②发起人认缴和向社会公开募集的股本达到法定的最低限额。股份有限公司须具备基本的责任能力,为保护债权人的利益,设立股份有限公司必须要达到法定资本额。中国股份有限公司的资本最低限额不得低于 500 万元人民币。对有特定要求的股份有限公司的注册资本最低限额需要高于上述最低限额的,由法律、行政法规另行规定。发起人可以用货币出资,也可以用实物、工业产权、非专利技术、土地使用权作价出资。发起人以货币出资时,应当缴付现金。发起人以货币以外的其他财产权出资时,必须进行评估作价,核实财产,并折合为股份,且应当依法办理其财产权的转移手续,将财产权同发起人转归公司所有。

③股份发行、筹办事项符合法律规定。股份发行、筹办事项符合法律规定，是设立股份有限公司所必须遵循的原则。股份的发行是指股份有限公司在设立时为了筹集公司资本，出售和募集股份的法律行为。这里讲的股份的发行是设立发行，是设立公司的过程中，为了组建股份有限公司，筹集组建公司所需资本而发行股份的行为。设立阶段的发行分为发起设立发行和募集设立发行两种。发起设立发行即所有股份均由发起人认购，不得向社会公开招募。招募设立发行即发起人只认购股份的一部分，其余部分向社会公开招募。

股份有限公司的资本划分为股份，每一股的金额相等。公司的股份采限股票的形式。股份的发行实行公开、公平、公正的原则，且必须同股同权、同股同利。同次发行的股份、每股的发行条件、发行价格应当相同。以发起方式设立股份有限公司的，发起人以书面认定公司章程规定及发行的股份后，应即缴纳全部股款。

以募集方式设立股份有限公司的，发起人认购的股份不得少于公司股份总数的百分之三十五，其余份应当向社会公开募集。发起人向社会公开募集股份时，必须依法经国务院证券管理部门批准，并公告招股说明书，制作认股书，由依法批准设立的证券经营机构承销，签订承销协议，同银行签订代收股款协议，由银行代收和保存股款，向认股人出具收款单据。

（2）股份有限公司的主要特征。

①股份有限公司是独立的经济法人；

②股份有限公司的股东人数不得少于法律规定的数目；

③股份有限公司的股东对公司债务负有限责任，其限度是股东应交付的股金额；

④股份有限公司的全部资本划分为等额的股份，通过向社会公开发行的办法筹集资金，任何人在缴纳了股款之后，都可以成为公司股东，没有资格限制；

⑤公司股份可以自由转让，但不能退股；

⑥公司账目须向社会公开，以便于投资人了解公司情况，进行选择；

⑦公司设立和解散有严格的法律程序，手续复杂。

由此可以看出，股份有限公司是典型的“资合公司”。一个人能否成为公司股东决定于他是否缴纳了股款，购买了股票，而不取决于他与其他股东的人身关系，因此，股份有限公司能够迅速、广泛、大量地集中资金。同时，还可以看到，虽然无限责任公司、有限责任公司、两合公司的资本也都划分为股份，但是这些公司并不公开发行股票，股份也不能自由转让，证券市场上发行和流通的股票都是由股份有限公司发行的，因此，狭义地讲，股份公司指的就是股份有限公司。

二、新企业组织形式的比较和选择

企业的各种法律组织形式没有绝对的优劣之分，对创业者来说各有利弊，但无论选择哪种形式，都必须根据国家法律法规要求和初创企业的实际情况，科学衡量各种组织形式的利弊。

下面就个人独资企业、合伙企业、有限责任公司、一人有限公司和股份有限公司组织形式对于创业者优劣势进行比较，见表10-2。

表10-2　各种企业组织形式对于创业者的优劣势比较

组织形式	优势	劣势
个人独资企业	1. 企业设立手续非常简便，费用低； 2. 所有者拥有企业控制权； 3. 可以迅速对市场变化做出反应； 4. 只需缴纳个人所得税，无须双重课税； 5. 在技术和经营方面易于保密	1. 创业者承担无限责任； 2. 企业成功过多依赖创业者个人能力； 3. 筹资困难； 4. 企业随着创业者退出而消亡，寿命有限； 5. 创业者投资的流动性低
合伙企业	1. 创办较简单，费用低； 2. 经营上比较灵活； 3. 企业拥有更多人的技术和能力； 4. 资金来源较广，信用度较高	1. 合伙创业人承担无限责任； 2. 企业绩效依赖合伙人的能力，企业规模受限； 3. 企业往往因关键合伙人死亡或退出而解散； 4. 合伙人的投资流动性低，产权转让困难
有限责任公司	1. 创业股东只承担有限责任，风险小； 2. 公司具有独立寿命，易于存续； 3. 可以吸纳多个投资人，促进资本集中； 4. 多元化产权结构有利于决策科学化	1. 创立的程序相对复杂； 2. 存在双重纳税，税收较重； 3. 不能公开发行股票，筹集资金的规模受限； 4. 产权不能充分流动，资产运作受限
一人有限公司	1. 设立比较便捷，管理成本比较低； 2. 鼓励个人创业及技术型企业； 3. 风险承担责任小，经营机制灵活	1. 缺乏信用体系，筹资能力受限； 2. 财务审计条件严格，运营较难
股份有限公司	1. 创业股东只承担有限责任，风险小； 2. 筹资能力强； 3. 公司具有独立寿命，易于存续； 4. 职业经理人进行管理，管理水平较高； 5. 产权可以股票形式充分流动	1. 创立的程序复杂； 2. 存在双重纳税，税收负担较重； 3. 股份有限公司要定期报告公司的财务状况、公开自己的财务数据，不便严格保密； 4. 政府限制较多，法规的要求比较严格

三、设立新企业的流程

（一）“五证合一”注册登记

企业登记注册是企业依法成立的法定程序，注册登记机关是国家市场监督管理总局和地方各级市场监督管理部门。在国家完成“五证合一、一照一码”改革后，新企业注册登记流程主要包括以下几个步骤。

（1）公司核名。我国公司注册不允许存在重名情况，因此创业者确定符合政策要求的公司名称后，需要及时到市场监督管理部门或线上提交核名申请。

（2）提交申请。核名通过后，创业者确定新企业的地址信息、高管信息、经营范围等相关

“五证合一”材料后，通过网上登记系统填写申请表，将相关材料提交至管辖的市场监督管理部门，由市场监督管理部门统一受理并办理。

（3）申领营业执照。“五证”联合材料经市场监督管理部门审核通过后，创业者可以持本人身份证、准予设立登记通知书等相关材料到市场监督管理部门领取纸质营业执照正、副本，实现“五证合一”。

（4）印制刻章。新企业应在领取营业执照后，持营业执照复印件、法定代表人和经办人身份证复印件各一份，以及由企业出具的刻章证明及时到公安局指定的机构印制公章、合同专用章、财务章、发票章等。

（二）企业银行账户开立

企业需要通过银行账户进行资金周转和结算，这是企业经营管理和投融资活动中不可缺少的部分。企业银行账户种类主要有基本存款账户、一般存款账户、专用存款账户及临时存款账户。在办理银行账户开户手续时，还需要提供企业营业执照正本、企业同意开户证明等相关材料。

（三）涉税登记

自 2015 年 10 月 1 日起，“五证合一、一照一码”登记制度正式实施后，新设立企业由市场监督管理部门核发“五证合一”的营业执照，不需要再次进行税务登记，不再领取税务登记证，但仍需要到税务部门办理相关涉税事宜，这样才能进行正常缴税。新企业注册登记一般流程如图 10-2 所示。

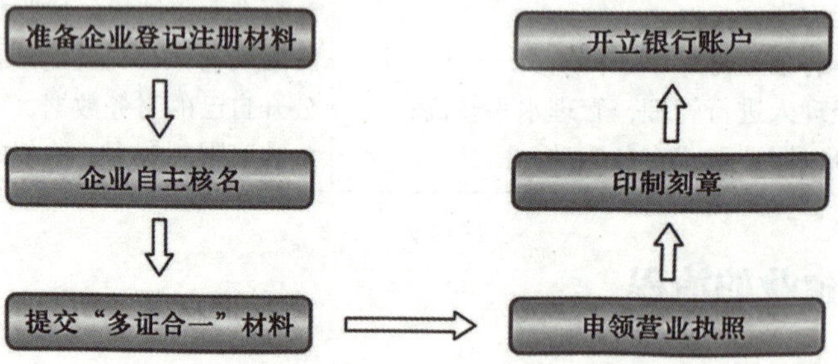

图 10-2　新企业注册登记一般流程

（四）企业开办 / 变更新通道

为响应并落实国家“大众创业、万众创新”号召及有关文件精神，优化电商环境、降低创业门槛、简化办证流程，近年来多地陆续推出企业开办“一窗通”网上服务平台，简化企业开办环节，压缩企业开办时间。例如，广西壮族自治区市场监督管理局在 2020 年 6 月开通了广西企业开办“一窗通”平台，并在“智桂通”App上开发“企业开办一窗通”应用模块，让创业者足不出户就可以完成企业的开办和变更等手续。

应用练习

创办我的新企业

· 实践目标

了解新企业设立的流程及相关政策。

· 实践内容

按5~10人进行分组，各团队模拟完成新企业设立的准备工作。各团队讨论确定企业名称、企业LOGO、组织形式、注册地址、经营地址、经营范围，并收集整理可享受的创业优惠政策。

· 实践时长

20~30分钟。

· 实践步骤

1. 按5~10人进行分组。

2. 各组团队通过网络搜索设立新企业的相关材料，讨论并确定企业名称、企业LOGO、组织形式、注册地址、经营地址、经营范围，并收集整理可享受的优惠政策，填写在表10-3中。

3. 教师抽选团队进行分享，观摩组学生给出意见和建议。

4. 教师点评总结，各组团队修改完善表格10-3。

表10-3 小试牛刀——创办我的新企业

团队名称	
团队成员姓名	
企业名称	
企业LOGO	
组织形式	
注册地址	
经营地址	
经营范围	
可享受的优惠政策	

任务三 创业常见的法律风险和社会责任

案例引入

孟子居的大学生电商扶贫

山东孟子居生态农业有限公司成立于2014年8月，依托该公司，孟子居团队在早期就提出了农产品网络营销模式，通过“学生社团、学生自媒体、校园零食销售平台和校园快递”四维营销模式，为广大在校大学生提供健康、生态、安全的休闲零食。之后，孟子居团队不断升级调整模式，顺势而为，在全国高校中较早地探索出了大学生电商扶贫模式——建立可持续的农产品电商扶贫运营模式，在经济与知识两个方面帮扶贫困地区的农户。目前，团队已经成功举办过“孟子居生态零食杯”校园营销大赛、“129苹果树之恋”果树认购、秦安公益营销大赛等活动，获得非常热烈的反响。

6年来，孟子居团队累计组织40多个实践团共500多名同学前往我国20多个省份，调研了35个贫困县和数百户贫困户。孟子居团队与多个贫困县和实践基地建立了良好的合作关系，连续6年前往孟子故里邹城、6次前往秦安、7次前往延安，策划了“孟子居生态零食”“秦安公益营销大赛”“五枣俩核桃公益扶贫计划”“延安梁家河果树DIY计划”“简茶官”“孟子居花生博士工作站”等一系列农产品实体策划案，直接帮助上百户贫困农户，间接帮助300余户贫困户解决就业脱贫问题，销售农产品400余万元。

孟子居创业团队已经入选国家级SRTP创新创业项目、北京市大学生优秀创业团队，获得过30余项校级、省部级奖项。2017年，孟子居创业团队作为执笔人之一给习近平总书记写信，并收到了习近平总书记的回信，团队负责人被中央电视台《新闻联播》《人民日报》等数10家媒体采访报道。

孟子居团队致力于深入挖掘全国贫困县农产品，深入农村做翔实的产品调研，以商业化模式帮助当地农民增收，以大学生的视野帮助农民增强电商意识，为我国实现2020年全面建成小康社会贡献了自己的一份微薄力量。

资料来源：邓立治，邓张升，唐雨歆. 商业计划书案例[M]，北京：机械工业出版社，2021. 有删改

总结：大学生创新创业实践活动自身就蕴含了天然的责任意义，大学生也会在创业过程中面临许多责任抉择，如创业活动自身的价值取向，创业者对各种社会关系的处理等。高校创新创业教育既要培养大学生创造经济价值的创业“硬能力”，更应提升

其创业责任素养“软实力”，以促进其个人及其创业企业的健康发展。

创业涉及的法律和责任问题相当复杂。创业者要正确认识这些问题，避免由于早期的法律和失责给新企业带来沉重代价。大学生创业过程中遇到的法律风险层出不穷，要增强法律意识和提高知法用法能力，尽可能规避风险，获取创业成功。

一、大学生创业中常见的法律风险

（一）创业商事主体形式选择的风险

大学生在开始创业的时候首先要对建立的商事主体的形式进行选择。从我国现行法律规定来看，大学生创业可以选择的商事主体的形式有公司、个人独资企业、合伙企业或个体工商户，而这些不同的商事主体的出资要求、设立程序、税收要求及责任承担方式都是不一样的，如果对这些主体的相关法律知识不了解，就很容易导致创业不成功甚至承担巨额的债务。

因此创业前，大学生必须了解设立企业需符合哪些条件、企业的组织机构应如何设置、企业的规章制度应如何制定等，要掌握《中华人民共和国公司法》《中华人民共和国合伙企业法》《中华人民共和国个人独资企业法》《中华人民共和国公司登记管理条例》《中华人民共和国企业破产法》等法律法规。

（二）创业商事主体经济往来过程中面临的合同风险

大学生创业商事实体确定以后，要获得收益，就要和其他商事主体签订各种各样的合同，如果不了解合同方面的相关法律，就会产生各种合同法律风险。比如在订立合同时没有采取书面形式导致发生纠纷时无证据可查验，或者因为没有去审查对方的主体资格、资信情况及对方履行合同能力等导致被骗，甚至没有仔细审查合同的内容导致履行合同过程中发生争议遭受损失。经调查发现，合同法律风险是大学生创业过程中遭遇的最主要的风险。

因此，大学生创业后在经营过程中，要依法签订合同协议，确保企业规范、高效运行，更好保护企业自身权益，与之有关的法律有《中华人民共和国反不正当竞争法》等。

（三）创业商事主体管理过程中的劳动用工风险

人才资源是企业最宝贵的资源，只有处理好企业与劳动者之间的关系，才能留住人才为企业创造效益。大学生创业商事实体成功注册登记以后，就会涉及用人的问题。什么是劳动关系？什么是雇佣关系？什么是全职聘用？什么是兼职关系？诸此种种，这些制度都要深刻了解，对职工社会保险制度及特殊群体权益保护等都要贯彻实施，但是往往因为大学生初创企业劳动规章不完善、劳动合同存在漏洞、特殊用工对象得不到有效保障等，遭遇一系列的劳动用工风险。

因此，在聘用人才前，大学生应事先了解劳动合同、试用期、服务期、商业秘密、竞业禁止、工伤、养老金、住房公积金、医疗保险、失业保险等诸多规定，掌握《中华人民共和国劳动法》《中华人民共和国劳动合同法》《中华人民共和国就业促进法》《中华人民共和国社会保险法》《工伤保险条例》《最低工资规定》等法律法规。

（四）创业商事主体运营中的税务风险

财税是企业运营的命脉，也是企业长盛不衰的根基。纳税是每一个公民和企业的基本法律义务，大学生创业商事实体可以按照国家优惠政策进行合理的避税，但不可逃税漏税，不然会受到刑法或行政法的处罚。但是，很多大学生创业者创业刚起步，因为相关税收法律意识的淡薄，容易遭受复杂的税务风险。

因此，大学生创业需掌握《中华人民共和国个人所得税法》《中华人民共和国企业所得税法》《中华人民共和国税收征收管理法》等。

（五）创业商业主体发展中的知识产权风险

在知识经济时代，企业要在市场经济的条件下立于不败之地，知识产权是最重要的核心竞争力。现实中，大学生在创业初期面对各种技术问题时往往为了迫切解决技术难题而不经过相关专业许可的情况下私自使用而导致一些法律纠纷。同时，大学生在创业过程中也会拥有自己的商标、专利等知识产权，但由于没有及时注册采取措施进行保护，使自己遭受经济损失，从而创业最终走向失败。

因此，大学生创业要熟悉知识产权的相关法律，既要避免侵犯他人的知识产权，也要学会保护自己的合法权利，防止被侵权。相关法律有《中华人民共和国专利法》及其实施细则、《中华人民共和国商标法》及其实施条例、《信息网络传播权保护条例》和《中华人民共和国计算机软件保护条例》等。

（六）发生经济纠纷时法律维权过程中的风险

大学生创业过程中不可避免会与别人发生经济纠纷，为了解决这些纠纷，需要采取一些措施来维护自己的权益。但是，大部分大学生往往因为不了解相关诉讼制度而导致维权失败。比如我国民法规定诉讼时效为 3 年，如果过了这个时效，期间又没有主张这个权利法院就不再受理。另外，大学生应了解打官司就是打证据，完整有效的证据是维权成功的必备条件，所以一定要妥善保管证据。与此有关的法律法规有《中华人民共和国民事诉讼法》《中华人民共和国行政诉讼法》《中华人民共和国仲裁法》《中华人民共和国劳动争议调解仲裁法》等。

除此之外，为了保证经济有序运转，国家出台了一系列法律法规以规范和调控市场主体的经济行为。大学生创业，在开展经济活动时，应自觉遵守相关法律法规，只有这样才能保证企业长期可持续发展。此类法律包括《中华人民共和国环境保护法》《中华人民共和国对外贸易法》《中华人民共和国企业所得税法》《中华人民共和国外商投资法》等。

创业过程中涉及的各类法律法规并非一成不变，而是会随着社会发展而变动。创业者应增强法律意识，关注相关法律的变化，确保企业依法设立、合法经营。法律查询的途径有很多，如相关网站、法律类书籍、报纸、期刊等，其中网站查询是最便捷的方法。创业者可以登录国家法律法规数据库（https：//flk.npc.gov.cn/）查询相关法律。

二、大学生创办企业的社会责任

企业社会责任是指企业在创造利润、对股东和员工承担法律责任的同时，还要承担对消费者、社区和环境的责任。企业的首要目标是追求经济效益，但也应承担一定的社会责任。企业应将自身的利益和社会整体利益结合起来，这有助于提升企业形象和品牌价值，增强竞争力。大学生创业，要明确创业不仅仅为了个人谋发展，与此同时应担负起一定的社会责任。

（一）对环境的责任

企业在生产经营过程中应严格按照国家标准，注重减少污染和保护环境。治理废气、废水、废物，努力减少直至消除污染物，与周边自然环境及当地民众和谐相处。对建设项目进行严格的环境评估。逐步淘汰一批落后的生产工艺，采用清洁生产、少废无废工艺，积极采用先进的生产技术和管理技术，进行环保生产，实施环保管理。

各类企业要科学、合理地利用自然资源，提高自然资源的回收利用率。建立资源节约型社会发展机制，实行集约化经营战略，依靠技术进步实现产品的最大增值。在节约资源的同时，加强废物的综合循环利用，实现废弃物资源化。注重研发无害于环境和人体健康的绿色环保产品，在产品有可能对环境造成损害的时候，积极采取预防和补救措施。

（二）对员工的责任

企业要注重以人为本，切实保障员工的生命安全与健康。务必要强化安全生产、安全发展意识，把员工的生命健康置于至高无上的位置。加大各项安全生产投入，健全制度，严格责任，狠抓落实，确保不出安全事故，防范职业病问题。

在劳资关系上，企业要依法保障员工的薪酬、福利等权益。完善企业的分配制度与产权制度，建立合理的员工薪酬决定机制和员工薪酬随企业效益同步增长机制。提高劳动报酬在初次分配中的比重，积极探索员工持股，形成资本所有者与劳动者的利益共同体，让广大员工共享发展成果。

在人性化管理方面，企业要积极满足员工的发展需求。认真落实以职工代表大会为基本形式的民主管理制度，保障职工参与管理和监督的民主权利。建立公平合理的用人机制和晋升通道，搞好员工的职业教育培训，丰富员工的文化体育活动，关心和回应职工的企盼和关切，适时满足职工的精神需求和发展需求。

（三）对消费者的责任

企业应当向消费者提供安全可靠的产品。消费者购买企业提供的产品是为了满足自己的物质和精神需求，而如果企业向消费者提供了有安全隐患的产品，不仅不能满足消费者的需求，还使消费者陷入人身伤害和财产损失的巨大风险中。这一切，企业要负完全责任。

企业应尊重消费者的知情权和自由选择权。消费者在购买产品之前有权通过产品的广告、宣传材料和产品说明书等，对产品的可靠性、性能等方面进行全面的了解。企业不得在产品的广告、宣传材料和说明书中过分夸大产品的功效，对产品的不足之处极力隐瞒或只字不提。产品的说明书、标签与内容严重不符，侵犯了消费者的知情权和自由选择权，是企业不尊重消费者、对消费者严重不负责的表现。

应用练习

榜样在身边——我的榜样企业访谈

· 实践目标

明白创办企业，除了从中获得一定利润价值外，更要创造出一定的社会价值。

· 实践内容

按 5~10 人进行分组，各组团队模拟完成榜样企业的调研工作并形成调研报告；通过网络信息搜索或实地拜访，了解榜样企业的组织形式、企业文化、企业法律制度、企业为国家和社会所做出的社会贡献等内容。

· 实践时长

课后完成，60~120 分钟。

· 实践步骤

1. 按 5~10 人进行分组。
2. 各团队通过网络信息搜索或实地拜访，了解榜样企业的组织形式、企业文化、企业法律制度、企业为国家和社会所做出的社会贡献等内容。
3. 各团队制作“我的榜样企业访谈”访谈报告。
4. 教师点评总结。

思考与实践

1. 对比各类企业的组织形式，分析其对于创业者的优势、劣势分别是什么。
2. 结合所学知识，分析大学生创业中会遇到哪些法律风险。应如何规避这些法律风险。

参考文献

[1] 丁锴，吴成炎，王钰岚.大学生职业发展与就业指导·创新创业篇[M].苏州：苏州大学出版社，2023.

[2] 方家胜，张大利，居来提·买买提明.大学生创新创业指导教程[M].北京：北京工业大学出版社，2017.

[3] 延凤宇，孙艳丽.大学生创业实训手册[M].北京：国家行政学院出版社，2019.

[4] 王北一.创新创业理实一体化教程[M].北京：清华大学出版社，2023.

[5] 张浩，潘世华，邱健.大学生创新创业基础[M].北京：中国言实出版社，2020.

[6] 葛海燕，黄华.大学生创新创业指导与训练[M].北京：清华大学出版社，2021.

[7] 陶昌学，朱彦，陈文俊.新时代高职生创新创业教育[M].北京：中国人民大学出版社，2023.

[8] 程淑华.大学生创新创业指导教程[M].2版.大连：大连理工大学出版社，2022.

[9] 蒋晓明，巢昕.高职学生创新创业基础[M].2版.北京：高等教育出版社，2021.

[10] 张志强.创新创业看我行：案例与应用[M].北京：国家行政学院出版社，2017.

[11] 于澍，周葛龙，邵超.高职学生创新创业教育基础[M].成都：西南交通大学出版社，2021.

[12] 邓文达，罗旭，刘寒春.大学生创新创业：微课版[M].2版.北京：人民邮电出版社，2019.

[13] 唐承泽，康瀚文，陈娟.大学生职业生涯规划与就业指导[M].北京：中国言实出版社，2020.

[14] 李国强，刘君.大学生创新创业基础[M].2版.北京：机械工业出版社，2023.

[15] 王坤明.大学生创新创业实践与“互联网+”竞赛基础训练教程[M].北京：中国言实出版社，2023.

[16] 吴兴兴，陈彩霞，陈伟.创新创业基础[M].北京：中国言实出版社，2020.

[17] 陈建，严行.大学生创新创业基础与实务[M].北京：国家行政学院出版社，2019.

[18] 翟双庆，王艳茹.中医药大学生创业指导[M].成都：西南财经大学出版社，2019.

[19] 张海燕，李向红.创新与创业教育[M].北京：高等教育出版社，2023.

[20] 广西课程教材发展中心.大学生创新创业教程[M].桂林：广西师范大学出版社，2022.

后记

本书立足大学生创新精神、创业意识和创新创业能力的培养，坚持落实立德树人根本任务，从理论到实践、从知识到技能，系统性地回答了为什么要创新创业、什么是创新创业，以及如何创新创业等问题。本书在结构和模式上进行了创新性编排，全书共十个项目，各项目涉及丰富、鲜活的案例分享、实用工具和拓展阅读，精心设计应用练习，帮助学生掌握创新和创业的基本技能和方法，以提高其自身的综合素质和能力，为未来的职业发展赋能提速。

本书由柏挺、孙保强、林秀丽担任主编，负责提出编写大纲、组织团队编写、提出修改意见，以及审定模块内容及全书定稿；晏毅、杨辉、龚剑担任副主编。具体编写分工如下。

前言：孙保强

项目一：晏毅、徐静

项目二：龚剑、欧雯萍

项目三：练翠滢、黄宇

项目四：林秀丽、程舒阳

项目五：龚剑、赵雅欣

项目六：刘圆圆、任龙静

项目七：林秀丽、陈秋雨

项目八：许愿、曹仰慧

项目九：杨辉、任龙静

项目十：练翠滢、范俊友

后记：孙保强

本书在编写过程中，得到了广西建设职业技术学院校领导和相关部门的大力指导和支持。合肥工业大学出版社的编辑为本书出版付出了大量的劳动，广西建设职业技术学院学生代表提供了鲜活的个人创业案例，在此表示诚挚的敬意和衷心的感谢！

编　者

2024 年 1 月